Stefan Vacek

AF238968

Videogestützte Umfelderfassung zur Interpretation
von Verkehrssituationen für kognitive Automobile

Videogestützte Umfelderfassung zur Interpretation von Verkehrssituationen für kognitive Automobile

von
Stefan Vacek

universitätsverlag karlsruhe

Dissertation, Universität Karlsruhe (TH)
Fakultät für Informatik, 2008
Referenten: Prof. Dr.-Ing. R. Dillmann, Prof. Dr.-Ing. J. Beyerer

Impressum

Universitätsverlag Karlsruhe
c/o Universitätsbibliothek
Straße am Forum 2
D-76131 Karlsruhe
www.uvka.de

Dieses Werk ist unter folgender Creative Commons-Lizenz
lizenziert: http://creativecommons.org/licenses/by-nc-nd/3.0/de/

Universitätsverlag Karlsruhe 2009
Print on Demand

ISBN: 978-3-86644-350-1

Videogestützte Umfelderfassung zur Interpretation von Verkehrssituationen für kognitive Automobile

Zur Erlangung des akademischen Grades eines

Doktors der Ingenieurwissenschaften

der Fakultät für Informatik

der Universität Fridericiana zu Karlsruhe (TH)

genehmigte

Dissertation

von

Stefan Vacek

aus Fulda

Tag der mündlichen Prüfung:	27. Mai 2008
Erster Gutachter:	Prof. Dr.-Ing. R. Dillmann
Zweiter Gutachter:	Prof. Dr.-Ing. J. Beyerer

Danksagung

Die vorliegende Arbeit entstand im Rahmen meiner Tätigkeit als wissenschaftlicher Mitarbeiter in den Jahren 2003 bis 2008 am Lehrstuhl meines Doktorvaters Prof. Dr.-Ing. Rüdiger Dillmann. Er bot mir nicht nur die Unterstützung, meine Forschungen zu betreiben sondern ermutigte mich durch seine vorgelebte Art der Freiheit von Wissenschaft und Lehre auch dazu, eigene Ideen zu verfolgen. Auch Prof. Dr.-Ing. Jürgen Beyerer danke ich aufs Herzlichste für die Übernahme des Korreferats und seine konstruktive Kritik, dass auch bei einer pragmatischen Herangehensweise die Theorie bedacht werden sollte. Des weiteren geht mein Dank an die Herren Prof. Dr.-Ing. Heinz Wörn und Prof. Dr. rer. nat. Peter Sanders, ohne deren Unterstützung meine Doktorprüfung nicht möglich gewesen wäre.

Meines Erachtens kann eine Dissertation nur schwerlich zurückgezogen im stillen Kämmerlein fruchtbar gedeihen. Vor allem der Informationsaustausch mit Kollegen und Studenten führt immer wieder zu zu kreativen Schaffenspause und Anregungen, die ein oder andere Idee neu zu überdenken.

An erster Stelle sind hier natürlich meine „Mitbewohner" des Büros 310.1, Steffen, Raoul und später Michael, zu nennen. Raoul danke ich für seine hilfreiche Kritik und Kommentare sowie seine kreative Terminplanung, Michael für seine unkonventionelle Haltung der Wissenschaft gegenüber, aber auch für Streifenhörnchen, Raubritter und Entsafter. Steffen möchte ich an dieser Stelle besonders erwähnen, da ich mit ihm zusammen viele Stunden im Institut und manch schönes Wochenende in Hertlingshausen verbracht habe. Steffen, ich werde es vermissen. Unvergessen bleiben die Unterhaltungen über Wein und Musik, aber auch die kulinarischen Exkurse wie das Erascorant zur Handball-EM 2004.

Mein Dank gilt auch unseren Nachfolgern von 310. Martin für seine unerschütterliche Art, Sven für seinen Enthusiasmus, Dinge anzugehen und Tobias für seine Ausdauer, auch spät in der Nacht noch den letzten Fehler konsequent auszumerzen. Jungs, ich wünsche Euch viel Erfolg.

Ein großes Dankeschön geht an Joachim, der unzählige Male bestätigte, warum die deutsche Ingenieurkunst zu Recht ihren hervorragenden Ruf genießt. Das Testfahrzeug würde ohne seinen unermüdlichen Einsatz schlicht und ergreifend nicht funktionieren. Nicht vergessen sind natürlich auch die unzähligen Bahnfahrten nach München, Besuche in diversen Biergärten und Brauhäusern (Café Jasmin lässt grüßen!) sowie diverse (un-)sinnige SFB-Sitzungen.

Auch die „Alteingesessenen" sollen nicht unerwähnt bleiben. Zunächst herzlichen Dank an Regine und Peter, die dafür sorgten, dass Büro 310 seine Bedeutung als Sozialraum erhalten konnte, sowie an Björn, der unermüdlich für die wahre Bildverarbeitung kämpfte. Ein riesiges Dankeschön aber auch an Markus Ehrenmann und Oliver Rogalla, die mir zeigten, was den Geist eines Instituts ausmacht. Danke auch an die „Kellerkinder" Marco, für die Unterstützung beim Verfassen von Berichten, sowie Marius, für unzählige Diskussionen über die großen und kleinen Dinge der real existierenden Wissenschaft.

Mein Dank im Allgemeinen geht an der Sonderforschungsbereich SFB/TR 28, in den meine Arbeit eingebettet ist, sowie im Besonderen an die „Simulanten" Christian, Frank, Robert und Thomas. Die Zusammenarbeit war großartig.

Ein riesiges Dankschön gilt dem Sekretariat. Christine, Isabelle und Nela bildeten das Herz des Lehrstuhls und hatten immer ein offenes Ohr für die kleinen und großen Probleme eines

Doktoranden. Insbesondere die amüsanten Unterhaltungen beim Mittagessen aber auch die Vermittlerrolle in kniffligen Angelegenheiten sowie die organisatorischen Dinge besonders im Zusammenhang mit der Promotionsprüfung waren sehr hilfreich.

Ein besonderer Umstand dieser Arbeit war es, dass das Thema viele Studenten begeistern konnte und ich mir somit den ein oder anderen Umweg erlauben konnte. Es mir leider nicht möglich, jeden (und jede!) einzeln hier aufzuzählen, aber ich weiß die Leistung jeder und jedes einzelnen zu schätzen. Insbesondere möchte ich meinen beiden HiWis Lukas Rybok und Michael Teutsch für den unermüdlichen Einsatz für die Verbesserung und Erweiterung fehlerbehafteter Software danken, trotz manchmal vielleicht unklarer Vorgaben. Aus der Reihe der Diplomanden möchte ich vor allem die Arbeiten von Stephan Bergmann und Gerhard Bocksch hervorheben sowie die Arbeiten von Cornelius Bürkle und Constantin Schimmel, die mir allesamt wichtige Bausteine für meine Arbeit lieferten. Dank gebührt auch Thomas Schamm für seinen unermüdlichen Kampf mit widerspenstiger Sensorik. Nochmals erwähnen muss ich an dieser Stelle Martin Lösch und Tobias Gindele, die sowohl ihre Studien- als auch ihre Diplomarbeit unter meiner Ägide erstellten. Anscheinend war die Arbeitsatmosphäre nicht so schlimm. Abschließend sei aber nochmals allen meinen (auch den nichtgenannten) Studenten gedankt, es war eine Freude mit Euch zu arbeiten.

Auch wenn die Promotion einen Großteil der Jahre bestimmt hat, so gab es Leute, die mich immer wieder an das Leben außerhalb der Promotion erinnerten. Besonderer Dank geht deshalb an Elin und Ludwig, die mir auch in dunklen Phasen Mut machten, sowie an Uli, Bettina und Gerhard für die Ablenkung in schottischen Gefilden.

Großen Dank schulde ich auch meinen Korrekturlesern David, Steffen und Simone. Vor allem David, der bis zum Schluss trotz Fachunkenntnis durchhielt (*„Ich hab' zwar keine Ahnung davon, aber ich find's trotzdem interessant"*) und somit zur Gesamtqualität beitrug.

Zu guter Letzt gebührt mein Dank meinen Eltern und meiner Schwester. Meine Eltern, ohne deren Unterstützung mir meine Ausbildung versagt geblieben wäre und die mich auf meinem Weg immer unterstützten. Und meiner Schwester danke ich für die „Telefonseelsorge" am Sonntag und die erheiternden Erzählungen aus der Welt der Arbeit. Ihnen widme ich diese Arbeit.

Stefan Vacek
Karlsruhe, 23. Februar 2009

Inhaltsverzeichnis

Inhaltsverzeichnis   ii

1 Einführung   **1**
1.1 Motivation und Zielsetzung 3
1.2 Einordnung und wissenschaftlicher Beitrag 6
1.3 Aufbau der Arbeit 8

2 Stand der Kunst   **11**
2.1 Wahrnehmung des Umfeldes 12
     2.1.1 Forschungsgruppen 15
     2.1.2 Sensoren zur Umfelderfassung 19
     2.1.3 Fahrspurdetektion 24
     2.1.4 Hinderniserkennung 35
     2.1.5 Fahrzeugdetektion 37
2.2 Wissensmodellierung 41
     2.2.1 Allgemeine Darstellung von Wissen 41
     2.2.2 Wissensmodellierung für kognitive Automobile 42
     2.2.3 Verhaltenserkennung 43
2.3 Situationsinterpretation 44
     2.3.1 Situationsinterpretation im Projekt PReVENT 44
     2.3.2 Situationsinterpretation durch Situationsaspekte 46
     2.3.3 Situationsinterpretation durch Situationsgraphenbäume 48
     2.3.4 Situationsinterpretation durch fallbasiertes Schließen 48
2.4 Fazit 50

3 Umfelderfassung   **53**
3.1 Sensoren 54
     3.1.1 Kamerasystem 54
     3.1.2 PMD-Kamera 55
3.2 Bildverabeitungssystem 56
     3.2.1 Systementwurf 58
     3.2.2 Intelligente Sensoren 59
     3.2.3 Fähigkeiten 62
     3.2.4 Zentrale Verwaltungseinheit 63
3.3 Fähigkeit „Fahrspurerkennung" 64

3.3.1   Vorüberlegungen 65
3.3.2   Auswirkungen auf die Sensordatenauswertung 66
3.3.3   Konzept zur Fahrspurerkennung 67
3.3.4   Vereinfachtes Verfahren 68
3.3.5   Regelbasierte Verfolgung einer Fahrspur 78
3.3.6   Erweiterungen der Fahrspurerkennung 80
3.3.7   Realisierung im Bildverarbeitungssystem 99
3.4   Fähigkeit „Hindernisdetektion" 99
3.4.1   Konzept zur Hindernisdetektion 99
3.4.2   Vorverarbeitung 100
3.4.3   Segmentierung 102
3.4.4   Implementierung im Bildverarbeitungssystem 103
3.4.5   Verfolgung von Objekten 103
3.5   Fähigkeit „Fahrzeugdetektion" 106
3.5.1   Konzept zur Fahrzeugverfolgung 106
3.5.2   Extraktion der Schattenregionen 107
3.5.3   Auswerten der Symmetrie 109
3.5.4   Rekonstruktion der 3D-Position 110
3.5.5   Implementierung im Bildverarbeitungssystem 110
3.5.6   Verfolgung von Fahrzeugen 110
3.6   Koordination der Fähigkeiten 110
3.7   Zusammenfassung 111

4   Wissensmodellierung   115
4.1   Struktur der Wissensmodellierung 116
4.2   Modelliertes Wissen 118
4.2.1   Modellierung der Verkehrsinfrastruktur 118
4.2.2   Modellierung der Verkehrsteilnehmer 121
4.2.3   Modellierung von Verhalten 121
4.2.4   Modellierung der Verkehrsregeln 126
4.3   Abbildung der Sensordaten 126
4.3.1   Datenfusion 127
4.3.2   Abbildung der Sensordaten 128
4.3.3   Regelbasierte Analyse 129
4.4   Abbildung der Begriffe 130
4.4.1   Rückführung der Begriffe in die Simulation 130
4.4.2   Anwenden von Verhalten 130
4.5   Zusammenfassung 132

5   Interpretation von Verkehrssituationen   135
5.1   Struktur des fallbasierten Schließens 136
5.2   Fallbasiertes Schließen zur Interpretation von Verkehrssituationen 138
5.2.1   Definition eines Falles 138
5.2.2   Aufbau der Fallbasis 142

      5.2.3   Finden der ähnlichen Fälle 143

      5.2.4   Auswahl des optimalen Verhaltens 144

      5.2.5   Sammeln von Erfahrungswissen 146

  5.3   Zusammenfassung 148

6 Experimente und Evaluation   **149**

  6.1   Experimentierplattform und Datenmaterial 149

  6.2   Detektion von Fahrspuren 151

  6.3   Hinderniserkennung 162

  6.4   Fahrzeugerkennung 166

  6.5   Wissensmodellierung 170

      6.5.1   Verhaltenserkennung 170

      6.5.2   Aufbau und Aktualisierung des Szenengraphen 173

  6.6   Interpretation von Verkehrssituationen 177

  6.7   Zusammenfassung 182

7 Zusammenfassung und Ausblick   **183**

  7.1   Diskussion 184

  7.2   Ausblick 185

A Messcharakteristik der PMD-Kamera   **187**

Literatur   **199**

Kapitel 1

Einführung

„Weniger Schrott", so titulierte DIE ZEIT [Lamparter 06] einen Beitrag über den Rückgang der Unfallschäden im Straßenverkehr. So sanken die Kosten durch Verkehrsunfälle von 32,2 Milliarden Euro im Jahre 2003 auf 30,9 Milliarden Euro im Jahre 2004 bei gleichzeitig steigenden Verkehrszahlen. Maßgeblichen Anteil an dieser Entwicklung haben die immer weiter verbreiteten Sicherheitssysteme ESP (elektronisches Stabilitätsprogramm) und ABS (Anti-Blockier-System). Schon früh wurde erkannt, dass die Sicherheit der Insassen nicht nur durch konstruktive, mechanische Verbesserungen erhöht werden kann, sondern vor allem auch durch den Einsatz unterstützender Assistenzsysteme. Parallel dazu entstand schon in den 60er Jahren der Wunsch nach Unterstützung des Fahrers, um das Fahren komfortabler zu gestalten. Insgesamt führte das zu zwei Gruppen von Fahrerassistenzsystemen. Auf der einen Seite stehen die Systeme, die reine Komfortfunktionen darstellen und auf der anderen Seite diejenigen, die dem Sicherheitsgewinn dienen. Die Assistenzsysteme greifen dazu entweder direkt in die Fahrzeugsteuerung ein, um durch gezielte Eingriffe die gewünschte Funktionalität zu realisieren, oder es werden Warnungen und Hinweise generiert und an den Fahrer übermittelt.

Mittlerweile verwischen sich sowohl die Grenzen zwischen Komfort- und Sicherheitsfunktionalität als auch die Unterscheidung zwischen eingreifenden und rein warnenden Systemen. Am Beispiel der automatischen Geschwindigkeitsregelung lässt sich anschaulich illustrieren, wie sich im Lauf der Zeit die Zielsetzungen geändert haben und damit die Komplexität der Aufgabe gestiegen ist. Zu Beginn bestand lediglich das Ziel in der Komfortfunktion, eine vorgegebene Geschwindigkeit konstant zu halten. Das Hauptproblem lag in der mechanischen Umsetzung der Funktionalität. Durch den Einsatz von Abstandssensoren konnte die Geschwindigkeitsregelung auch in eingeschränkten, dynamischen Umgebungen realisiert werden, in dem adaptiv die Geschwindigkeit des Vorausfahrenden mit berücksichtigt wurde. Die ersten ACC[1]-Systeme waren nur in einem eingeschränkten Geschwindigkeitsbereich einsetzbar. In der Zwischenzeit ist diese Einschränkung gefallen und in Form so genannter Stauassistenten[2] bis zum Fahrzeugstillstand und durch FSR-ACC[3] bis zur Höchstgeschwindigkeit realisiert. Aus der Komfortfunktion „Tempomat" ist so im Laufe der Entwicklung auch ein Sicherheitssystem entstanden, das zum Beispiel bei Lastkraftwagen eingesetzt werden kann,

---

[1]engl.: Adaptive Cruise Control
[2]engl.: Stop-and-Go assistant
[3]engl.: full speed range ACC

um Auffahrunfälle zu verhindern, indem frühzeitig der Fahrer gewarnt und rechtzeitig die Geschwindigkeit von dem System angepasst wird.

Neben der Abstands- und Geschwindigkeitskontrolle gibt es inzwischen eine beeindruckende Vielzahl von Fahrerassistenzsystemen, die in der Entwicklung bzw. in der Markteinführung sind [Straßmann 06]. Beispiele für Sicherheitssysteme sind der Spurverlassenwarner[4] und die Überwachung des toten Winkels[5]. Zur Unterstützung des Komforts wurde von mehreren Herstellern ein Parkassistent vorgestellt, der das Auto selbstständig in eine Parklücke einparken kann.

Die einzelnen Assistenzsysteme unterscheiden sich dabei stark im Grad der Autonomie bzw. des Eingriffs in die Fahrzeugsteuerung und darin, wie hoch das Verständnis der aktuellen Szene sein muss, um die entsprechende Funktionalität durchzuführen. Das übergeordnete Ziel aller sicherheitsrelevanten Fahrerassistenzsysteme ist die Vermeidung von Unfällen oder zumindest die Abmilderung der Unfallfolgen[6]. Wie in Abbildung 1.1 zu sehen ist, benötigt man dazu auf der einen Seite ein hohes Szenenverständnis, damit Risiken frühzeitig erkannt werden und auf der anderen Seite muss das Fahrzeug auch ein hohes Maß an Autonomie bereitstellen, damit die drohenden Unfälle vermieden werden können.

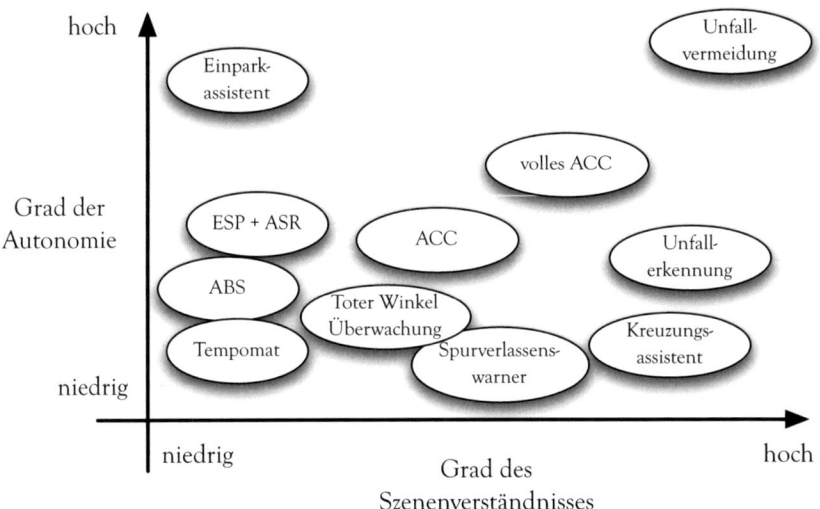

Abbildung 1.1: Einordnung der verschiedenen existierenden Fahrerassistenzsysteme nach dem Grad der Autonomie und dem Grad des erforderlichen Verständnisses des Fahrzeugumfeldes.

---

[4]engl.: lane departure warning
[5]engl.: blind spot detection
[6]engl.: collision mitigation

Ein Fahrzeug mit der Fähigkeit, Unfälle zu vermeiden, muss im Grunde genommen die Fähigkeiten eines autonomen Fahrzeuges besitzen, um alle Situationen überwachen und in jeder Situation angemessen reagieren zu können. Dazu ist das Verständnis der aktuellen Szene und ihrer zeitlichen Entwicklung sowie das Wissen über die eigenen Fähigkeiten notwendig. Denn nur wenn das System das Fahrzeug in jeder Situation selbstständig steuern könnte, kann es auch als Überwachungssystem in jeder Situation korrigierend in die Fahrzeugsteuerung eingreifen.

Jedes derzeitige Fahrerassistenzsystem realisiert nur eine ganz bestimmte Funktionalität. Zur Erreichung der Funktionalität werden nur ganz spezielle Aspekte der Umwelt ausgewertet und es werden keine Aspekte miteinander in Beziehung gesetzt, damit zusätzliche Informationen gewonnen werden können.

Gegen die Realisierung des voll autonomen Fahrzeugs sprechen derzeit neben den ungeklärten Haftungsfragen noch eine UN-Konvention aus dem Jahre 1968 [UN Convention 68]. In dem so genannten Wiener Abkommen heißt es in Artikel 8, Absatz 5: „Jeder Fahrer muss jederzeit fähig sein, sein Fahrzeug zu kontrollieren und seine Tiere zu führen".

Der Sinn des letzten Teils des Abkommens erschließt sich, wenn man bedenkt, dass ein voll autonomes, überwachendes Fahrzeug bereits existiert und in vielen Ländern Osteuropas und Südosteuropas seit Generationen eingesetzt wird: Das Pferdefuhrwerk. Es ist hinlänglich erprobt und es funktioniert. Das Pferd nimmt Fahrwünsche vom Kutscher entgegen und sorgt selbstständig für deren Umsetzung unter Beachtung der Umweltgegebenheiten und der Vermeidung von (größeren) Unfällen.

1.1 Motivation und Zielsetzung

Die vorliegende Arbeit ist im Bereich der kognitiven Automobile angesiedelt. Unter einem kognitiven Automobil ist ein autonomer Agent zu verstehen, der sich selbstständig in seiner Umwelt bewegt. Dazu muss er Kenntnisse über sich selbst und seine Umwelt haben. Das Wissen über die Umwelt ist einerseits nötig, damit ermittelt werden kann, wie das Missionsziel erreicht werden kann und andererseits dient es zur Überwachung des durchgeführten Plans, indem der Fortschritt der Ausführung überwacht wird und auf Ausnahmen reagiert und gegebenenfalls neu geplant werden kann. Die Kenntnisse über sich selbst umfassen das Wissen über die Handlungsmöglichkeiten des Agenten sowie deren Auswirkungen, damit die Konsequenzen des eigenen Handelns auf die Umwelt abgeschätzt werden können.

Die kognitiven Fähigkeiten des Automobils gehen über die grundlegenden Fähigkeiten eines allgemeinen autonomen Agenten hinaus. Die Kognition zeichnet sich dadurch aus, dass nicht nur eine Wahrnehmung der Umwelt stattfindet, sondern vielmehr auch eine Analyse, Interpretation und Bewertung der aktuellen Situation im Hinblick auf das eigene Handeln. Darüber hinaus besitzt das kognitive Automobil die Fähigkeit, sein eigenes Verhalten zu bewerten und daraus Erfahrungswissen zu sammeln und wiederzuverwenden, um sein Verhalten durch diese Selbstreflexion langfristig zu verbessern.

Im Falle eines Automobils besteht das Ziel des Systems immer darin, einen vorgegeben Ort zu erreichen. Die Problemstellungen, die sich zur Erreichung des Ziels ergeben und die davon betroffenen Bereiche lassen sich anhand dreier Fragen, die aus der Sicht des Automobils gestellt sind, anschaulich illustrieren:

1. *Wohin* will ich fahren?

2. *Wie* komme ich da hin?

3. *Was* muss ich dabei beachten?

Die erste Frage nach dem „wohin" zielt auf die Routenführung des Automobils ab. Die Routenplanung generiert mit Hilfe einer digitalen Karte eine Sequenz von Streckenabschnitten, die zum Erreichen des Zielortes abgefahren werden müssen. Im Verlauf der Fahrt muss fortlaufend ermittelt werden, an welcher Position innerhalb der digitalen Karte sich das Fahrzeug befindet und welcher Streckenabschnitt als nächstes zu befahren ist. Die Auswahl des nächsten Streckenabschnitts kann als Generierung des nächsten Zwischenziels angesehen werden, welches erfüllt werden muss. Üblicherweise werden dazu handelsübliche Navigationsgeräte verwendet, da sie über eine digitale Karte und Planungsverfahren zur Streckenberechnung verfügen sowie die Position des Fahrzeugs fortlaufend ermitteln.

Die zweite Frage nach dem „wie" richtet sich an die Auswahl und Ausführung eines angemessenen Verhaltens, um die zuvor generierten Zwischenziele zu erreichen. Die Zwischenziele entsprechen den Anweisungen eines Navigationsgeräts, wie zum Beispiel „in 10 Metern rechts abbiegen", aber auch detaillierteren Vorgaben, wie sie ein Fahrlehrer oder auch ein Beifahrer angäbe, wie zum Beispiel „wechsle auf die linke Fahrspur, um gleich links abzubiegen". Diese Anweisungen werden dann in die entsprechenden höherwertigen, komplexen Verhalten umgesetzt, die die notwendigen Daten für die Bahnplanung und Regelung erzeugen. Diese höherwertigen, komplexen Verhalten, zum Beispiel „rechts abbiegen" werden ihrerseits aus einfacheren Verhalten zusammengesetzt, wie zum Beispiel „Spur halten" oder „Beschleunigen". Die einfachen Verhalten können dabei sowohl sequentiell nacheinander als auch parallel ausgeführt werden.

Die dritte Frage schließlich beschäftigt sich mit den Informationsgrundlagen für die Auswahl und Parametrierung von Verhalten. Da die Ausführung der Verhalten überwacht werden muss, müssen die Informationen außerdem während der Ausführung ständig aktualisiert werden. Die Informationsgrundlagen beinhalten sowohl metrisch-temporale Aussagen als auch kausale Zusammenhänge. Das Ziel der Verhaltensausführung ist die Generierung einer Trajektorie und das Vorgeben von Sollgrößen für die Regelung aus dieser Trajektorie. Dazu muss für eine räumliche Planung bekannt sein, welche Fahrspuren existieren und welche Fahrspuren benutzt werden können. Dabei muss auch ein Abgleich zwischen den Daten der digitalen Karte und den Wahrnehmungsdaten stattfinden, um die erkannten Straßen und Abzweigungen der Umfelderfassung den geplanten Daten der Navigation zuzuordnen. Da es auch andere Verkehrsteilnehmer gibt und Kollisionen mit ihnen vermieden werden müssen, muss auch die zeitliche Entwicklung der Szene berücksichtigt werden. Zusätzlich müssen die Verkehrsregeln beachtet werden, durch die weitere Vorgaben für die Verhaltensauswahl und -parametrierung induziert werden. Insgesamt besteht die Aufgabe also darin, die relevanten Aspekte der Umwelt zu extrahieren und mit zusätzlichem Hintergrundwissen anzureichern, so dass die Daten als Informationsgrundlage der Verhaltensausführung zur Verfügung gestellt werden können.

Abbildung 1.2 veranschaulicht die Bedeutung der Fragen exemplarisch für eine gegebene Szene. Das Fahrzeug befindet sich auf einer Überlandstraße und nähert sich einer Kreuzung.

Durch die Routenplanung wird als Antwort auf die Frage „Wohin?" geliefert, dass in die nächste Einmündung links eingebogen werden soll. Die notwendigen Verhalten (die Antwort auf die Frage „Wie?"), die dafür angestoßen und ausgeführt werden müssen, sind zuerst ein Spurwechsel auf die Abbiegespur in der Mitte der Straße und anschließend der Einbiegevorgang in die Einmündung. Für die Beantwortung der Frage „Was muss ich beachten?" ist zunächst zu erfassen, welche Fahrspuren auf der Straße existieren und auf welcher Fahrspur sich das Fahrzeug befindet. Des weiteren leitet sich aus dem gewünschten Fahrmanöver ab, dass die entgegenkommende Fahrspur gekreuzt werden muss und folglich überprüft werden muss, ob die entgegenkommende Fahrspur frei ist, das heißt, dass sich kein Fahrzeug nähert. Auch das von links kommende Fahrzeug muss detektiert und sein Verhalten abgeschätzt werden. Aufgrund der geltenden Verkehrsregeln ist das Fahrzeug allerdings nicht vorfahrtsberechtigt, so dass nicht erst abgewartet werden muss, bis das Fahrzeug die Kreuzung verlassen hat. Grundsätzlich muss das Fahrzeug weiter beobachtet werden um sicherzustellen, dass es nicht entgegen der geltenden Regeln trotzdem in die Kreuzung einfährt.

Abbildung 1.2: Die drei grundlegenden Fragen beim Führen eines kognitiven Automobils.

Das Hauptaugenmerk dieser Arbeit liegt auf der Beantwortung der dritten Frage und befasst sich mit der Aufgabenstellung, die Fahrzeugumgebung mit Mitteln der Bildverarbeitung sensorisch zu erfassen, um die benötigten Informationen zu extrahieren und durch Anwendung höherwertiger Schlussfolgerungsprozesse die relevanten Aspekte der Szene zu identifizieren, zu klassifizieren und in Beziehung zum eigenen Verhalten zu setzen. Als Ergebnis erhält man die benötigten Informationsgrundlagen, um die Verhalten eines kognitives Automobils situationsgerecht auszuwählen und ausführen zu können.

1.2   Einordnung und wissenschaftlicher Beitrag

Zum Führen eines kognitiven Automobils sind eine Reihe von Komponenten nötig. Wie in Abbildung 1.3 aufgeführt ist, werden verschiedene *Sensoren* eingesetzt um sowohl die internen Zustände des Fahrzeugs als auch die Umgebung des Fahrzeugs zu beobachten. Durch die *Wahrnehmung* werden die Sensordaten ausgewertet und die Merkmale extrahiert, um die Informationen zu gewinnen, die die relevanten Aspekte der Umwelt wiedergeben. Die *Wissensmodellierung* überführt die quantitativen Merkmale in eine abstrakte, qualitative Beschreibung, die zur Analyse und Bewertung der aktuellen Situation in der *Situationsinterpretation* benötigt werden. Das Ergebnis der Interpretation besteht aus einem ausgewählten abstrakten Verhalten und den relevanten Parametern. Das abstrakte Verhalten wird in der Komponente *Verhaltensausführung* in mehrere Unterverhalten für Quer- und Längsführung des Fahrzeugs sequentialisiert, deren Ausführung dann angestoßen und überwacht wird. Die Ausführung der verschiedenen Verhalten resultiert in Vorgaben für die *Bahnplanung*, die eine konkrete Trajektorie berechnet und daraus Sollvorgaben für die *Regelung* generiert. Die Regelung greift schließlich auf die *Aktuatorik* des Fahrzeugs zu und steuert das Fahrzeug.

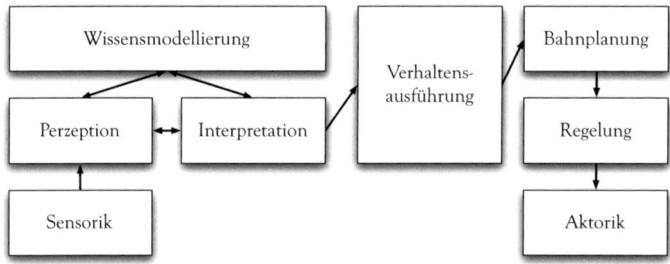

Abbildung 1.3: Die wesentlichen Komponenten zum Führen eines kognitiven Automobils.

Diese Arbeit befasst sich mit Gewinnung der Informationsgrundlagen zur Auswahl und Ausführung von Verhalten und findet sich auf der linken Seite der Abbildung 1.3. Da sich das Fahrzeug in komplexen Straßenverkehrsszenen wie Überlandstraßen oder innerstädtischen Straßen bewegen soll, ist umfassendes, konsistentes Wissen über die Szene in der unmittelbaren relevanten Fahrzeugumgebung unabdingbar, um ein Verständnis der Situation zu gewinnen. Die wesentlichen Herausforderungen bestehen thesenartig aus folgenden Punkten:

- Umfassende sensorische Erfassung der relevanten Aspekte des Fahrzeugumfeldes

- Konsistente Modellierung des benutzten und des erzeugten Wissens

- Abstraktion der Sensordaten für weitergehende Schlussfolgerungsprozesse

- Analyse und Bewertung der aktuellen Situation durch Schlussfolgerungsprozesse

Dazu wurde diese Arbeit in die drei Themenkomplexe *Umfelderfassung*, *Wissensmodellierung* und *Interpretation von Verkehrssituation* gegliedert.

Die *Umfelderfassung* ist die erste Schritt zur Situationsinterpretation und dient dazu, mittels Videosensoren die Umgebung des Fahrzeuges zu beobachten zu vermessen. Alle für die Entscheidungsfindung und Verhaltensausführung relevanten Merkmale müssen im Umfeld detektiert und den nachgeschalteten Verarbeitungseinheiten zur Verfügung gestellt werden. Im Kontext des kognitiven Automobils sind die zu detektierenden, relevanten Merkmale Fahrspuren, Fahrzeuge und Hindernisse.

Die *Wissensmodellierung* sorgt dafür, dass die Daten der sensorischen Wahrnehmung in den höherwertigen Verarbeitungskomponenten verwendet werden können. Sie hilft auf der einen Seite zu verstehen, welche Daten von der Wahrnehmung an die Interpretation geliefert werden müssen und auf der anderen Seite ergeben sich aus den Fähigkeiten der Wahrnehmung direkte Konsequenzen für die Möglichkeiten der Interpretation. Insbesondere wird durch die Wissensmodellierung ein einheitliches Vokabular für die Datenverarbeitung und die Interpretation vorgegeben, das die Verwertbarkeit der Wahrnehmungsdaten in der Interpretation gewährleistet. Darüber hinaus ist es die Aufgabe der Wissensmodellierung, die quantitativen Daten der Wahrnehmung dergestalt zu transformieren und zu erweitern, dass sie von den Schlussfolgerungsprozessen der Interpretation verarbeitet werden können.

Die *Interpretation von Verkehrssituationen* stellt die höchste Stufe der Verarbeitungskette dar. Ein kognitives Automobil muss in der Lage sein, ein *Verständnis* der aktuellen Situation zu erlangen, um die Konsequenzen des eigenen Handelns abschätzen zu können. Dazu muss die Situation analysiert und im Hinblick auf das eigene Verhalten bewertet werden. Es müssen Regeln ausgewertet werden, die einzuhalten sind, um konformes Verhalten sicherzustellen. Neben dem Hintergrundwissen, welches in Form dieser Regeln gegeben ist, kommt zusätzlich gewonnenes Erfahrungswissen zum Einsatz, um Situationen frühzeitig einschätzen zu können, Konsequenzen von Verhaltensentscheidungen vorherzusagen oder auch um das Verhalten zu optimieren. Als Ergebnis generiert die Situationsinterpretation eine Empfehlung für ein auszuführendes höherwertiges, Verhalten sowie die dazu relevanten Aspekte der Umwelt. Zusammenfassend besteht die Arbeit aus:

1. den Wahrnehmungskomponenten zur Erfassung des Fahrzeugumfeldes,

2. einer durchgehenden Modellierung des Wissens von der Wahrnehmung bis zu Interpretation

3. und der Interpretation von Verkehrssituationen zur Bewertung und Parametrierung von Verhalten.

Der wissenschaftliche Beitrag der Arbeit besteht aus mehreren Teilen. Auf der Seite der Wahrnehmung wird ein Bildverarbeitungssystem vorgestellt, das in der Lage ist die Fähigkeiten zur Erfassung der relevanten Umfeldaspekte zu koordinieren. Zur Erfassung der Fahrspuren wird ein erweiterter Partikel-Filter entwickelt, der in Lage ist, auf Grund unterschiedlicher Merkmale den Fahrbahnverlauf zu schätzen. Zur Hindernisdetektion wird eine neuartige,

Tiefenbild gebende Sensorik verwendet. Zur Modellierung des Wissens wird hierzu erstmals eine Ontologie für die Domäne „Straßenverkehr" vorgeschlagen, die die Zusammenhänge der Begriffswelt systematisch erfasst und miteinander in Beziehung setzt. Wichtig ist dabei die konsistente Modellierung von der Wahrnehmung auf der unteren Ebene bis zur Interpretation auf der höchsten Ebene. Zum Erlernen eines realitätsnahen Verständnisses aktueller Situationen und zum Ableiten eines optimalen Verhaltens stützt sich der vorgeschlagene Ansatz auf das Paradigma des fallbasierten Schließens. Das Vorgehen hat zwei wesentliche Vorteile: zum einen können die Konsequenzen der Anwendung einzelner Verhalten hypothetisch ausgewertet werden, und zum anderen ist es damit möglich, neu gewonnenes Problemlösungswissen automatisch zum bereits bestehenden hinzuzufügen und später wiederzuverwenden. Der grundlegende Beitrag der Arbeit liegt auf einer holistischen Betrachtung der einzelnen Komponenten. Es wird davon ausgegangen, dass die Komponenten nicht separiert betrachtet und entwickelt werden können, sondern dass das Zusammenwirken aller Funktionskomponenten immer berücksichtigt wird. Die Mächtigkeit des Ansatzes liegt darin, dass schon während des Entwurfs und der Entwicklung eine Interaktion zwischen den Komponenten stattfindet. Hier bewährt sich die Modellierung von situativem Wissen und unterstützt das Verständnis der Interaktion aller Systemkomponenten. Die abschließende Abbildung 1.4 soll symbolisch diesen elementaren Zusammenhang verdeutlichen und wird im weiteren Verlauf der Arbeit an den entsprechenden Stellen referenziert werden.

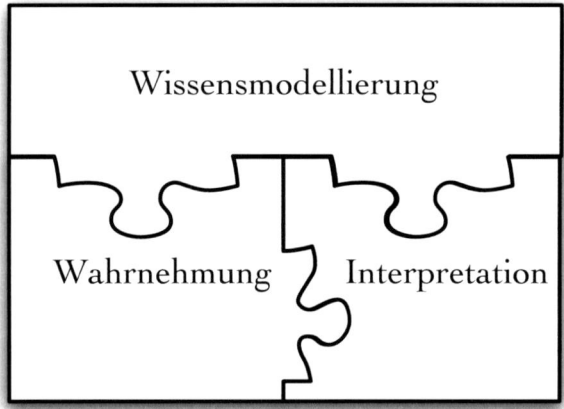

Abbildung 1.4: Die Verzahnung der entwickelten Komponenten Wahrnehmung, Wissensmodellierung und Interpretation als Versinnbildlichung der holistischen Betrachtung des Gesamtsystems.

1.3 Aufbau der Arbeit

Die vorliegende Arbeit besteht aus drei thematisch gegliederten Blöcken. Im ersten Block (Kapitel 2) wird der Stand der Kunst zusammengefasst und diskutiert. Im zweiten Block (Kapitel 3–5) werden die entwickelten Konzepte und Methoden vorgestellt. Im letzten Block (Kapitel 6) erfolgt die kritische Analyse der entwickelten Lösungen anhand durchgeführter Experimente.

Kapitel 2 Kapitel 2 beleuchtet den aktuellen Stand der Kunst und ordnet die vorliegende Arbeit entsprechend ein. Da die Arbeit ein breites Spektrum abdeckt, spiegelt sich dieses auch im Stand der Kunst wider. Er beginnt mit einem historischen Abriss über die Entwicklung der autonomen Fahrzeuge (Abschnitt 2.1) und stellt die wichtigsten Forschergruppen aus diesem Gebiet vor. Nach der Beschreibung der wichtigsten Sensortechnologien (Kapitel 2.1.2) werden die grundlegenden Arbeiten zur Erfassung des Fahrzeugumfeldes für die Themengebiete Fahrspurerkennung (Kapitel 2.1.3), Fahrzeug- und Hindernisdetektion vorgestellt (Kapitel 2.1.5, 2.1.4). Anschließend wird ein Überblick über Repräsentationsformen und Techniken zur Modellierung des eingesetzten Wissens gegeben (Kapitel 2.2). Zusätzlich werden Arbeiten zur Wissensmodellierung im Bereich der autonomen Fahrzeuge aufgeführt. Der Themenkomplex „Situationsinterpretation" (Kapitel 2.3) vervollständigt den Überblick über den Stand der Kunst. Die vorliegende Arbeit wird abschließend mit thematisch nahestehenden Arbeiten verglichen und die Neuerungen herausgestellt (Kapitel 2.4).

Kapitel 3 Die Zusammenstellung und Diskussion von Methoden zur situativen Umfelderfassung stellen den Hauptteil der Arbeit dar. Zuerst werden die bildgebenden Sensoren vorgestellt, die im Fahrzeug zum Einsatz kommen (Kapitel 3.1). Anschließend wird das in dieser Arbeit entwickelte Bildverarbeitungssystem vorgestellt, das die Entwicklung der Bildverarbeitungsroutinen unterstützt und die Extraktion der verschiedenen Informationen zur Laufzeit koordiniert (Kapitel 3.2). Die wichtigste Fähigkeit zur Erfassung des Umfeldes ist die Erkennung des Straßenverlaufs sowie der Fahrspuren (Kapitel 3.3). Dazu wird ein Partikelfilter vorgeschlagen, um die Parameter einer Fahrspur zu schätzen. Das Verfahren wird erweitert zur Erkennung mehrerer Fahrspuren und die Erkennung von Einmündungen (Kapitel 3.3.6). Zur Extraktion zusätzlicher Attribute der Fahrspuren werden aufgebrachten Straßenmarkierungen extrahiert und analysiert. Zur Demonstration der Robustheit des Partikelfilters wird gezeigt, wie auch der Verlauf von Straßen und Einmündungen ohne Markierungen geschätzt werden kann. Die zweite Fähigkeit zur Umfelderfassung betrifft die Erkennung von Hindernissen auf Basis von Tiefenbilddaten, die durch eine PMD-Kamera gewonnen werden (Kapitel 3.4). Mit Bereichswachstumsverfahren werden Messungen abgeleitet, und durch ein Kalman-Filter werden die Objekthypothesen aktualisiert. Die dritte vorgeschlagene Fähigkeit dient der Detektion und Verfolgung von Fahrzeugen (Kapitel 2.1.5). Es werden Schattenregionen extrahiert und anschließend deren Symmetrie überprüft, um daraus Fahrzeughypothesen abzuleiten. Die einzelnen Fahrzeuge werden dann mit einem Kalman-Filter verfolgt.

Kapitel 4 Die Wissensmodellierung ist die Schnittstelle zwischen Umfelderfassung und Situationsinterpretation. Sie gewährleistet den Transfer der quantitativen Daten der Wahrnehmung auf qualitative Beschreibungen, so dass sie von der Interpretation weiterverarbeitet werden können. Zur Beschreibung der Domäne „Straßenverkehr" wird eine Ontologie vorgeschlagen (Kapitel 4.1), die die grundlegenden Konzepte, Attribute und Relationen zur Beschreibung der Verkehrsinfrastruktur, der Verkehrsregeln und der Verkehrsteilnehmer enthält (Kapitel 4.2). Dadurch ist eine einheitliche, konsistente Begriffswelt definiert, auf die sowohl von der Wahrnehmungs- als auch von der Interpretationsseite zurückgegriffen wird. Die Aussagekraft der Wissensmodellierung wird demonstriert, indem aus der abstrakten situativen Umweltrepräsentation eine virtuelle 3D-Darstellung der Szene synthetisiert wird.

Kapitel 5 Die Interpretation von Verkehrssituationen bildet den letzten methodischen Teil dieser Arbeit. Das Paradigma des fallbasierten Schließens wird konzeptionell auf die Interpretation von Verkehrssituationen übertragen, um Verhalten auszuwählen und relevante Informationen einer Szene zu identifizieren. Die Bedeutung eines Falles wird definiert und der Aufbau der Fallbasis beschrieben. Dazu wird aufgeführt, wie ähnliche Fälle aus der Fallbasis extrahiert werden und auf aktuelle Situationen angewendet werden kann. Es wird abschließend gezeigt, wie neu gewonnenes Wissen zum bestehenden Erfahrungswissen hinzugefügt werden kann.

Kapitel 6 Zur Analyse der vorgestellten Ansätze werden in diesem Kapitel die Experimentierplattform sowie die durchgeführten Experimente vorgestellt und die Ergebnisse diskutiert.

Kapitel 2

Stand der Kunst und Ansätze zu fahrerlosen Assistenzsystemen für Automobile

Das breite thematische Spektrum der vorliegenden Arbeit spiegelt sich auch im Stand der Kunst wieder. Er umfasst die Themenbereiche Umfelderfassung, Wissensmodellierung und Situationsinterpretation.

Ausgangspunkt ist die sensorische Erfassung der Umfelds und die Extraktion der zum autonomen Fahren relevanten Informationen (Kapitel 2.1). Die Zusammenstellung beginnt mit einem kurzen geschichtlichen Abriss über die Entwicklung der Umfelderfassung und stellt die wichtigsten Forschungsgruppen aus diesem Gebiet (Kapitel 2.1.1) sowie typische Sensoren, die eingesetzt werden, vor (Kapitel 2.1.2). Die Wahrnehmungsaufgabe unterteilt sich in die Bereiche Fahrspurdetektion (Kapitel 2.1.3), Hinderniserkennung (Kapitel 2.1.4) und Fahrzeugdetektion (Kapitel 2.1.5).

Die Wissensmodellierung (Kapitel 2.2) stellt das formale Gerüst zur Verfügung, mit dem die Daten so dargestellt werden können, dass sie durch Schlussfolgerungsprozesse weiterverarbeitet werden können. Dabei werden zuerst anwendungsunabhängige Modellierungen vorgestellt (Kapitel 2.2.1) und anschließend spezielle Arbeiten mit dem Fokus auf der Wissensmodellierung für kognitive Automobile herausgegriffen und gesondert betrachtet (Kapitel 2.2.2). Eine Besonderheit dabei ist die Abbildung der Sensordaten, die anhand der Erkennung von Fahrzeugverhalten exemplarisch herausgegriffen wird (Kapitel 2.2.3).

Aus dem Gebiet der Situationsinterpretation (Kapitel 2.3) werden nach einem Überblick über die Situationsinterpretation im Projekt PReVENT (Kapitel 2.3.1) drei verschiedene Ansätze vorgestellt. Die Interpretation durch Auswertung von Situationsaspekten (Kapitel 2.3.2), durch Traversierung von Situationsgraphenbäumen (Kapitel 2.3.3) und durch Anwenden des fallbasierten Schließens (Kapitel 2.3.4).

Im letzten Kapitel (Kapitel 2.4) werden die beiden wichtigsten Arbeiten dem vorliegenden Ansatz tabellarisch gegenübergestellt und ein Fazit gezogen.

2.1 Wahrnehmung des Umfeldes

Die situative, kontinuierliche Wahrnehmung des Fahrzeugumfeldes hat die Aufgabe, alle für die Fahrzeugführung relevanten Aspekte der Umwelt zu erfassen. Darunter fallen unter anderem die Erkennung des Fahrbahnverlaufs durch eine Fahrspurdetektion, die Erkennung und Klassifikation von Verkehrsschildern sowie die Detektion und Verfolgung anderer Fahrzeuge, Fahrradfahrer und Fußgänger.

Die Erfassung des Umfeldes erfreut sich großer Aufmerksamkeit und steht im Fokus intensiver Forschung. Sie blickt auf eine lange und fruchtbare Historie zurück und beginnt Mitte der 80er Jahre mit ersten Arbeiten zur Fahrspurdetektion [Davis 86, Dickmanns 88a, Dickmanns 88b]. Dabei lag der Fokus auf Autobahnfahrten, da hier eine klar strukturierte Umgebung vorliegt. Dies liegt zum einen an den durchgehend vorhandenen Fahrspurmarkierungen, die die Merkmalsextraktion vereinfachen, und zum anderen an reglementierten Fahrspurverläufen, wodurch die Anpassung der Modellparameter in den Schätzverfahren stark eingeschränkt und somit gut zu schätzen sind. Zu dieser Zeit bestand ein großes Problem darin, geeignete Verarbeitungseinheiten aufzubauen, die einen Bildeinzug und eine Bildverarbeitung in Echtzeit erlaubten.

Eine Dekade später entstanden die ersten Arbeiten, die sich mit der Detektion und Verfolgung von Fahrzeugen befassten. Dabei wurden neuartige Extraktionsmethoden entwickelt, zum Beispiel zur Detektion von Symmetrieachsen oder Schattenregionen, die speziell auf die Fahrzeugdetektion abgestimmt waren. Mit steigender verfügbarer Rechenleistung konnten dann Mitte der 90er Jahre erste vollautonome Fahrzeuge realisiert werden [Dickmanns 92, Pomerleau 92], die über große Distanzen auf Autobahnen erfolgreich eingesetzt werden konnten. Zur gleichen Zeit wurden zusätzliche Sensoren in die Automobile integriert, die hauptsächlich zur Abstandsmessung verwendet wurden. Typische Beispiele sind hierfür Laser, Radar und Lidar-Systeme. Ende der 90er Jahre entstanden auf Basis dieser Sensoren die ersten verfügbaren Fahrerassistenzsysteme in Serienfahrzeugen. Als Beispiel sei die automatische Abstandskontrolle ACC[1] genannt, die per Radar den Abstand zum vorausfahrenden Fahrzeug ständig ermittelt und mittels Geschwindigkeitsanpassung diesen Abstand regelt.

In der Zwischenzeit hat sich einerseits das Spektrum möglicher Anwendungen stark vergrößert und sich die Forschungsthemen weiter diversifiziert. So wird intensiv an der Entwicklung vielfältiger Assistenzfunktionen wie zum Beispiel der Überwachung des toten Winkels[2], der Unterstützung im Stop-and-Go-Verkehr oder der Warnung vor unbeabsichtigtem Verlassen der Fahrspur[3] gearbeitet.

In der Forschung ist, neben Aktivitäten zur Erfassung umfassender Umfelddaten, auch unter Einsatz neuer Sensortechniken wie Infrarot- oder Tiefenbildkameras, ein Paradigmenwechsel auszumachen. Es ist unbestritten, dass die individuelle Beobachtung einzelner Umfeldaspekte mit dedizierter Sensorik auf Dauer nicht ausreichen wird [Winner 05]. Eine ganzheitliche Betrachtung des Fahrzeugumfeldes mit komplementärer und redundanter Sensorik ist somit unabdingbar. Jeder einzelne Sensor erzeugt prinzipbedingt unzureichende Daten aus

---

[1]engl.: adaptive cruise control
[2]engl.: blind spot detection
[3]engl.: lane departure warning

seinen Beobachtungsaktivitäten, so dass die Sensordatenverarbeitung nur wenige Merkmale extrahieren kann. Des Weiteren sind Teile der Umgebung nicht direkt beobachtbar, sondern müssen indirekt aus anderen Gegebenheiten gefolgert werden. Für die ganzheitliche Betrachtung des Fahrzeugumfeldes bedeutet das, dass sowohl auf der Ebene der Sensordatenverarbeitung als auch auf der Ebene der Merkmals- und Symbolverarbeitung eine Kombination der Daten erfolgen muss. Auf der Ebene der Sensordatenverarbeitung geschieht diese zumeist durch eine Fusion der Daten aber auch durch die Nutzung von Wissen, das auf symbolischen Systemebenen gewonnen wurde. Auf der Ebene der Merkmals- und Symbolverarbeitung werden die einzelnen Beobachtungen miteinander in Beziehung gesetzt und somit zusätzliches Wissen abgeleitet. Als Beispiel sei hier die Detektion von Fahrzeugen angeführt. Die Verifikation der Hypothesen kann deutlich verbessert werden, wenn zusätzliches Wissen über den Verlauf der Fahrspur ausgewertet wird, indem zum Beispiel eine Zuordnung von Fahrzeugen zu Fahrspuren durchgeführt wird.

Die Forschung auf dem Gebiet der Fahrzeugumfelderfassung steht in den letzten Jahren im Mittelpunkt des Interesses. Dies rührt zum einen daher, dass die Rechnerleistung in den vergangenen Jahren weiter gestiegen ist, so dass auch deutlich aufwändigere Verfahren in Echtzeit eingesetzt werden können und zum anderen durch das starke Interesse der Automobilindustrie, die sich durch erweiterte Fahrerassistenzfunktionen eine Steigerung von Sicherheit und Fahrkomfort verspricht.

Diesem Umstand wurde innerhalb des 6. Rahmenprogramms der Europäischen Kommission Rechnung getragen, indem das Projekt PReVENT [PReVENT 07] von Februar 2004 bis Januar 2007 gefördert wurde. Im Vordergrund stand dabei die Entwicklung von Methoden und Systemen, die die Sicherheit im Straßenverkehr erhöhen. Das Projekt gliederte sich einerseits in Teilprojekte, die sich bestimmten Unfallszenarien widmeten und andererseits in Querschnittsprojekte, die grundlegende Technologien entwickelten und den anderen Teilprojekten zur Verfügung stellten. Stellvertretend für die Querschnittsprojekte seien an dieser Stelle das Teilprojekt *MAPS&ADAS* zur Verbesserung von digitalen Karten im Hinblick auf den Einsatz in Fahrerassistenzsystemen und das Teilprojekt *ProFusion* zur Entwicklung von Methoden zur Sensordatenfusion genannt. Eine Besonderheit ist das Teilprojekt *ProFusion2*, das kein Teilprojekt im klassischen Sinne ist, sondern vielmehr eine Art Leitfaden an die Hand gibt, wie die unterschiedlichen Aspekte der Sensordatenfusion in automobiltechnischen Applikationen eingesetzt werden können. Die Ausgangslage der restliche Teilprojekte bildete eine Unfalltypologie[4], für die Unfallberichte systematisch ausgewertet wurden und darin typische Unfallszenarien identifiziert wurden. Entsprechend der Hauptgefahrenpotentiale wurden die Teilprojekte in die folgenden vier Themengebiete eingeordnet:

- Sichere Geschwindigkeit,

- Unterstützung bei der Querführung,

- Unterstützung im Kreuzungsbereich und

- Sicherheit für ungeschützte Teilnehmer und Verringerung der Unfallfolgen[5].

---

[4]Die Autoren sprechen in diesem Zusammenhang von einer sog. *Accidentology* (accident typology)
[5]engl.: collision mitigation

Beim Thema *Sichere Geschwindigkeit* geht es darum, schon frühzeitig die Geschwindigkeit auf ein als sicher angesehenes Maß zu reduzieren. Im Teilprojekt *SASPENCE* wird
dies durch eine Abschätzung des Straßenverlaufs durch Methoden der Bildverarbeitung und
durch Rückgriff auf eine digitale Karte realisiert, im Teilprojekt *WILLWARN* erfolgt eine
Kommunikation zwischen den Fahrzeugen, um auf drohende Gefährdungen hinzuweisen. Die
Unterstützung bei der Querführung erfolgt sowohl in Form einer Spurhalteunterstützung im
Teilprojekt *SAFELANE* als auch bei der Überwachung des toten Winkels bei Spurwechseln
im Teilprojekt *LATERAL SAFE*. Das Teilprojekt *INTERSAFE* dient der *Unterstützung im
Kreuzungsbereich*, in dem potentielle Pfade bestimmt und daraus die Kollisionswahrschein-
lichkeit berechnet wird. Besonderes Augenmerk wird auf die *Sicherheit der ungeschützten
Verkehrsteilnehmer und die Verringerung der Unfallfolgen* gelegt. Im Teilprojekt *COMPO-
SE* steht die Vermeidung von Auffahrunfällen im Vordergrund, das Teilprojekt *APALACI*
dient der Auslösung schadensmindernder Aktionen im Fahrzeug.

Auch auf bundesdeutscher Seite wird die Forschungsleistung im Bereich der Fahrerassistenz
weiter gestärkt. Dies äußert sich unter anderem im vom Bundesministerium für Bildung
und Forschung von 2001–2005 geförderten Projekt *INVENT* [INVENT 08], welches neben
der Erhöhung der Sicherheit durch Einzelmaßnahmen im Fahrzeug auch das komplette Ver-
kehrsgeschehen zur Optimierung des Verkehrsflusses untersuchte. Des weiteren ist an dieser Stelle der von der Deutschen Forschungsgesellschaft geförderte Sonderforschungsbereich
SFB/TR 28 „Kognitive Automobile" [kognimobil 08] zu nennen. Neben der Untersuchung
komplementärer und konkurrierender Methoden der Sensordatenverarbeitung steht vor allem die Untersuchung von Kognitionseigenschaften in einem technischen, autonomen System
im Vordergrund. Darüber hinaus werden die Auswirkungen und Möglichkeiten des koope-
rativen Verhaltens von Fahrzeuggruppen durch Kommunikationseinrichtungen untersucht.
Das Projekt startete im Jahr 2006 und ist auf 12 Jahre ausgelegt.

Ein weiterer Kristallisationspunkt und auch Herausforderung sind die von der DARPA ver-
anstalteten Rennen *Grand Challenge* [Grand Challenge 05] im Jahre 2005 und *Urban Challenge* [Urban Challenge 07] im Jahre 2007. Die Aufgabe der Grand Challenge bestand darin,
einen ca. 150 Meilen langen, vorher unbekannten Kurs durch die Wüste von Nevada ohne
Einflussnahme von außen in einer bestimmten Zeit fahrerlos autonom zu durchfahren. Für
die Urban Challenge wurde das Szenario dahingehend erweitert, dass nun in einer Stadt
zu fahren ist. Dabei müssen sowohl Verkehrsregeln beachtet werden, als auch Hindernisse
und andere Fahrzeuge erkannt und Kollisionen vermieden werden. Mit beiden Wettbewer-
ben wurden klar definierte Benchmarks gesetzt, die einen Vergleich unterschiedlicher Ansätze
und Methoden erlauben.

Ein Überblick zu der Entwicklung von Methoden und Techniken zu der Erfassung des
Fahrzeugumfeldes sowie Ansätze zu zukünftigen Entwicklungen ist in [Bertozzi 00a] und
[Dickmanns 02] gegeben. In [Kastrinaki 03] wird speziell die Einsetzbarkeit videogestützter
Verfahren zur Überwachung des Verkehrsraums vorgestellt. Als Foren dieses Forschungsbe-
reiches dienen das jährliche Symposium „Intelligent Vehicles" und die Konferenz „Intelligent
Transportation Systems".

In den folgenden Abschnitten werden einige konkrete Forschungsarbeiten zur Erfassung des
Fahrzeugumfeldes vorgestellt. Um die Einordnung der Arbeiten zu erleichtern, werden zuerst
Forschungsgruppen vorgestellt, die die Entwicklung maßgeblich geprägt haben. Im Anschluss

werden die Themengebiete Fahrspurdetektion, Fahrzeugdetektion und -verfolgung sowie Hinderniserkennung diskutiert.

2.1.1   Forschungsgruppen

Als Zentren im Bereich autonomes Führen von Straßenfahrzeugen in Deutschland seien an erster Stelle die Universität der Bundeswehr München sowie das Fraunhofer-Institut IITB in Karlsruhe zu nennen. Beide entwickelten schon Ende der 80er, Anfang der 90er Jahre autonome Fahrzeuge, deren Fähigkeiten eindrucksvoll sowohl auf Autobahnen als auch in innerstädtischen Szenarien demonstriert werden konnten. Außerhalb Deutschlands seien auf europäischer Seite die Universitá di Parma sowie die ETH Zürich zu nennen. In den USA sind an erster Stelle die Forschungsarbeiten der Carneggie Mellon University (CMU) in Pittsburgh zu nennen. Weiterhin seien die Gewinner der Grand Challenge 2005, S. Thrun von den AI-Labs der Stanford University und der Urban Challenge 2007, R. Whittaker von den Robotics Labs der CMU aufgeführt.

2.1.1.1   Universität der Bundeswehr, München

An der Universität der Bundeswehr in München wurde unter der Leitung von Prof. Dickmanns 1985 das erste autonome Fahrzeug VaMoRs (**V**ersuchsfahrzeug für **a**utonome **Mo**bilität und **R**echner**s**ehen) entwickelt.

Abbildung 2.1: Forschungsfahrzeug *VaMP* der Universität der Bundeswehr in München.

Dieses Fahrzeug verfügte über einen automatisierten Zugriff auf Gas, Bremse und Lenkung und besaß ein Bildverarbeitungssystem zur Fahrspurerkennung und Hindernisdetektion. Bereits 1987 konnte damit eine längere Fahrt (ca. 20 km auf einer abgesperrten Strecke) autonom mit Längs- und Querregelung durchgeführt werden. Innerhalb des PROMETHEUS-Projekts [Kemeny 90] konnte dann das Anhalten vor einem Hindernis sowie Stop & Go Verhalten realisiert werden.
Als Nachfolger von VaMoRs wurde dann 1993/94 das autonome Fahrzeug VaMP (**VaMoRs PKW**, siehe Abbildung 2.1) entwickelt. Zusätzliche Fähigkeiten waren der autonome Spur-

wechsel sowie die autonome Entscheidung zum Überholen. In einer eindrucksvollen Demonstration konnten ca. 1600 km Autobahnfahrt zu 95% autonom gefahren werden. Ein weiteres Resultat dieses Fahrzeuges war die Entwicklung von EMS-Vision (**E**rwartungsbasiertes **M**ultifokales **S**akkadisches Sehen). Dabei wurden in Anlehnung an die Prinzipien des menschlichen Sehsystems eine Kamera mit schnellem Blickrichtungswechsel (sog. *Sakkaden*) und eine Telekamera mit einem großen Vorausschaubereich implementiert.

Eine Besonderheit dieser Arbeiten ist der 4D-Ansatz, der die Zeit als elementaren Bestandteil der Umwelt ansieht und die Objekte im Umweltmodell in einem zeitlichen Zusammenhang darstellt. Dadurch können in den zur Anwendung kommenden Schätzverfahren die dynamischen Modelle ausgenutzt und die Suchbereiche im Bild eingeschränkt werden. Drei weitere Arbeiten sollen an dieser Stelle besonders hervorgehoben werden: In [Gregor 02] werden die Basiskonzepte zur Modellierung des Wissens und der Extraktion von Wissen aus der Umwelt dargestellt. Pellkofer führt in [Pellkofer 03] die Wissensmodellierung fort und stellt ein Konzept zur Verhaltensentscheidung vor. Die Ausführung der Verhalten ist in [Siedersberger 03] beschrieben.

2.1.1.2 Universität Karlsruhe, Fraunhofer-Institut IITB, Karlsruhe

Am Karlsruher Fraunhofer-Institut für Informations- und Datenverarbeitung stellt das Fahrzeug *Darvin* (**D**river **A**ssistance using **R**ealtime **V**ision for **IN**nercity areas, Abbildung 2.2) die dritte Generation von autonomen Fahrzeugen dar.

Abbildung 2.2: Forschungsfahrzeug *Darvin* des Fraunhofer-Instituts für Informations- und Datenverarbeitung, Karlsruhe.

Das Fahrzeug dient als Entwicklungsplattform für Fahrerassistenzsysteme. Insbesondere werden Fähigkeiten zur modellbasierten Verfolgung von Straßen und Kreuzungen, zur modellbasierten Verfolgung von Fahrzeugen, zur Analyse von Verkehrssituationen sowie eine Unterstützung der Fahrers durch sprachliche Hinweise untersucht [DARVIN 07a].

Das Ziel besteht im Vergleich zu den anderen aufgeführten Fahrzeugen nicht darin, ein vollautonomes Fahrzeug aufzubauen. Statt dessen soll der Fahrer durch das Fahrzeug unterstützt werden, in dem die Spur und der Abstand zum Vordermann gehalten werden. Der grundlegende Ansatz baut auf einer Kombination von modellgestützter Bildfolgenauswertung und höherwertiger Auswertung von Zwischenergebnissen auf, um ein Verständnis der Verkehrssituation zu erlangen. Der große Unterschied zu ähnlichen Arbeiten liegt darin, dass hier erstmals innerstädtische Verkehrssituationen mit der ihnen innewohnenden Komplexität betrachtet werden [DARVIN 07b]. Die Arbeiten bauen auf dem ROMA (**RO**ad **M**arkings **A**nalysis) System auf, welches Fahrbahnmarkierungen extrahiert, um den Fahrbahnverlauf zu schätzen [Enkelmann 95, Risack 98]. Mit diesem System können verschiedene Fahrerassistenzaufgaben bewältigt werden [Enkelmann 01], wie zum Beispiel Assistenten zum Fahrspur halten [Risack 00] oder zum Fahrspurwechsel [Rüder 02].

2.1.1.3 Universitá di Parma, Italien

Die Forschung der Universität Parma im Bereich autonomer Fahrzeuge beginnt im Jahre 1989 mit dem MOB-LAB (**MOB**ile **LAB**oratory) Fahrzeug [MOBLAB 07]. Dieses Fahrzeug entstand im Rahmen des PROMETHEUS-Projekts [Kemeny 90] und stand allen beteiligten italienischen Forschungsgruppen zur Verfügung.

Abbildung 2.3: Forschungsfahrzeug *ARGO* der Universitá di Parma.

Das Projekt endete 1994 mit der abschließenden Demonstration der Fähigkeiten des Fahrzeugs zum autonomen Fahren. Danach wurde ein kostengünstiges Fahrzeug mit Standardkomponenten entwickelt, um die Forschungsarbeiten fortzuführen. Der Name des Fahrzeuges ist *ARGO* [ARGO 07], dessen Bild in Abbildung 2.3 zu sehen ist.
Die wesentlichen Aufgaben auf der Seite der Sensorverarbeitung waren die Detektion von Fahrspuren auf Autobahnen sowie die Detektion von Fahrzeugen. Das Sensordatenverarbeitungssystem wurde *GOLD* (**G**eneric **O**bstacle and **L**ane **D**etection) genannt. Dabei wurden Standard-Hardwarekomponenten verwendet und eine Aufgabe bestand darin, die Verarbeitung so zu gestalten, dass sie auf dieser Hardware im Videotakt arbeitete [Bertozzi 96]. Die Fahrzeugsteuerung bietet drei Operationsmodi: das manuelle Fahren, bei dem das Fahrzeug lediglich Warnhinweise in gefährlichen Situationen generiert, das überwachte Fahren, bei dem das Fahrzeug in gefährlichen Situationen eingreift und das vollautonome Fahren [Telecran 07].

2.1.1.4   Stanford University, Standford, USA

Die Forschungsgruppe unter Sebastian Thrun an der Stanford University hat im Jahre 2005 die Grand Challenge mit dem Fahrzeug *Stanley* gewonnen.

Abbildung 2.4: Forschungsfahrzeug *Junior* der Stanford University.

Die Aufgabe des Rennens bestand darin, anhand von vorgegebenen Wegpunkte eine Strecke durch die Mojave-Wüste zurückzulegen. Daraus ergaben sich für das Fahrzeug die Forderungen, dass es in der Lage sein musste, selbstständig den Pfad anhand der Wegpunkte und der erfassten Umgebung zu planen sowie mögliche Kollisionen mit Hindernissen zu vermeiden. Eine Beschreibung des Fahrzeugs und seinem Einsatz beim Rennen sind in [Thrun 06b] zu finden.
Im Jahre 2007 nahm das Team an der Urban Challenge mit dem Fahrzeug *Junior* (Abbildung 2.4) teil. Das Team musste nur das Fahrzeug der Carnegie Mellon University vorbeiziehen lassen und belegte den zweiten Rang.

2.1.1.5   Carnegie Mellon University, Pittsburgh, USA

An der Carnegie Mellon University sind zwei Gruppen zu nennen, die sich mit autonomen Fahrzeugen befassen.

Abbildung 2.5: Forschungsfahrzeug *Boss* der Carnegie Mellon University.

Die erste Gruppe ist die NavLab (Navigation Laboratory) Gruppe unter Chuck Thorpe [Navlab 07]. Sie verfügt über eine große Erfahrung im Aufbau von autonomen Fahrzeugen und hat seit 1984 insgesamt 11 Fahrzeuge entwickelt. Viele bekannte Bildverarbeitungssysteme zur Fahrspurdetektion und Fahrzeugdetektion wurden vorgeschlagen. Bei den Systemen UNSCARF [Chrisman 91] und SCARF [Crisman 93] erfolgt eine Farbklassifikation, die das Bild in Bereiche für Straße und Nicht-Straße unterteilt. YARF [Kluge 93] verwendet Merkmale, um den Straßenverlauf zu schätzen. In RALPH [Pomerleau 95] werden mehrere Hypothesen generiert und mittels Schablonenvergleich getestet. Um das Fahrzeug zu lenken, wurden in ALVINN [Pomerleau 92] Neuronale Netze trainiert, um die Abbildungsfunktion zwischen aufgenommenem Bildbereich und Lenkwinkel zu lernen. Im Rahmen der Grand Challenge wurde auch das Red Team am Robotics Institute der CMU unter Red Whittaker im Bereich der autonomen Landfahrzeuge bekannt. Beim ersten Rennen im Jahre 2004 wurde mit dem Fahrzeug *Sandstorm* unter allen Teilnehmern die längste Strecke zurückgelegt. Im darauffolgenden Rennen im Jahre 2005 trat man zusätzlich mit dem Fahrzeug *H1ghlander* an und belegte die Plätze 2 und 3. Die Urban Challenge im Jahre 2007 wurde dann mit dem Fahrzeug *Boss* (Abbildung 2.5) gewonnen.

2.1.2 Sensoren zur Umfelderfassung

Da ein autonomes Fahrzeug in einer dynamischen Umgebung situationsgerecht reagieren muss, ist die Umgebung und der eigene Zustand kontinuierlich zu erfassen. Zu diesem Zweck werden Sensoren eingesetzt, die physikalische Größen durch zeitliche und räumliche Abtastung in digitale Signale umwandeln, die dann durch ein Rechnersystem verarbeitet werden. Entsprechend des Einsatzzwecks unterscheidet man zwischen propriozeptiven und exterozeptiven Sensoren.

Propriozeptive Sensoren dienen dazu, den internen Zustand des Fahrzeugs zu erfassen. Wesentliche Kenngrößen des internen Zustands sind die Geschwindigkeit, Längs- und Querbeschleunigung, Gierrate, Schlupf, Lenkwinkel und Lenkmoment sowie die Position des Fahrzeugs in der Umgebung. Die Geschwindigkeit und der Schlupf werden durch Raddrehzahlmesser, die Beschleunigungen durch Gyroskope ermittelt. Zur Messung des Lenkwinkels werden Encoderscheiben eingesetzt, das Lenkmoment wird mit Hilfe eines Potentiometers gemessen. Da in den meisten Fahrzeugen bereits ABS[6], ESP[7] und ASR[8] vorliegen, sind auch die entsprechenden Sensoren und Daten bereits vorhanden. Die Bestimmung der Position auf Basis von Geschwindigkeit, Beschleunigungen und Lenkwinkel ist zu ungenau und zeigt starken zeitlichen Drift. Statt dessen wird eine Sensordatenfusion zusammen mit GPS-Informationen und einer digitalen Karte durchgeführt. Dazu kann auf ein Navigationssystem zurückgegriffen werden.

Die exterozeptiven Sensoren dienen dazu, die Umgebung des Fahrzeugs zu erfassen. Zur Unterscheidung der Sensortypen wird zum einen die Art der Messung und zum anderen die Art der gewonnenen Informationen herangezogen. Man unterscheidet zwischen aktiven und passiven Sensoren sowie zwischen 2D- und 3D-Informationen. Aktive Sensoren emittieren ein Signal, dessen Charakteristik bekannt ist, und werten dessen Reflektion aus. Passive Sensoren hingegen werten die vorhandenen Umgebungssignale direkt aus, wie zum Beispiel bei einer Kamera, die das einfallende Licht in Helligkeitswerte digitalisiert.

---

[6]Anti-Blockier-System
[7]Elektronisches Stabilitätsprogramm
[8]Antriebs-Schlupfregelung

Videokameras gehören zur Klasse der passiven 2D-Sensoren. Videodaten besitzen einen hohen Informationsgehalt, da die Kameras einen großen Erfassungsbereich bei gleichzeitig guter Auflösung aufweisen. Eine direkte Messung von Tiefeninformationen ist nicht möglich und kann nur durch eine nachgeschaltete Rekonstruktion erreicht werden. Eine Möglichkeit besteht darin, zwei oder mehr Kameras einzusetzen und die Tiefenwerte durch Triangulation zu berechnen. Die Probleme bestehen aus der benötigten Kalibrierung der Kameras zueinander und der vergleichsweise schlechten Tiefenauflösung. So ist der erfassbare Tiefenbereich[9] abhängig vom Abstand der Kameras, und die Genauigkeit sinkt quadratisch mit der Entfernung.

In Serienfahrzeugen werden zur Tiefendatengewinnung häufig Radar[10]-Sensoren eingesetzt. Diese gehören zur Klasse der aktiven Sensoren, da sie elektromagnetische Wellen aussenden und das Echo detektieren. Aus der Laufzeit des Signals ergibt sich die Entfernung des Objekts. Zusätzlich kann durch den Dopplereffekt die Geschwindigkeit des Objekts gemessen werden. Zum Einsatz kommen überwiegend Geräte im 24GHz Band, die das Umfeld bis zu 30m vor dem Fahrzeug erfassen und Geräte im 77GHz Band, die bis zu 200m entfernte Objekte detektieren können. Radarsensoren zeigen gutes Messverhalten auch bei ungünstigen Sichtverhältnissen wie Regen, Nebel oder Staub. Der Nachteil der Radarsensoren ist ihre geringe laterale Auflösung. Diese wird oftmals durch den Einsatz mehrerer Radarsensoren kompensiert.

Ähnlich wie die Radarsensoren arbeiten Lidar[11]-Sensoren. Es wird gebündeltes Licht ausgesendet und die Laufzeit gemessen. Mit Ausnahme der Geschwindigkeitsmessung haben sie die gleichen Vorteile wie die Radarsensoren. Lidar-Sensoren haben einen großen Tiefenbereich und eine hohe Messgenauigkeit. Allerdings kann nur für einen Punkt die Entfernung bestimmt werden. Deshalb wird in so genannten 2D-Laserscannern das ausgesendete Licht durch einen rotierenden Spiegel abgelenkt, so dass die Entfernungsmessungen entlang einer Geraden erfolgen. Weit verbreitet sind Laserscanner der Firma SICK[12]. Laserscanner weisen bezüglich Messbereich und Messauflösung die gleichen Eigenschaften wie Lidar-Sensoren auf mit dem zusätzlichen Vorteil, dass ein Bereich von 180° abgedeckt ist. Allerdings ist wird dieser Vorteil durch einen längeren Messzyklus erkauft. Des Weiteren weisen alle Einzelmessungen einen zeitlichen Versatz auf, so dass in hochdynamischen Szenen Probleme auftreten können.

Eine Weiterentwicklung der 2D-Laserscanner stellen 3D-Laserscanner dar, die nicht nur entlang einer Geraden messen, sondern ein flächiges Tiefenbild der Umgebung liefern. So wurde an der Universität Karlsruhe der RoSi-Scanner (Rotating Sick) entwickelt [Walther 06], der in Abbildung 2.6 (a) zu sehen ist. Ein SICK-Laserscanner ist auf einer Rotationsachse montiert, so dass der erfassbare Bereich einer Halbkugel entspricht. Auch dieser vergrößerte Messbereich wird durch eine im Vergleich zu 2D-Scannern höhere Zykluszeit erkauft. Zusätzlich muss die durch die Rotation induzierte zeitliche Verschiebung in einem Nachbearbeitungsschritt kompensiert werden.

---

[9]engl.: horopter
[10]engl.: Range detection and Ranging
[11]engl.: Light Detection and Ranging
[12]http://www.sick.de

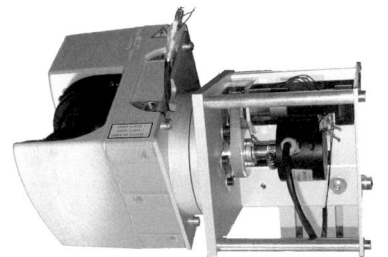  

(a) Rotating Sick Laserscanner (aus [Walther 06]). (b) HD-Lidar Sensor der Firma Velodyne (Bildquelle: Velodyne). (c) Alasca-XT Sensor der Firma IBEO (Bildquelle: IBEO).

Abbildung 2.6: 3D-Laserscanner verschiedener Hersteller.

Ein weiterer Vertreter dieser Sensorklasse ist das HD-Lidar System der Firma Velodyne[13] (Abbildung 2.6 (b)). Auf einer vertikalen Achse sind 64 Laserscanner so aufgefächert, dass ein vertikaler Bereich von 25° erfasst wird. Der Aufbau wird um die vertikale Achse gedreht, so dass eine 360° Rundumsicht erreicht wird. Die Rundumsichten werden mit einer Frequenz von 10Hz geliefert.

En dritter Vertreter der 3D-Laserscanner ist das Alasca-XT System der Firma IBEO GmbH[14]. Im Vergleich zum Lidar-System von Velodyne soll nur der Bereich vor dem Fahrzeug erfasst werden. Dazu sind vier Laserscanner vertikal aufgefächert, eine Rotation der Laserscanner erfolg nicht. Das System ist in Abbildung 2.6 (c) zu sehen.

Hersteller	PMD	PMD	CSEM	Canesta
Modell	A2 Muster	O3D	SR3000	DP200
Auflösung	64x16	64x50	176x144	k.A.
Tiefenbereich	40m, bis max 150m	7.5m	7.5m	k.A.
Frequenz	100Hz	100Hz	max. 30Hz	ca. 30Hz

Tabelle 2.1: Vergleich verschiedener 3D-Kameras.

---

[13]http://www.velodyne.com/lidar
[14]http://www.ibeo-as.com

Die vorgestellten 2D- und 3D-Laserscanner haben die Nachteile, dass die einzelnen Tiefenwerte der Gesamtmessung aufgrund des Messvorgangs einen zeitlichen Versatz haben und
dass die Scanner nur mit einer geringen Wiederholfrequenz arbeiten. Abhilfe bieten hier
so genannte 3D-Kameras, die die Umgebung flächig und zeitlich simultan erfassen. Solche
Kameras werden oftmals auch als ToF[15]-Kameras bezeichnet und basieren auf der Laufzeitmessung von ausgesandtem, moduliertem Licht. Die Auswertung erfolgt durch so genannte
„Smart Pixel", die für jeden Bildpunkt die Phasenverschiebung des einfallenden Lichts bestimmen und daraus die Tiefe berechnen. Mittlerweile sind mehrere Systeme verschiedener
Hersteller verfügbar. In Tabelle 2.1 sind die wichtigsten Systeme mit den relevanten Kenn-
zahlen zusammengefasst.

Abschließend sind in Tabelle 2.2 die gebräuchlichsten Sensoren, die in Fahrerassistenzsystemen zum Einsatz kommen, gegenübergestellt. Es wird ersichtlich, dass es nicht den optimalen Sensor gibt, der in allen Situationen und für alle Anwendungen eingesetzt werden
kann. So haben Radarsensoren den großen Vorteil, dass sie unabhängig von Wetter- und Be-
leuchtungsbedingungen gut funktionieren, wohingegen Videosensoren gerade bei schlechter
Beleuchtung nicht einsetzbar sind. Andererseits können mit Radarsensoren keine Fahrspuren erkannt und Objekte nur schlecht klassifiziert werden. Die PMD-Kamera hat noch nicht
die gleiche Reichweite wie ein Radarsensor, allerdings ist dies eher eine Frage der Zeit, bis
ähnliche Reichweiten erfasst werden können. Die Stärke der Videosensoren liegt in deren
großen horizontalen und vertikalen Auflösung und der Möglichkeit, Verfahren der Muste-
rerkennung anzuwenden, um die Informationen für eine tiefergehende Analyse der Szene
bereitzustellen. Eine detaillierte Auflistung von im Fahrzeug einsetzbaren Sensoren der im
PReVENT-Projekt beteiligten Hersteller ist in [Strobel 04] gegeben.

---

[15]engl.: Time-of-Flight

	Radar	Video	PMD
Messverfahren	aktiv	passiv	aktiv
Beeinträchtigung			
Tageszeit	keine	stark	keine
Störungen	gering	stark	mittel
Reichweite	++	+	○
Auflösung			
horizontal	○	++ ($\geq$ 300 Punkte)	+ ($\geq$ 64 Punkte)
vertikal	i. Allg. keine	++ ($\geq$ 200 Punkte)	+ ($\geq$ 16 Punkte)
lateral	++	○	++
zeitlich	○	+	++
Messgrößen			
Abstand	+	– (nur indirekt)	+
Geschwindigkeit	+	– (nur indirekt)	○ (nur indirekt)
Ausdehnung	–	++	+
Funktionalität			
Fahrspuren	–	++	+ (eingeschränkt)
Objektdetektion	+	+	+
Objektklassifikation	–	++	+

Tabelle 2.2: Gegenüberstellung verschiedener Sensoren für den Einsatz in Fahrerassistenzsystemen und Bewertung der Einsatzfähigkeit in den verschiedenen Anwendungen.

2.1.3   Fahrspurdetektion

Die Detektion der Fahrspuren hat im Wesentlichen zwei Aufgaben: Zum einen soll damit der
Verlauf der Straße geschätzt werden und zum anderen soll die Relativlage des eigenen Fahrzeugs auf der Straße bestimmt werden. Die Fahrspurdetektion bildet den Hauptbestandteil
der Umfelderfassung. Sie liefert die grundlegenden Daten für eine nachgeschaltete Routen-
und Pfadplanung. Zusammen mit einer Fahrzeug- und Hinderniserkennung kann zusätzlich
eine Kollisionsvermeidung durchgeführt werden, indem die entsprechenden Verhalten ge-
eignet parametriert werden. Darüber hinaus kann die Fahrspurdetektion auch für andere
Datenauswertungen herangezogen werden, z.B. für die Fahrzeugdetektion, indem der Suchbereich auf die Straße eingeschränkt wird oder indem die Fahrzeughypothesen durch einen
Abgleich mit dem Straßenverlauf überprüft werden.
Ein guter Überblick über Verfahren zur Fahrspurdetektion wird in [McCall 05a] gegeben.

2.1.3.1   Allgemeine Herangehensweise

Im allgemeinen besteht die Aufgabe der Verfahren zur Fahrspurdetektion darin, aus den
Sensordaten geeignete Merkmale zu extrahieren und aus den Merkmalen unter Zuhilfenahme
entsprechender Modelle den Straßenverlauf und die Position der Fahrspuren zu schätzen.
Die Struktur der Verfahren zur Fahrspurdetektion besteht in der Regel aus den vier Teilen
Sensorik, Modellierung, Algorithmik und Ergebnis. Abbildung 2.7 zeigt die Struktur sowie
den Informationsfluss zwischen den einzelnen Komponenten.
Die *Sensorik* dient zum Erfassen der Umwelt und zum Auslesen des internen Fahrzeugzu-
standes. In den meisten Fällen werden Kameras verwendet, manche Arbeiten basieren auf
Laser. GPS dient zur Schätzung der absoluten Position. Mit den fahrzeuginternen Sensoren
werden Raddrehzahlen, Lenkwinkel und Beschleunigungen gemessen, um die Bewegung des
eigenen Fahrzeugs schätzen zu können.
Die *Modellierung* besteht aus einem Modell für die Fahrspur, welche geschätzt werden soll
und einem Modell der Fahrzeugbewegung, welche für die Fortschreibung des Fahrspurmodells
benötigt wird.
Die *Algorithmik* durchläuft drei Phasen. Zuerst werden aus den Sensordaten Merkmale extrahiert. Diese Extraktion kann durch ein Fahrspurmodell beeinflusst werden, in dem z.B.
die Suchregionen eingeschränkt werden. Anschließend werden mit Hilfe des Fahrspurmodells
Maße für die einzelnen Merkmale bestimmt. Im letzten Schritt wird dann das Fahrspurmodell aktualisiert. Dazu werden die Informationen über die Bewegung des eigenen Fahrzeugs,
unter Auswertung der Fahrzeugsensorik im Fahrzeugmodell, mit den Messungen auf den
Merkmalen kombiniert.
Als *Ergebnis* der Algorithmik erhält man neben dem aktualisierten Parametersatz des Fahrspurmodells auch eine Gütebewertung des Ergebnisses. Die Gütebewertung dient dazu,
die Zuverlässigkeit des aktuellen Parametersatzes einzuschätzen und eine Aussage über die
Gültigkeit zu treffen. Der aktualisierte Parametersatz fliesst dann wieder zurück in die Modellierung und wird im nächsten Zeitschritt für die Auswertung wieder verwendet.
Die wesentlichen Unterscheidungsmerkmale der Verfahren sind:

- Sensoren

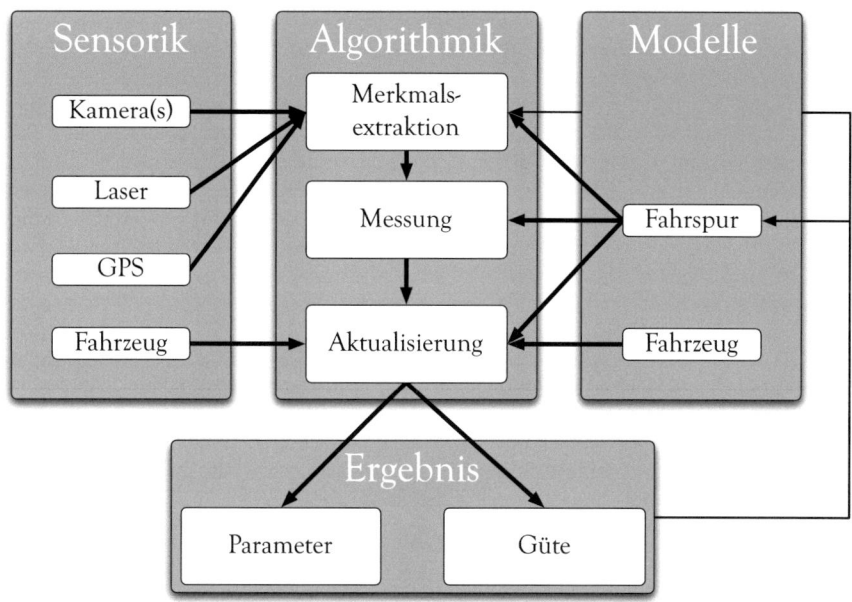

Abbildung 2.7: Allgemeine Struktur und Ablauf der Fahrspurdetektion.

- Merkmale

- Fahrspurmodelle

- Schätzverfahren

Sensoren Die meisten Verfahren zur Fahrspurdetektion arbeiten sichtsystemgestützt mit Kameras. Viele Arbeiten verwenden *Grauwertkameras* ([Aufrère 00, Behringer 92, Cramer 04, Enkelmann 95, Ieng 03, Ieng 05, Jung 04, Wang 04, Yim 03]) oder *Farbkameras* ([Apostoloff 05, Aufrère 04, Chiu 05, Dahlkamp 06, Maček 04, Ramström 05, Rasmussen 02, Rotaru 04, Southall 01]). In anderen Arbeiten werden auch *Stereokamerasysteme* verwendet ([Dang 06, Gern 00, Gern 02]). Darüber hinaus werden manchmal zusätzliche Sensoren wie *Laser* [Dahlkamp 06, Sparbert 01], *Ladar* [Rasmussen 02] oder *Radar* [Gern 00, Gern 02, Serfling 08] herangezogen. Zur verbesserten Positionsschätzung werden in [Bai 08, Cramer 04, Chausse 05, Serfling 08, Tsogas 07] *digitale Karten* und die *GPS-Position* verwendet. Zusätzlich werden in den meisten Arbeiten die internen Fahrzeugdaten wie Geschwindigkeit, Beschleunigung und Lenkwinkel ausgewertet, um das Fahrspurmodell entsprechend zu propagieren.

Merkmale Je nach Art der verwendeten Sensorik, werden in den einzelnen Verfahren unterschiedliche Merkmale ausgewertet. Bei den Kamera-basierten Arbeiten sind *Kanten-*

elemente die am häufigsten verwendeten Merkmale. Dabei nutzt man aus, dass sowohl die Straßenmarkierungen als auch der Übergang von Straße zum Straßenrand einen starken Grauwertübergang bilden. Dazu werden oftmals der Canny-Kantendetektor [Canny 86], der Sobel-Kantendetektor [Wang 04, Yim 03] oder direkt die Gradientenrichtung und -stärke benutzt. Beispiele, in denen Kanten als Merkmal genommen werden, sind [Apostoloff 05, Aufrère 04, Aufrère 00, Dickmanns 92, Gern 00, Gern 02, Jung 04, Maček 04, Risack 98, Southall 01, Wang 04]. Die Verfahren in [Cramer 04, Duchow 05, Duchow 06, Ieng 03, Ieng 05] arbeiten direkt auf den *Straßenmarkierungen*. Dazu werden spezielle Verfahren benutzt, um die Markierungen direkt im Kamerabild zu segmentieren. Sind Farbkameras vorhanden, so werden oftmals *Farbmodelle* für Straße und Nicht-Straße verwendet, um die Straßenregion im Bild zu extrahieren [Apostoloff 05, Chiu 05, Dahlkamp 06, Maček 04, Ramström 05, Rotaru 04]. In [Gern 02] wird der *optische Fluss* bestimmt, dieser ist für die Fahrbahnebene gering und nur an den Fahrbahnmarkierungen sowie abseits der Straße detektierbar. Allerdings erfordert das Verfahren eine Detektion der anderen Fahrzeuge, um Fehlklassifikationen zu vermeiden. Eine Möglichkeit, direkt auf *Tiefendaten* aus einem Laser zu arbeiten, zeigt das Verfahren in [Sparbert 01]. Dabei werden alle Objekte innerhalb eines Scans entfernt und die Krümmung des Straßenrands geschätzt.

Fahrspurmodelle Mit Hilfe der Fahrspurmodelle wird der Verlauf der Straße geschätzt und die Relativlage des Fahrzeuges auf der Fahrspur bestimmt. Das am einfachsten zu schätzende Modell wird aus *Geraden* gebildet [Apostoloff 05, Jung 04, Maček 04]. Allerdings wird damit der reale Straßenverlauf am schlechtesten wiedergegeben. Deshalb werden in den meisten Fällen Modelle verwendet, die die Krümmung der Straße mit einbeziehen. Im einfachsten Fall wird die Fahrspur durch *Parabeln* [Chiu 05, Jung 04, Ieng 03, Ramström 05, Sparbert 01] repräsentiert. Manche Verfahren nutzen auch *Kreisbögen* [Bai 08, Cramer 04, Yim 03] oder *B-Splines* [Wang 04, Serfling 08]. In [Ieng 05] werden allgemeine *Polynome* verwendet. Eine weitere Möglichkeit ist der Einsatz von *Klothoiden* [Aufrère 00, Aufrère 04, Dickmanns 92, Gern 00, Gern 02, Risack 98, Southall 01, Yim 03]. Klothoiden sind Kurven mit konstanter Krümmungsänderung. Durch die Wahl der Krümmungsänderung lassen sich sowohl Geraden als auch Kurven wiedergeben. Manche Autoren verwenden auch Mischformen dieser Modelle, so wird in [Jung 04] der Nahbereich durch Geraden und der Fernbereich durch Parabeln repräsentiert.

Die meisten Arbeiten gehen davon aus, dass der Straßenverlauf eben ist. Nur in wenigen Arbeiten [Dickmanns 92, Gern 00, Gern 02, Risack 98] wird neben der horizontalen Krümmung auch die vertikale Krümmung explizit geschätzt.

Schätzverfahren Schätzverfahren haben zwei Aufgaben. Zum einen dienen sie dazu, Informationen aus unterschiedlichen Quellen zu fusionieren und zum anderen werden mit ihrer Hilfe Parameter des Fahrspurmodells geschätzt. Der prominenteste Vertreter ist das *Kalman-Filter*. Unter Zuhilfenahme der Daten über die Bewegung des eigenen Fahrzeugs erfolgt eine Prädiktion des Fahrspurmodells, und durch die Auswertung der Merkmale werden dann die Modellparameter geschätzt und die Güte der Schätzung bestimmt. Das Kalman-Filter wird unter anderem in den Arbeiten

[Cramer 04, Dickmanns 92, Gern 00, Gern 02, Ieng 03, Ieng 05, Risack 98] zur Detektion von Fahrspuren angewendet. Auch das *Partikel-Filter* verwendet Informationen über die Fahrzeugbewegung, um das Fahrspurmodell fortzuschreiben. Anwendungen finden sich in [Apostoloff 05, Maček 04, Southall 01]. In [Chiu 05, Jung 04] werden *Kleinste-Quadrate-Schätzer* verwendet, um den Abstand zwischen der Projektion des Fahrspurmodells und den gemessenen Merkmalen zu minimieren. Eine andere Möglichkeit sind *probabilistische Verfahren* auf Basis der Bayesschen Theorie, die ähnlich wie bei den Kalman- oder Partikel-Filtern ein a-posteriori Vertrauensmaß der Parameterschätzung maximieren. Teilweise werden auch exotische Verfahren verwendet, wie zum Beispiel Mittelwertfilterung [Southall 01], aktive Kontouren [Wang 04], evolutionäre Algorithmen [Yim 03] oder Abstimmungsverfahren[16] [Crisman 93, Ramström 05].

Im Weiteren wird bei näherer Betrachtung einzelner Verfahren unterschieden zwischen kantenbasierten, regionenbasierten Verfahren und Mischverfahren, da die Wahl der Merkmale entscheidenden Einfluss auf die Art des Verfahrens hat.

2.1.3.2 Kantenbasierte Verfahren

Kanten sind eine reichhaltige Informationsquelle für die Analyse von Bildern. Auch für das menschliche Sehsystem stellen Kanten ein wesentliches Merkmal für die Erfassung der Umwelt dar. Mit Hilfe von Kanten können Strukturen und Konturen erfasst werden und damit z.B. Objekte erkannt werden. Schon die ersten Arbeiten zur Fahrspurdetektion, z.B. [Behringer 92, Takahashi 96], verwendeten Kanten, um das Fahrspurmodell zu schätzen. Dabei wird versucht, aus den Kantenelementen Merkmale zu extrahieren, um daraus ein Maß für die Schätzgüte abzuleiten. In den meisten Fällen wird auf Grauwertbildern gearbeitet. Grauwertkameras bieten gegenüber Farbkameras den Vorteil, dass die Kameras zum einen eine höhere Dynamik aufweisen[17] und zum anderen die räumliche Auflösung besser ist. Mittels einer hohen Dynamik kann der Intensitätsbereich granularer abgebildet werden, so dass auch geringe Unterschiede in der Helligkeit noch erkennbar sind. Die erhöhte räumliche Auflösung gewährleistet, dass auch kleine Strukturen noch im Kamerabild erkennbar sind. Ieng et al. [Ieng 05] verwenden neben einer nach vorne ausgerichteten Kamera zusätzlich noch eine Kamera nach hinten, um die Schätzung durch Auswerten der bereits gefahrenen Straße zu verbessern. In [Southall 01] wird die Kantenextraktion im Farbbild durchgeführt. Die erste Stufe der Verarbeitung stellt eine Filterung des Originalbildes mit einem Kantendetektor, wie z.B. der Sobel- oder der Canny-Operator, dar. Die meisten Verfahren nutzen dazu die Existenz der Fahrbahnmarkierung aus, da dort starke Grauwertunterschiede zu detektieren sind. In [Aufrère 04, Risack 98] werden spezielle Kantendetektoren vorgestellt, die in der Lage sind, Fahrbahnränder ohne explizite Markierung zu erkennen. In [Risack 98] werden die Kantenelemente bestimmt, in dem die Momentenmatrix

$$\mathbf{M} = \begin{pmatrix} \mu_{2,0} & \mu_{1,1} \\ \mu_{1,1} & \mu_{0,2} \end{pmatrix} \text{ mit } \mu_{k,l} = \frac{1}{N^2} \sum_{i=-n}^{n} \sum_{j=-n}^{n} g_x^k(x_b+i, y_b+j) g_y^l(x_b+i, y_b+j) \qquad (2.1)$$

---

[16]engl.: voting

[17]So weisen zum Beispiel die Kameras der Firma Photon Focus einen Dynamikbereich von 120dB bei Grauwert- und 68dB bei Farbkameras auf.

gebildet wird. $N = 2n + 1$ gibt die Größe der Maske vor. Die Funktionen g_x und g_y liefern für einen gegebenen Bildpunkt (x_b, y_b) den Wert des Gradienten in x- bzw. y-Richtung. Für die Matrix werden die Eigenwerte und Eigenvektoren bestimmt, um Kandidaten für Kantenelemente zu ermitteln. Sind beide Eigenwerte klein, so liegt eine homogene Region vor, die keine Kante enthält. Kanten weisen dagegen signifikante Eigenwerte auf. Der Eigenvektor zum größten Eigenwert gibt die Richtung des größten Grauwertübergangs an (ist also orthogonal zur Kante), der andere Eigenvektor die Richtung tangential zur Kante. Um Rechenzeit einzusparen, wird oftmals der Suchbereich eingeschränkt [Aufrère 00, Jung 04, Takahashi 96]. Als Ergebnis erhält man für alle Bildpunkte Kantenelemente, die die Richtung und Stärke des Gradienten repräsentieren. Aus den Kantenelementen werden dann Merkmale generiert, in dem z.b. mit Hilfe der Hough-Transformation Geradenstücke extrahiert werden [Suzuki 92] oder die Kantenelemente durch Konkatenation zu Kantensegmenten zusammengefasst werden [Enkelmann 95]. Diese Kantensegmente können dann z.B. durch Liniensegmente approximiert werden. Entweder auf den Kantensegmenten oder direkt auf den Kantenelementen wird dann ein parametrisches Modell angepasst, um das Fahrspurmodell zu schätzen [Behringer 92]. In [Risack 98] werden die Kantensegmente zu Fahrbahnmarkierungen zusammengefasst und daraus der Verlauf der Fahrspur abgeleitet.

Spezialisierte Merkmalsextraktoren werden in [Broggi 95, Duchow 05, Ieng 03, Kim 08] vorgestellt, mit denen die Markierungen direkt aus dem Bild extrahiert werden können. Die einzeln extrahierten Markierungssegmente werden dann in [Duchow 07] mit Hilfe einer Support-Vector-Machine zu Fahrbahnbegrenzungen zusammengesetzt. In [Kim 08] wird der RANSAC[18]-Algorithmus verwendet, um die Segmente der rechten und linken Begrenzung unabhängig voneinander zu gruppieren. Zur Schätzung der einzelnen Fahrspuren werden Hypothesen für Zuordnungen von rechten zu linken Markierungen gebildet und probabilistisch bewertet. Das Wissen über die Aggregation einer Straße aus Einzelkomponenten wird in [Nieto 08] explizit ausgenutzt. Die Straße selbst ist durch einen Krümmungsparameter beschrieben und setzt sich aus einzelnen Fahrspuren mit einer festen Breite zusammen. Jede Fahrspur ist wiederum durch ihre Markierungen bestimmt, und die Lage der einzelnen Markierungen wird durch Messung von Kontrollpunkten im Bild geschätzt.

Viele Verfahren nutzen klassische Filtermethoden, wie Kalman-Filter [Dickmanns 92] oder Partikel-Filter [Southall 01], um die Modellparameter zu schätzen. Es finden sich aber auch unkonventionelle Verfahren, wie z.B. evolutionäre Algorithmen [Yim 03] oder aktive Konturen mit Energieminimierung der Begrenzungsfläche [Wang 04].

Ein gänzlich anderer Weg wird im System RALPH (**R**apidly **A**daptive **L**ateral **P**osition **H**andler) von Dean Pomerleau [Pomerleau 96] beschritten. Im ersten Schritt wird ein trapezförmiger Ausschnitt des Bildes dergestalt bestimmt, dass das Trapez im Bild entsprechend der perspektivischen Abbildung ein Rechteck auf der Fahrbahnoberfläche widerspiegelt, unter der Annahme, dass die Straße eine Ebene ist. Dieser Ausschnitt wir dann herunterskaliert und die Perspektive herausgerechnet, so dass parallele Strukturen in der Wirklichkeit auch im Bild parallel sind. Um die Krümmung der Straße zu bestimmen, werden im zweiten Schritt verschiedene Krümmungshypothesen getestet. Dazu werden für jede Hypothese die Bildzeilen entsprechend der hypothetischen Krümmung verschoben. Ist eine Hypothese zutreffend, so erhält man im transformierten Bild parallele Strukturen. Aufbauend auf der gefunde-

---

[18]Random Sample Consensus

nen Krümmungshypothese wird im abschließenden dritten Schritt der laterale Versatz der Fahrzeugs auf der Fahrspur bestimmt. Dazu werden a-priori gelernte Schablonen mit dem aktuellen Bild verglichen. Die Übereinstimmung wird mittels Kreuzkorrelation berechnet.

2.1.3.3 Regionenbasierte Verfahren

Im Gegensatz zu den kantenbasierten Verfahren, die im Wesentlichen auf einzelnen Bildpunkten arbeiteten, zielen die regionenbasierten Verfahren darauf ab, Bereiche im Bild zu identifizieren, die eine bestimmte Eigenschaft aufweisen. Es wird nicht explizit nach den Konturen gesucht, um das Fahrspurmodell zu schätzen, sondern es wird die Fläche der Fahrspur extrahiert, um deren Verlauf zu schätzen.

Die Regionen werden bestimmt, indem jeder Bildpunkt anhand einer bestimmten Eigenschaft als zur Region gehörend oder nicht zur Region gehörend klassifiziert wird. Als kennzeichnende Eigenschaft werden meistens Farbe [Chiu 05, Dahlkamp 06, Ramström 05, Rotaru 04], aber auch Textur [Zhang 94] oder der optische Fluss [Gern 02] ausgewertet. Bei den farbbasierten Verfahren ist die Wahl der Modells oftmals problematisch. Dies betrifft sowohl das initiale Modell als auch die Anpassung des Modells. Die klassifizierende Eigenschaft kann auf verschiedene Arten modelliert werden, z.B. durch Histogramme [Chiu 05] oder durch Gaußsche Mischverteilungen[19] [Dahlkamp 06, Ramström 05].

Dahlkamp et al. [Dahlkamp 06] verwenden sowohl Laser- als auch Farbkameradaten, um das Farbmodell zu aktualisieren. Die befahrbare Straße wird durch Gaußsche Mischverteilungen im RGB-Farbraum repräsentiert. Aus den Laserdaten wird eine ebene, befahrbare Fläche nahe am Fahrzeug extrahiert [Thrun 06a], die zum Training der Farbmodelle herangezogen wird. Für das Training wird zwischen dem Trainingsmodell und dem gelernten Modell, welches als Erfahrungswissen betrachtet werden kann, unterschieden. Die Bildpunkte innerhalb der extrahierten Fläche werden mit dem k-Mittelwerte[20] Algorithmus klassifiziert. Jede Klasse wird durch ihren Mittelwert, ihrer Kovarianz und der Menge der Punkte definiert. Für jede Trainingsklasse wird die Übereinstimmung mit den gelernten Modellen überprüft. Übersteigt die Übereinstimmung ein gewisses Maß, so wird das gelernte Modell mit den Trainingsdaten aktualisiert. Ansonsten wird das gelernte Modell mit der geringsten Anzahl an Punkten durch das Trainingsmodell ersetzt. Die Klassifikation der Bildpunkte in befahrbare Bereiche erfolgt mit Hilfe der gelernten Modelle. Dazu wird für jeden Bildpunkt die Mahalanobisdistanz zum am besten passenden Modell bestimmt und entsprechend bei geringer Distanz der Bildpunkt als befahrbar markiert. Abschließend werden noch die morphologischen Operatoren *erode* und *dilate* auf die Klassifikation angewendet, um das Ergebnis zu glätten und Löcher zu schließen.

Die Ausnutzung von explizitem Wissen zur Detektion von Fahrspuren wird in [Rotaru 04] vorgestellt. Dabei wird zwischen „impliziten Annahmen" und „abgeleiteten Annahmen" unterschieden. Die impliziten Annahmen werden als a-priori Wissen betrachtet, die sich über den Verlauf der Verfolgung nicht ändern. Im Gegensatz dazu entsprechen die abgeleiteten Annahmen Informationen, die aus dem aktuellen Bild berechnet werden. Die impliziten Annahmen sind:

---

[19]engl.: gaussian mixtures
[20]engl.: k-means

1. Die Straße ist die erste sichtbare Fläche im unteren Bildbereich.

2. Straßenmarkierungen existieren und liegen am Rand der Straße.

3. Straßenmarkierungen haben einen glatten Verlauf.

4. Straßenmarkierungen weisen spezielle Charakteristiken auf (Helligkeit, wenig Variation der Helligkeit, beschränkte Breite).

Die abgeleiteten Annahmen bestehen aus Durchschnittswerten für die H, S und I Komponenten des Farbbildes. Um die Durchschnittswerte zu bestimmen wird die erste implizite Annahme ausgenutzt und der Bildbereich vor der Motorhaube ausgewertet. Die Extraktion der Straße erfolgt dann durch einen vertikalen Füllalgorithmus[21], der alle Bildpunkte ähnlicher Farbe zusammenfasst. Die sehr hellen Bereiche werden aufgrund der vierten impliziten Annahme als Kandidaten für Straßenmarkierungen klassifiziert. Die Kandidaten werden abschließend anhand der impliziten Bedingungen zwei bis vier aussortiert.

2.1.3.4 Mischformen

Sowohl die kantenbasierten als auch die regionenbasierten Verfahren weisen den entscheidenden Nachteil auf, dass sie im Wesentlichen auf einem Merkmalstyp beruhen. Ähnlich wie bei der Sensorik selbst gilt auch für die Merkmale, dass sie prinzipbedingt nicht in allen Situationen eine optimale Datengrundlage für die Fahrspurdetektion liefern. Deshalb kristallisieren sich in jüngerer Zeit Verfahren heraus, die mehrere, komplementäre Merkmale extrahieren und fusionieren. Die Idee dahinter ist, dass es in jeder Situation Merkmale gibt, die signifikante Informationen liefern. Die aussagekräftigsten Merkmale werden dann zur Schätzung des Fahrspurmodells herangezogen, wohingegen die schwächeren Merkmale ausgeblendet werden und den Schätzprozess nicht stören.

Eine Möglichkeit besteht darin, vor dem eigentlichen Schätzprozess eine Auswahl der aussagekräftigsten Merkmale zu treffen. Dazu unterscheidet [Cheng 08] zwischen Straßen mit und ohne Markierung. Sind Markierungen vorhanden, so wird aus ihnen der Straßenverlauf geschätzt. Im anderen Fall wird eine Farbsegmentierung der Fahrbahnoberfläche mit Hilfe des „mean-shift"-Algorithmus durchgeführt und daraus der Straßenverlauf abgeleitet.

Rasmussen betrachtet die Fahrspurdetektion als Klassifikationsproblem von Bildausschnitten [Rasmussen 02]. Der Rand der klassifizierten Straßenregion kann dann zur Bestimmung der Fahrspurparameter direkt ausgewertet werden oder in einem Modul zum Aufbau einer dreidimensionalen Befahrbarkeitskarte weiterverarbeitet werden. Die Arbeit verwendet einen LADAR-Sensor sowie eine Farbkamera. Aus dem LADAR-Sensor werden die Merkmale „Höhe eines Ausschnitts" und „Glattheit" bestimmt. Aus der Farbkamera werden die Merkmale „Farbe" mittels Histogramm und „Textur" mittels Gabor-Filter gewonnen. Die Klassifikation der Bildbereiche wird durch Neuronale Netze durchgeführt. Die Neuronalen Netze werden sowohl auf einzelnen Merkmalen als auch auf Kombination von Merkmalen trainiert, und es zeigt sich, dass die Kombinationen von Merkmalen die besten Klassifikationsergebnisse liefern.

---

[21]engl.: floodfill

Die Fahrspurerkennung von Nicholas Apostoloff [Apostoloff 05] beruht auf zwei wesentlichen
Prinzipien: einem Partikel-Filter, um unterschiedliche Merkmale zu fusionieren und die Parameter des Fahrspurmodells zu schätzen, und einem Destillationsverfahren, um die aussagekräftigsten Merkmale auszuwählen und die Rechenzeit einzuschränken. Für die Umfelderfassung wird eine Farbkamera benutzt, die Fahrspur ist als Geradenstück modelliert. Aus dem
Kamerabild werden die Hinweise[22] „Fahrbahnmarkierung", „Straßenkanten", „Straßenfarbe"
und „Nicht-Straßenfarbe" extrahiert. Werden nur diese Hinweise verwendet, so tendiert das
Partikel-Filter dazu, die gesamte Straße in voller Breite als Fahrspur zu detektieren. Deshalb
werden noch zusätzlich die beiden künstlichen Hinweise „Fahrspurbreite" und „Fahrspurversatz" generiert. Die Fahrspurbreite dient dazu, die Fahrspurdetektion davon abzuhalten, sich
auf die gesamt Straßenbreite auszudehnen, und der Fahrspurversatz verhindert ein „Springen" des Detektors zwischen der eigenen und den benachbarten Spuren.
Die Schätzung des Fahrspurverlaufs auf Basis des Partikel-Filters arbeitet folgendermaßen:
Ein Partikel repräsentiert eine Abtastung[23] des Parameterraums des Fahrspurmodells. Jedes
Partikel wird in das Kamerabild projiziert und für jeden Hinweis wird bewertet, wie gut das
Partikel die Straße modelliert. Die einzelnen Bewertungen der Hinweise werden kombiniert
und das Partikel mit der besten Gesamtbewertung wird ausgewählt.
Als zweites Prinzip dieser Arbeit wird ein Destillationsalgorithmus verwendet, um Rechenzeit einzusparen. Die Idee dabei ist, nur die Hinweise auszuwerten, die für die Bewertung
der Partikel eine signifikante Aussagekraft besitzen. Dazu wird für jeden Hinweis die Ef-
fektivität berechnet, bestehend aus dem Aufwand zur Berechnung des Hinweises und der
Nützlichkeit des Hinweises im Hinblick auf die Gesamtbewertung der Partikel, und die ef-
fektivsten Hinweise ausgewählt. Abbildung 2.8 zeigt das Zusammenspiel des Partikel-Filters
mit dem Destillationsalgorithmus.
In [Maček 04] wird die Idee des Partikel-Filters zur Fahrspurdetektion von Apostoloff aufge-
griffen. Die Besonderheit der Arbeit liegt in der Verwendung der Hough-Transformation für
Geraden als zusätzlichem Hinweis. Dabei wird das Wissen über die Richtung der Gradienten,
das aus dem Canny-Kantendetektor bekannt ist, ausgenutzt. Anstatt für jeden Kantenpunkt
eine Sinuskurve im Hough-Akkumulator einzutragen, wird der Akkumulator nur an einer
Stelle erhöht, so dass die Berechnung deutlich beschleunigt wird. Die Bewertung dieses Hinweises für ein Partikel erfolgt, indem das repräsentierte Fahrspurmodell in den Houghraum
transformiert wird und der Abstand zwischen Modell und Messung im Houghraum bestimmt
wird.
Durch die Verfügbarkeit digitaler Karten mit hohem Detailgehalt werden in jüngster Zeit
vermehrt Ansätze vorgestellt, die diese Informationen auch zur Fahrspurdetektion heranziehen. So werden in [Cramer 04] Informationen aus einer digitalen Karte mit Merkmalen
aus einer Kamera fusioniert, um den Straßenverlauf zu schätzen. Die digitale Karte wird
dergestalt aufbereitet, dass die Routeninformationen, die durch einen Polygonzug in GPS-
Koordinaten gegeben ist, durch Kreisbogensegmente in kartesischen Koordinaten approximiert wird. Die Fusion der Daten und die Schätzung des Straßenverlaufs erfolgen durch
einen Kalman-Filter. Der Zustandsvektor des Filters besteht aus Position, Geschwindigkeit,

---

[22]engl.: cue
[23]engl.: sample

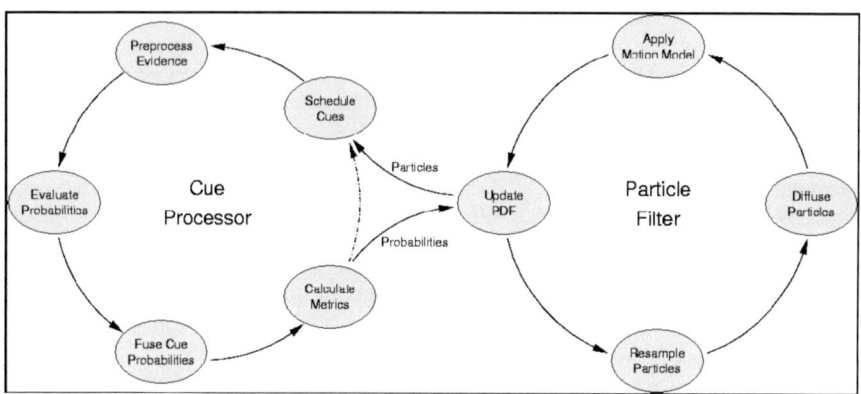

Abbildung 2.8: Zusammenspiel von Destillationsalgorithmus und Partikel-Filter zur Fahr-spurdetektion (aus [Apostoloff 03]).

Gierrate und den Parametern Lage und Krümmung der sichtbaren Kreisbogensegmente. Die benutzten Kreisbogensegmente stammen aus der digitalen Karte, und der Zustandsvektor wird mit Hilfe der Karte im Verlauf der Detektion angepasst, indem bereits passierte Segmen-te entfernt und neue hinzugefügt werden. Zur Messung werden dann die internen Sensoren für Geschwindigkeit und Gierrate, DPGS für die Position und die Fahrspurmarkierungen im Kalman-Filter ausgewertet. Das Verfahren ist in [Cramer 04] beschrieben mit Weiter-entwicklungen in [Smuda 06, Weigel 06]. Die Rekonstruktion des Straßenverlaufs aus einer digitalen Karte erfolgt in [Tsogas 07] durch Klothoidensegmente. Dabei werden die Klothoi-denparameter zuerst getrennt auf Basis der Fahrzeugbewegung sowie aus Videobildern mit Hilfe von Kalman-Filtern geschätzt. In einem abschließenden Schritt werden dann die beiden Informationsquellen durch einen weiteren Kalman-Filter fusioniert. Mit Hilfe eines Partikel-Filters werden in [Bai 08] GPS-Position und Bildmerkmale fusioniert. Das initiale Modell stammt aus der digitalen Karte und beschreibt den Straßenverlauf als Folge von Kreisbögen. Die genaue Schätzung des Straßenverlaufs und der Position des Fahrzeugs innerhalb eines Segments erfolgt durch einen Partikel-Filter, der die GPS-Position und die Lage der Kanten-punkte relativ zum projizierten Modell auswertet. Im Gegensatz dazu wird in [Serfling 08] der Straßenverlauf durch Splines modelliert. Ein Partikel-Filter dient dazu, den Spline aus der digitalen Karten in Position und Orientierung zu korrigieren. Zunächst wird mit Hilfe der GPS-Position und eines Inertialsensors die Lage des Splines ermittelt. Zur Messung wird dann die globale Repräsentation des Splines in die Sensorebenen transformiert. Sowohl im Kamerabild als auch in der Radarmessung werden die Straßenkanten sowie deren Orientie-rung ermittelt. Zur abschließenden Schätzung werden die Messwerte in einem Partikelfilter fusioniert.

2.1.3.5 Weiterentwicklungen der Fahrspurdetektion

Das Gros der vorgestellten Arbeiten zum Thema Fahrspurerkennung offenbart zwei grundlegende Probleme: zum einen setzen die meisten Arbeiten voraus, dass der Straßenverlauf durch ein wohldefiniertes mathematisches Modell beschrieben werden kann und zum anderen befassen sich nur wenige Arbeiten mit der Erkennung von Kreuzungen.

Kreuzungen sind jedoch integraler Bestandteil von Straßen niederer Ordnung. Das Problem bei der Schätzung der Kreuzungsgeometrie besteht darin, dass sich Kreuzungen in vielfältigen, uneinheitlichen Formen manifestieren, so dass sich nur schwerlich ein vereinheitlichendes analytisches Modell für den Schätzprozess ableiten lässt. Zusätzlich sind Kreuzungen nur teilweise von der fahrzeugeigenen Sensorik erfassbar, so dass nur ein Teil der Kreuzung beobachtet werden kann.

Die Arbeiten von Duchow stellen eine Möglichkeit vor, die Geometrie einer Kreuzung ohne explizites Modell zu schätzen. Zur Bestimmung von charakteristischen Kreuzungsflächen wie Fahrspuren und Fußgängerüberwegen wird die Periodizität der Strichmarkierungen ausgewertet. Einzelne Markierungen werden zu Geradensegmenten zusammengefasst [Duchow 05] und die Art der Markierungen sowie deren Periodizität ergeben dann den Typ der jeweiligen Kreuzungsfläche. Um auch gekrümmte Flächen im Kreuzungsbereich bestimmen zu können, wird in [Duchow 06] ein Ansatz vorgestellt, der explizit die einzelnen Strichmarkierungen extrahiert. Diese Strichmarkierungen werden dann mit Hilfe einer Support-Vector-Machine gruppiert [Duchow 07], um die Begrenzungen der einzelnen Kreuzungsflächen zu identifizieren.

Dem Problem der Mannigfaltigkeit von Kreuzungsgeometrien kann auch begegnet werden, indem auf zusätzliche Informationen in Form von digitalen Karten zurückgegriffen wird. Eine Art der Anwendung besteht darin, zunächst aus der digitalen Karten ein geometrisches Modell abzuleiten und dieses Modell dann aus den Bildmerkmalen zu schätzen [Heimes 00, Heimes 02]. Die Bestimmung des Fahrbahnbereiches kann weiter verbessert werden, indem die Position zusätzlicher, die Fahrbahn eingrenzender Objekte, wie Schilder oder Straßenlaternen geschätzt wird [Fleischer 02].

Im Gegensatz zur modellgetriebenen Erkennung von Kreuzungen wird in [Mück 00] ein datengetriebener Ansatz vorgeschlagen. Als Grundlage dient eine Terminologie zur Beschreibung von Kreuzungen durch Begriffe wie zum Beispiel *Fahrspur*, *Strichmarkierung* und *Pfeilmarkierung*. Die Beschreibung einer Kreuzung wird dann heruntergebrochen auf Beschreibungsprimitive der Terminologie. Für diese Primitive existieren Erkennungsroutinen, so dass die grundlegenden Bestandteile der Kreuzungsszene in Bildfolgen ermittelt werden können und daraus die Kreuzung aufgebaut werden kann.

Auch Hummel nähert sich dem Problem der Modellbeschreibung von Kreuzungen durch einen begrifflichen Ansatz. Aus der begrifflichen Beschreibung von Kreuzungskonfigurationen wird eine geometrische Beschreibung von konkreten Kreuzungen abgeleitet. Im Gegensatz zur Arbeit von Mück wird die Wissensrepräsentation in Form einer Ontologie auf eine formal-logische Basis gestellt, so dass bereits auf der konzeptuellen Ebene invalide Kreuzungskonfigurationen ausgeschlossen werden können [Hummel 07a]. Mit Hilfe einer digitalen Karte werden initiale Hypothesen aufgestellt und durch Bildverbeitungsroutinen verifiziert [Hummel 07b]. Zur Illustration des Ansatzes ist in Abbildung 2.9 ein Teil der Konzepte als

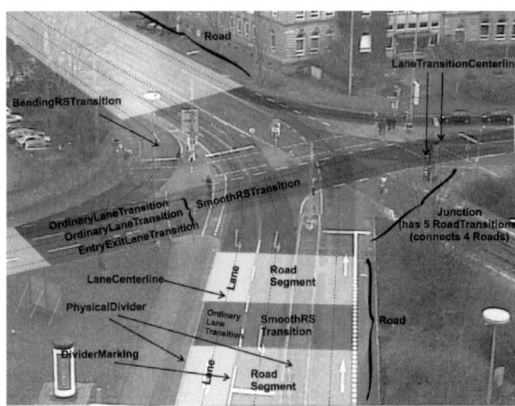

Abbildung 2.9: Visualisierung ausgewählter Konzepte zur Beschreibung von Kreuzungskonfigurationen (aus: [Hummel 07b]).

graphische Überlagerung in die Kreuzungsszene einzeichnet. Abbildung 2.10 zeigt das Ergebnis der Hypothesenverifikation aus der Sicht des Eigenfahrzeuges beim Überfahren der gezeigten Kreuzung.

Abbildung 2.10: Ergebnis der Hypothesenverifikation für einen Teil der in Abbildung 2.9 dargestellten Kreuzung (aus [Hummel 07b]).

Im Rahmen des EU-Projekts PReVENT behandelt auch das Teilprojekt INTERSAFE die Erfassung von Kreuzungssituationen. Der Fokus liegt dabei allerdings nicht auf der *Erkennung* von Kreuzungen, sondern vielmehr auf der hochgenauen *Lokalisation* des Eigenfahrzeugs innerhalb von Kreuzungen und dem Erkennen von Kreuzungssituationen. Zur Lokalisation werden in einem Vorverarbeitungsschritt digitale Karten mit zusätzlichen Informationen angereichert. Neben der allgemeinen Geometrie der Kreuzung sind auch die

Beschaffenheit und der Aufbau der Straßen sowie die aufgebrachten Markierungen Teil der Karte. Darüber hinaus werden natürliche Landmarken im Vorfeld registriert und in der Karte hinterlegt [Fürstenberg 07]. Auf Grund der viel versprechenden Ansätze dieses Teilprojekts, werden die Forschungsaktivitäten nun im Nachfolgeprojekt INTERSAFE-2 fortgeführt. Dabei hat sich der Schwerpunkt auf die Kooperation zwischen Verkehrsteilnehmern sowie die Kommunikation zwischen Fahrzeugen und zwischen Fahrzeug und Infrastruktur verschoben [INTERSAFE-2 08].

2.1.4 Hinderniserkennung

Hindernisse stellen die allgemeine Form von dynamischen Objekten in der Fahrzeugumgebung dar. Es können keine Annahmen über Aussehen, Form, Position und Bewegung des Objekts getroffen werden. Üblicherweise wird als einziges auszeichnendes Charakteristikum das Hervorstehen aus der Fahrbahn angenommen.

Aufgrund dieser schwachen Annahmen können auch keine spezialisierten Verfahren angewendet werden. Oftmals wird deshalb nach einem Vorverarbeitungsschritt eine Segmentierung der Daten durchgeführt, um die Daten in Klassen oder Regionen, als Stellvertreter für Hindernisse, einzuteilen. Im Anschluss wird die vorgehaltene Objektliste mit Hilfe der segmentierten Daten aktualisiert. Die Vorgehensweise kann nur sehr allgemein gehalten werden, weshalb in der Übersicht zur Hindernisdetektion in Abbildung 2.11 auch keine bestimmten Sensoren benannt sind.

Nach dem Vorverarbeitungsschritt werden die Daten in Klassen eingeteilt, für die ein gewisses Einheitlichkeitskriterium gelten soll. Die Klassen sollen paarweise disjunkt sein, und die Vereinigung aller Klassen soll die gesamte Datenmenge umfassen [Beyerer 05]. Es gibt verschiedene Verfahren, um diese Klasseneinteilung zu erreichen. So werden oftmals Modelle verwendet, z.B. Farbmodelle, um Datenpunkte unabhängig ihrer Nachbarschaft den jeweiligen Klassen zuzuordnen [Comaniciu 97]. Ein weiterer Ansatz verwendet den Gradienten des Messsignals, um die Regionen entlang der größten Gradienten zu separieren. Ein Beispiel dafür ist das Wasserscheidenverfahren in [Beucher 91].

Eine andere Herangehensweise verfolgen Verfahren mit Bereichswachstum[24] [Adams 94], wie sie häufig in der medizinischen Bildauswertung vorzufinden sind. Für jede Region wird ein so genannter Saatpunkt gesetzt und die Region wird solange erweitert, wie die benachbarten Bildpunkte dem vorgegebenen Homogenitätskriterium genügen. Eine Erweiterung besteht darin, die Saatpunkte nicht vorzugeben[25], sondern automatisch als Teil des Verfahrens zu setzen [Lin 01]. Ein methodischer Vergleich verschiedener Segmentierungsverfahren von Tiefenbildern findet sich in [Hoover 96].

Die Verfolgung dient nun dazu, mit der Hilfe der durchgeführten Messungen, aktualisierte Beobachtungen der Objekte zu gewinnen. Dabei wird nicht nur die aktuelle Messung ausgewertet, sondern zusätzlich die Vergangenheit des Objekts, etwa in Form von Position und Bewegung, herangezogen.

---

[24]engl.: Seeded Region Growing
[25]bekannt als Unseeded Region Growing

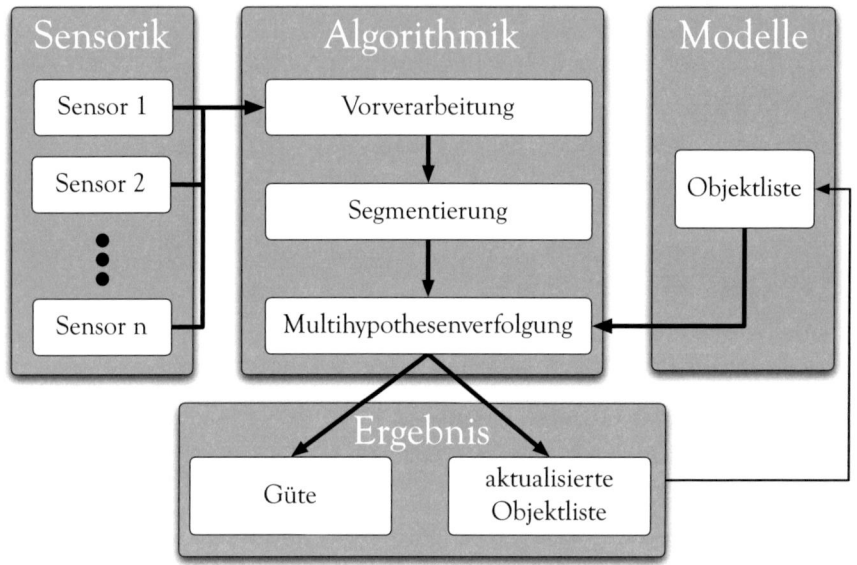

Abbildung 2.11: Allgemeine Struktur der Hindernisdetektion und -verfolgung.

Im Allgemeinen besteht die Verfolgung aus den drei Schritten Vorhersage, Zuordnung und Aktualisierung [Bar-Shalom 88]. Im Vorhersageschritt werden aufgrund der bisher durchgeführten Messungen die erwarteten Parameter jedes Objekts prognostiziert. Um Unsicherheiten im Mess- und Vorhersageprozess zu modellieren, werden dazu Vorhersageregionen bestimmt. Die Vorhersageregionen werden dann im zweiten Schritt dazu genutzt, um die Zuordnung zwischen Messung und prognostizierten Objektparametern durchzuführen. Schließlich werden im letzten Schritt die Objektparameter aktualisiert. Im so genannten Innovationsschritt wird bestimmt, mit welcher Gewichtung Vorhersage und Messung in die Aktualisierung mit eingehen.

Für die Vorhersage und die Aktualisierung wird meistens das Kalman-Filter verwendet. Für die Zuordnung wird oftmals der globale nächste Nachbar[26] verwendet. Ein Zuordnung erfolgt, wenn die Messung in die Vorhersageregion fällt. Die GNN-Zuordnung verwendet zur Aktualisierung nur die wahrscheinlichste Objekthypothese. Dabei wird angenommen, dass die Objekte klar voneinander getrennt sind und gute Messungen vorliegen [Blackmann 04]. Fällt eine Messung in mehrere Vorhersageregionen, da die Objekte nahe beieinander liegen, so müssen alle Hypothesen betrachtet werden. Die Aktualisierung geschieht dann durch die gewichtete Summe der Beobachtungen[27]. Eine schnelle Implementierung ist in [Hoffmann 06]

---

[26]engl.: global nearest neigbour (GNN)
[27]engl.: Joint Probabilitic Data Association (JPDA)

beschrieben.

In [Franke 07] werden Tiefeninformationen aus einem Stereokamerasystem mit Merkmals-
punkten in Bildfolgen fusioniert. Das Verfahren arbeitet nach dem Prinzip des „längeren
Hinsehens", um mit andauernder Beobachtung der Messpunkte und Aktualisierung durch
einen Kalman-Filter die Messung der einzelnen Punkte kontinuierlich zu verbessern. Dabei
werden keinerlei Annahmen über die zu beobachteten Objekte getroffen mit der Ausnahme,
dass sich die Objekte relativ zum Beobachter bewegen müssen.

2.1.5 Fahrzeugdetektion

Die am häufigsten anzutreffenden Verkehrsteilnehmer sind Fahrzeuge. Im Gegensatz zur Hindernisdetektion kann hier Vorwissen über das Aussehen und die Bewegungsmodelle genutzt
werden. Neben der Fahrspurerkennung und der Hindernisdetektion bildet die Fahrzeugdetektion und -verfolgung die dritte wichtige Informationsgrundlage zur Beschreibung von
Straßenverkehrsszenen. Die Fahrzeugdetektion wird hauptsächlich für die drei Nutzungs-
szenarien Abstandsmessung, Kollisionsvermeidung und Prädiktion von Fahrzeugverhalten
verwendet. Die Abstandsmessung dient der automatischen Abstandskontrolle, dem Fahren
im Stau sowie dem allgemeinen Kolonnenfahren. Zur Kollisionsvermeidung muss neben dem
Abstand zum vorausfahrenden Fahrzeug auch der tote Winkel überwacht werden. Mit Hilfe
des prädizierten Fahrzeugverhaltens kann die zukünftige Bewegung eines Fahrzeugs genauer
abgeschätzt und im Hinblick auf Kollisionen mit dem eigenen Fahrzeug in Beziehung gesetzt
werden, zum Beispiel durch die frühzeitige Detektion von Einschervorgängen.

Je nach Anwendung werden die Fahrzeuge aus unterschiedlichen Blickrichtungen detektiert.
Weiter muss beachtet werden, dass neben Personenkraftwagen auch Lastkraftwagen, Mo-
torräder und Fahrräder detektiert werden sollten. Die meisten Arbeiten beschränken sich
jedoch auf PKWs, wobei sich viele Ansätze auch direkt auf LKWs übertragen lassen. Mo-
torräder und Fahrräder werden nur selten betrachtet.

Die Fahrzeugdetektion kann andere Auswertungsmodule als zusätzliche Informationsgrundlagen heranziehen. So wird in manchen Arbeiten die Fahrspurerkennung benutzt, um den
Suchbereich einzuschränken oder die gefundenen Hypothesen zu verifizieren. Ein Überblick
über Sensoren und Verfahren zur Fahrzeugdetektion wird in [Zun 06] gegeben.

2.1.5.1 Allgemeine Herangehensweise

Die Aufgabe der Fahrzeugdetektion eines einzelnen Fahrzeugs besteht darin, alle Fahrzeuge
in seiner Umgebung zu detektieren und über ihre zeitlichen Verläufe zu verfolgen. Aus
unterschiedlichen Sensoren werden speziell für die Fahrzeugdetektion entwickelte Merkmale
extrahiert, und unter Zuhilfenahme von Modellwissen werden die Positionen und Bewe-
gungsrichtungen der Fahrzeuge geschätzt. Im Unterschied zur Fahrspurdetektion werden
hier die Phasen „Initialisierung" und „Verfolgung" explizit getrennt, da unterschiedliche
Merkmale und Verifikationsmethoden in diesen Phasen zum Einsatz kommen. Abbildung
2.12 zeigt den generellen Aufbau der Fahrzeugdetektion und -verfolgung, der aus den Teilen
Sensorik, Algorithmik, Modelle und Ergebnis besteht.

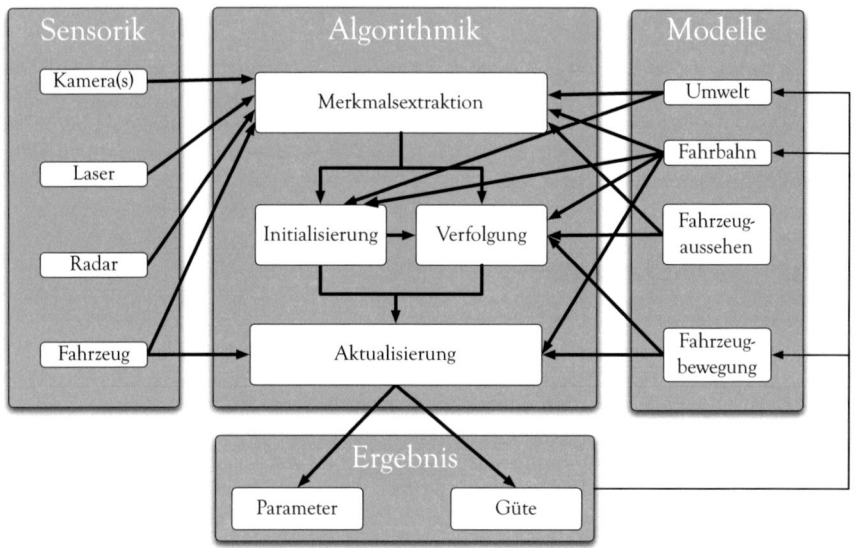

Abbildung 2.12: Allgemeine Struktur und Ablauf der Fahrzeugdetektion.

Neben den klassischen Kameras werden auf Seiten der *Sensorik* oftmals aktive Sensoren zur Tiefenbildgewinnung eingesetzt. Typische Sensoren sind Laser, um eine einzelne Zeile abzutasten, Radar, um einen kleinen Ausschnitt zu erfassen aber auch Tiefenbildsensoren, die einen großen Öffnungswinkel besitzen. Zusätzlich werden die fahrzeuginternen Sensoren ausgelesen, um die Schätzverfahren mit Informationen über die Eigenbewegung zu versorgen.

Im Bereich der *Modelle* sind sowohl das a-priori Wissen über Fahrzeuge als auch der aktuelle Zustand der Fahrzeugumgebung zusammengefasst. Das Fahrzeugaussehen gibt Hinweise darüber, welche Merkmale zur initialen Schätzung und zur Verfolgung extrahiert werden können. Zusätzlich gibt das Wissen über die Fahrzeugbewegung Einschränkungen vor, die in der Verfolgung und Aktualisierung genutzt werden. Nur in wenigen Fällen, z.B. in [Collado 04, Haag 99, Hilario 05], wird ein explizites generisches 3D-Modell für Fahrzeuge angewandt. Die Modellierung der Fahrbahn wird von der Fahrspurerkennung geliefert und gibt weiteres Wissen darüber, wo sich Fahrzeuge befinden können. Sie dient somit auf der einen Seite dazu, die Merkmalsextraktion auf bestimmte Suchbereiche einzuschränken und auf der anderen Seite unterstützt sie die Verifikation der Fahrzeughypothesen. Die Positionen und Geschwindigkeiten aller detektierten und verfolgten Fahrzeuge werden als Gesamtheit im Umweltmodell zusammengefasst.

Die *Algorithmik* besteht aus den Phasen Merkmalsextraktion, Hypothesengenerierung und Hypothesenverifikation. In der Merkmalsextraktion werden sowohl allgemeine Merkmale, wie Kanten oder der optische Fluss generiert als auch Fahrzeug spezifische Merkmale, wie

Symmetrie oder Schatten. Ist noch kein Fahrzeug detektiert, so besteht die Hypothesen-generierung aus einer initialen Schätzung eines Fahrzeugs aus den Merkmalen. Im anderen Fall wird auf das Ergebnis des vorherigen Zeitschritts zurückgegriffen und eine Fahrzeug-verfolgung durch Benutzung eines Schätzverfahrens zur Hypothesenverifikation realisiert. Abschließend müssen die Hypothesen verifiziert werden, indem die Schätzmaße ausgewertet und zusätzliche Randbedingungen, wie zum Beispiel der Fahrbahnverlauf, berücksichtigt werden.

Als *Ergebnis* erhält man schließlich für jedes Fahrzeug eine Beschreibung der Größe, der Position, der Richtung und der Geschwindigkeit sowie ein Gütemaß, das die Aussagekraft der Schätzung beschreibt. Fahrzeugbeschreibung und Gütemaß fließen dann wieder zurück in den Verfolgungsprozess.

2.1.5.2 Hypothesengenerierung

Die Hypothesengenerierung dient dazu, aus den Sensordaten Merkmale zu extrahieren und Kandidaten für Fahrzeuge zu bestimmen. In kommerziellen Produkten werden meistens Ab-standssensoren wie Radar oder Lidar verwendet. In der Forschung werden hingegen über-wiegend Videosensoren eingesetzt. Erst in jüngerer Zeit finden sich vermehrt Arbeiten, die Abstandssensoren mit Videosensoren fusionieren [Sole 04, Steux 02].

Die meisten Verfahren zur Hypothesengenerierung lassen sich in die Kategorien merkmals-basierte oder ansichtsbasierte Verfahren einordnen. Die merkmalsbasierten Verfahren nutzen ein oder mehrere Merkmale, um so genannte Regionen von Interesse[28] im Bild zu bestim-men, die dann als Hypothese betrachtet werden. Die am häufigsten benutzen Merkmale sind Kanten, optischer Fluss, Schatten und Symmetrie. Ein Auflistung der gebräuchlichsten Merkmale findet sich auch in [ten Kate 04]. In [Kim 03] werden Kanten dazu benutzt, ein generisches 3D-Modell eines Fahrzeugs zu schätzen.

Kanten werden in [Sole 04] zusammen mit 3D-Tiefeninformation verwendet, um die Hypo-these aus den Tiefendaten zu verstärken. Der optische Fluss dient dazu, Regionen mit gleicher Bewegungsrichtung zu identifizieren. Entspricht die Richtung nicht der Bewegung des Eigen-fahrzeugs, so liegt ein starker Hinweis auf ein anderes Fahrzeug vor [Giachetti 98, Zhu 05]. Die Berechnung des optischen Flusses wird in [Baker 04] vorgestellt und bestimmt für zwei aufeinanderfolgende Bilder die Verschiebung in jedem Punkt. Da das Verfahren sehr rechen-intensiv ist, gibt es abgewandelte Verfahren mit Kanten [Weng 92] oder Farbe [Heisele 95], die einen „ausgedünnten" optischen Fluss berechnen.

Das erste Merkmal, das sich Vorwissen über Fahrzeuge zu Nutze macht, ist die Detektion von Schatten. Da jedes Fahrzeug auf der Fahrbahn einen Schatten erzeugt, wird auf der Straße nach Regionen gesucht, deren Intensität deutlich geringer ist als in der unmittelba-ren Umgebung. Zusätzlich wird meistens nach starken horizontalen Kanten gesucht, die die Schattenregion oben und unten im Bild begrenzen. Das zweite Merkmal in dieser Kategorie wurde sogar explizit zur Detektion von Fahrzeugen entwickelt: die Extraktion von Symme-trieachsen. Dabei nutzt man aus, dass alle Fahrzeuge in Front- und Rückansicht symmetrisch sind. Gesucht werden dazu Regionen im Bild, die eine ausgeprägte Symmetrie aufweisen. Die Symmetrie kann direkt auf dem Grauwertbild [Bertozzi 00a, Clady 03], auf einem Kanten-

---

[28]engl.: region of interest, ROI

bild [Alefs 05, Broggi 04] oder auch auf geglätteten Kantenbildern berechnet werden. Einige Arbeiten verwenden die Detektion von Schatten zur Vorselektion möglicher Kandidaten, um den Rechenbedarf der Symmetriebestimmung zu reduzieren [Hoffmann 04].

Wie schon bei der Fahrspurdetektion gilt auch für die Fahrzeugdetektion, dass es nicht das eine Merkmal gibt, das in allen Fällen angewendet werden kann. Deshalb fusionieren viele Autoren verschiedene Merkmale, um die Defizite der einzelnen Merkmale zu kompensieren. So liefert der optische Fluss in der Nähe des Fluchtpunkts keine Information, da ein Fahrzeug an dieser Stelle fast keine Verschiebung mehr aufweist. Entgegengesetzt dazu lässt sich bei Fahrzeugen, die sehr nahe zum Beobachter sind, keine Symmetrie mehr detektieren, da das Fahrzeug nicht mehr vollständig im Bild ist [ten Kate 04].

Nachdem verschiedene Merkmale ausgewertet sind, müssen anschließend die Fahrzeughypothesen generiert werden. Im einfachsten Fall werden die detektierten ROIs ohne weitere Analyse als Hypothese betrachtet [Broggi 04], wohingegen in [Bertozzi 00b] der Grad der Symmetrie zur Generierung der Hypothese ausgewertet wird. In [ten Kate 04] wird die Entropie der Region ausgewertet. Eine weitere Möglichkeit besteht in der Analyse des umschließenden Rechtecks [Chang 05]. Grundsätzlich gibt es auch die Möglichkeit, Klassifikationsmethoden anzuwenden. So verwenden [Clady 03] Support Vector Machines und [Gepperth 05] Neuronale Netze zur Klassifikation der ROI.

Die ansichtsbasierten Verfahren verfolgen die Strategie, auf die explizite Extraktion von Merkmalen zu verzichten und statt dessen die Hypothesen direkt aus den Sensordaten zu generieren. Werden Abstandssensoren oder Tiefenbildkameras eingesetzt, so werden die Fahrzeughypothesen direkt aus Gruppierungen von Tiefendaten gebildet [Alefs 05, Kaszubiak 05, Knoeppel 00, Nedevschi 04]. Das AdaBoost-Verfahren [Viola 01] benutzt eine Kaskade einfacher Klassifikatoren, um in einem Bildausschnitt effizient nach einer vorher trainierten Objektklasse zu suchen. Dieses Verfahren wird in [Zhu 05] in der Originalform und in [Liu 05] in einer erweiterten Form zur Detektion von Fahrzeugen im Kamerabild verwendet, um die Hypothesen zu generieren.

2.1.5.3   Hypothesenverifikation

Das Ergebnis der Hypothesengenerierung sind initiale Schätzungen über Fahrzeuge in der Umgebung. Die Hypothesenverifikation hat die Aufgabe, den Zustand der initialen Schätzungen weiter zu verfolgen und zu aktualisieren. Als Ergebnis erhält man für jedes Fahrzeug eine Zustandsbeschreibung bestehend aus Position, Richtung, Geschwindigkeit und Größe zusammen mit einem Maß für die Güte der Schätzung.

Der Ablauf des Verifikationsprozesses besteht aus zwei Phasen. In der ersten Phase wird eine Verfolgung der Hypothesen durchgeführt und in der zweiten Phase werden dann die neuen Hypothesen bewertet und die Zustandsbeschreibung der Fahrzeuge bestimmt. Zur Verfolgung der Hypothesen kann das in der Initialisierung erzeugte Wissen wiederverwendet werden, indem der Suchbereich eingeschränkt oder das Erscheinungsbild des Fahrzeugs genutzt wird. Auf der einen Seite werden die gleichen Merkmalsextraktoren wie Schatten, Symmetrie oder Entropie verwendet wie in der Initialisierung. In [ten Kate 04] werden zum Beispiel alle Schattenregionen als initiale Hypothesen betrachtet. Da viele Fehlklassifikationen entstehen, werden zur Verifikation zusätzlich Symmetrie und Entropie der Regionen ausgewertet. Eine explizite Verfolgung findet nicht statt. Die Verifikation erfolgt in [Hoffmann 04], indem zuerst alle Merkmalshypothesen geeigneten Schätzprozessen zugeordnet werden. Nicht verwendete Hypothesen werden als neue Fahrzeughypothesen aufgefasst. Auf der anderen Seite werden aber auch spezielle Verfolgungsverfahren eingesetzt wie der optische Fluss [Zhu 05] oder Schablonenvergleiche [Alefs 05, Bertozzi 00b, Chang 05, Clady 03].

Zur Aktualisierung und Bewertung der Zustandsschätzung stützen sich die meisten Arbeiten auf Kalman-Filter [Clady 03, Kaszubiak 05, Knoeppel 00]. In [Hoffmann 06] wird das *Interacting Multiple Model*-Filter aus [Bar-Shalom 00] zur Schätzung verwendet. Es werden zwei Kalman-Filter miteinander kombiniert, deren Zustandsmodell ein Fahren mit konstanter Geschwindigkeit respektive Fahren mit Beschleunigung zweiter Ordnung repräsentiert. Das zweite häufig eingesetzte Schätzverfahren ist das Partikel-Filter [Alefs 05, Nedevschi 04]. Es wird in [Schweiger 05] benutzt, um Kamera- und Radardaten zu fusionieren. In [Kawasaki 04] wird ein Bayessches Netz benutzt, um Merkmale aus Radar und Kamera zu fusionieren.

2.2 Wissensmodellierung

Die Wissensmodellierung ist die Schnittstelle zwischen der Wahrnehmung auf der Signalebene und der Interpretation auf der Symbolebene. Sie hat die Aufgabe, ein einheitliches Vokabular für die Domäne „Straßenverkehr" bereitzustellen. Die quantitativen Daten der Wahrnehmung werden auf qualitative Beschreibungen aus diesem Vokabular abgebildet, um in der Interpretation Schlussfolgerungsprozesse durchzuführen und so die Verkehrssituation zu analysieren.

2.2.1 Allgemeine Darstellung von Wissen

In den 70er Jahren stieß die Erforschung und Erschließung von Methoden der künstlichen Intelligenz auf ein großes Interesse, da man glaubte, allgemeine Problemlösungssysteme konstruieren zu können. Dabei gab es zwei grundlegenden Strömungen, Wissen zu modellieren. Zum einen wurde der Ansatz verfolgt, logikbasierte Systeme anzuwenden, die eine eindeutig definierte Semantik besaßen und durch den Einsatz von Kalkülen Berechnungen auf dem modellierten Wissen ermöglichten. Diese Systeme waren jedoch meist so allgemein gehalten, dass eine Anwendung in konkreten Applikationen nur schwer umsetzbar war. Zum anderen entstanden nicht-logikbasierte Systeme, deren Aufbau sich aus den Erkenntnissen über die Informationsspeicherung und -verarbeitung im Menschen orientierte. Üblicherweise wurde das Wissen in Netzwerken gespeichert, die die Beziehungen zwischen den Objekten repräsentierten. Die bekanntesten Vertreter dieser Gattung sind Rahmen[29] [Minsky 75] und semantische Netze [Sowa 87].

Rahmen bestehen aus Fächern[30], in denen das objektspezifische Wissen abgelegt wird. Jedes Fach kann Attribute eines Objekts beschreiben, Beziehungen zu anderen Objekten repräsentieren oder selbst einen Rahmen beinhalten. Zusätzlich kann eine Vererbungshierarchie aufgebaut werden, indem Eigenschaften auf ein untergeordnetes Objekt übertragen werden. Die

---

[29]engl.: frames
[30]engl.: slots

Darstellung von zeitlichen Abläufen wird durch spezielle Rahmen realisiert, den so genannten Skripten. Bei semantischen Netzen sind die Objekte durch Knoten eines Graphen repräsentiert und die Beziehungen zwischen den Objekten durch die Kanten zwischen den Knoten. Die nicht-logikbasierten Systeme haben den Nachteil, dass sie stark auf die Zielapplikation zugeschnitten sind und es nicht möglich ist, eine Semantik direkt aufzuprägen. Damit ist es nicht möglich, aus der Wissensbasis neues Wissen abzuleiten oder Konsistenzprüfungen durchzuführen.

Die Grundprinzipien der beiden Ansätze wurden in den Beschreibungslogiken[31] verschmolzen. Dabei können weiterhin Kalküle zur Inferenz auf der Wissensbasis eingesetzt werden. Andererseits erlauben insbesondere die „ist-ein" und die „ist-Teil-von" Beziehungen die Beibehaltung der netzartigen Strukturen der nicht-logikbasierten Ansätze.

An dieser Stelle drängt sich ein Hinweis auf Immanuel Kants *Critik der reinen Vernunft* [Kant 87] auf. Im zweiten Teil der transzendentalen Elementarlehre „Die transzendentale Logik" zeigt sich eine frappierende Ähnlichkeit zwischen Kants Erkenntnistheorie und den Methoden der künstlichen Intelligenz zur Modellierung des Wissens. Auf der untersten Ebene unterscheidet Kant zwischen der Erkenntnis der „Dinge an sich" der unbekannten externen Welt (sog. „Noumena") und der sinnlichen Erkenntnis der Wahrnehmung der Dinge (sog. „Phaenomena"). Das bedeutet, dass man keine Kenntnis über das „Ding an sich" hat, sondern nur eine Manifestation einer Erscheinungsform des Nuomenon kennt. Mit anderen Worten, die Erkenntnis über die Welt beschränkt sich auf die (partielle) Wahrnehmung derselben. Während Erscheinungen aus der Kombination von Empfindungen der Welt und Anschauungen über Raum und Zeit entstammen, entstehen aus den Erscheinungen „Begriffe" als abstrahiertes Bewusstsein aus dem Verstand. Die Abstraktion erfolgt durch die vier Kategorien Quantität, Qualität, Relation und Modalität. Anhand dieser Kategorien verbindet der Mensch seine Erscheinungen nach sogenannten „Schemata". Ein Schema bezeichnet dabei die Einbildungskraft, sich aus einem Begriff eine Vorstellung zu verschaffen. Begriffe können sowohl Phänomene als auch Abstraktionen repräsentieren. Der Transfer auf informationsverarbeitende Systeme stellt sich wie folgt dar: ein Sensor ist ein Rezipient einer Manifestation einer Erscheinungsform (eines Signals), die rechnerinterne Organisation des Wissens über die Welt und die Schlussfolgerungen auf diesem Wissen durch Rahmen, semantische Netze oder Beschreibungslogiken sind das Pendant zur menschlichen Begriffsbildung.

2.2.2 Wissensmodellierung für kognitive Automobile

Die Gesamtheit der beobachteten Szene wird in [Dickmanns 98, Dickmanns 03] hierarchisch in einer so genannten Dynamischen Objektdatenbasis (DOB) dargestellt. Die Verknüpfung der Objekte erfolgt rein geometrisch über deren räumliche Beziehung zueinander. Darauf baut die Arbeit von Pellkofer [Pellkofer 03] auf, der die Beziehungen zwischen Objekten durch Situationsaspekte modelliert. Situationsaspekte stellen linguistische Variablen im Sinne der Fuzzy-Theorie dar und beschreiben einen Teilaspekt der Szene.

In [Miene 04] werden relative Positionen und Geschwindigkeiten von Objekten in Prädikate transformiert, um in Formeln der Prädikatenlogik erster Ordnung ausgewertet zu werden. Das Konzept wird in [Lattner 05b, Lattner 05a] weitergeführt, in dem zusätzliche Objekt-

---

[31]engl.: description logics (DL)

klassen und Relationen ausgewertet werden. Das Ziel ist die Identifikation gefährdender Objekte. Dazu werden die Informationen als Fakten in eine Wissensbasis eingespeist, an die dann Anfragen gestellt werden.

Eine Beschreibung der Situation durch Deskriptive Logik wird in [Neumann 03] vorgestellt. Es werden Aggregate verwendet, um die geometrischen Objekte und die Beziehungen zwischen diesen Objekten zu beschreiben. Der Nutzen dieser Repräsentationsform wird in [Neumann 04] dargelegt, indem gezeigt wird, die das Wissen, dass auf höheren Ebenen aufgenommen wurde, auf niedrigeren Ebenen (z.B. zur Steuerung der Bildauswertung) ausgenutzt werden kann.

Gerber [Gerber 02] verwendet eine metrisch-temporale Horn-Logik zur Repräsentation der qualitativen Daten. Die Klauseln der Logik stellen sowohl Faktenwissen über die Existenz einzelner Objekte als auch Beziehungen zwischen den Objekten dar. Die Gesamtsituation wird durch so genannte Situationsgraphenbäume wiedergegeben. Anwendungen sind die Synthese natürlichsprachlicher Beschreibungen beobachteter Verkehrsszenen [Gerber 02] oder die Erkennung von Fahrzeugverhalten [Arens 02].

2.2.3 Verhaltenserkennung

Die Erkennung von Verhalten anderer Verkehrsteilnehmer ist Teil der Abbildung der Sensordaten auf Begriffe der Wissensmodellierung. Sie wird in einem gesonderten Abschnitt behandelt, da sie zum einen einen wichtigen Teil der Abbildung ausmacht und zum Anderen spezielle Verfahren zur Abbildung eingesetzt werden. Es werden dabei nur Verhalten motorisierter Verkehrsteilnehmer betrachtet.

Prinzipiell kann die Verhaltenserkennung sowohl auf das Verhalten des eigenen Fahrzeugs als auch auf die Verhalten der anderen Fahrzeuge angewendet werden. Die Erkennung des eigenen Verhaltens wird dazu eingesetzt, um das eigene Fahrzeug bzw. den Fahrer zu überwachen. In [McCall 05b] werden Spurwechselvorgänge überwacht, indem die Position des Fahrzeugs und die Kopfbewegungen des Fahrers beobachtet werden. Zur Klassifikation werden Bayessche Netze eingesetzt. Die Fahrerüberwachung in [Oliver 00] verwendet lediglich die Daten der Fahrzeugaktorik (Pedal- und Lenkradstellung) sowie die Bewegungen des Fahrers, um Fahrmanöver frühzeitig zu erkennen. Es werden Hidden-Markov-Modelle verwendet, um die Fahrmanöver Überholen, Spurwechsel, Abbiegen, Anhalten und Anfahren zu klassifizieren.

Um das Verhalten zu schätzen, wird in [Dagli 02] die Motivation jedes Verkehrsteilnehmers festgelegt und daraus Ziele abgeleitet. Zur Erreichung des Ziels werden Pläne generiert und die Plausibilität der Pläne mit Hilfe Bayesscher Netze überprüft. Ein Plan entspricht dann einem erkannten Verhalten.

Im Roboterfußball finden sich analoge Problemstellungen wie sie auch beim Führen eines kognitiven Automobils auftreten und deshalb im Prinzip übertragen werden können. Wendler [Wendler 03] verwendet fallbasiertes Schließen, um das Verhalten der gegnerischen Spieler zu erkennen. Drücker et al. [Drücker 01] setzen die Theorie der Entscheidungsbäume zur Klassifikation der Verhalten ein. Die Adaption der Klassifikation zur Laufzeit wird in [Visser 02] beschrieben.

2.3   Situationsinterpretation

Die Situationsinterpretation stellt die letzte Stufe der Aufbereitung der Umfelddaten zur
Steuerung eines kognitiven Automobils dar. Das Ziel der Interpretation ist, ein optimales
Verhalten auszuwählen und die relevanten Objekte zu identifizieren, die zur Verhaltensentscheidung führten und die während der Ausführung des Verhaltens berücksichtigt werden
müssen.

Unter dem Begriff einer *Szene* ist ein lokaler Ausschnitt der Welt um das kognitive Automobil zu verstehen, der die Beschreibung aller beobachteten Objekte umfasst. Mit *Situation*
wird der Begriff der Szene um Aussagen erweitert, die nicht direkt sensoriell beobachtet
werden können. Darunter fallen sowohl die Beschreibung von internen Zuständen einzelner
Objekte durch Zeitreihenanalysen und Schätzverfahren als auch Aussagen über Beziehungen
zwischen Objekten durch Inferenzmechanismen. Die *Situationsinterpretation* setzt nun das
eigene Verhalten in Beziehung mit der aktuellen Situation. Die Auswirkungen des eigenen
Verhaltens auf die Situation werden bewertet, indem die Weiterentwicklung der aktuellen
Situation betrachtet wird. Eine ähnliche Definition der Begriffe „Szene", „Situation" und
„Situationsanalyse" findet sich in [Haag 98].

Wünschenswert ist eine Klassifikation von Situationen, die das intuitive Verständnis
des Begriffs „Situation" widerspiegelt. Ein solches Klassifikationsschema findet sich in
[Fastenmeier 95] zur Sicherheitsbewertung von Verkehrssituationen. Das Schema ist einfach
gehalten und orientiert sich am Straßentyp, der Trasse und dem Verkehrsablauf. Eine Weiterentwicklung findet sich in [Wiltschko 04], wo Qualitätsmaße zur Bewertung der Sicherheit
an Kreuzungen entwickelt werden.

Bei näherer Betrachtung zeigt sich jedoch, dass die entwickelten Schemata zu statisch sind
und sich nur unzureichend zur algorithmischen Weiterverarbeitung eignen. Ein Vergleich mit
den Prozessen zur Informationsverarbeitung im menschlichen Gehirn zeigt, dass der Mensch
die vorliegenden Informationen auf drei verschiedenen Ebenen auswertet [Rasmussen 83].
Auf der untersten Ebene finden sich reflexartige Verhalten und die Informationen werden
ohne weitere Analyse zur Ausführung eines Verhaltens herangezogen. Auf der zweiten Ebene
werden die Informationen in Zeichen umgewandelt, und durch Regeln werden bekannte Situationen erkannt. Auf der obersten Ebene erfolgt eine weitergehende Analyse der Situation,
um auch in unbekannten Situationen reagieren zu können.

2.3.1   Situationsinterpretation im Projekt PReVENT

Das Projekt PReVENT ist eines der wenigen Projekte, das sich bisher explizit mit der Erkennung und Bewertung von Verkehrssituationen befasst hat. Die Ausgangslage bildete eine
Untersuchung von Unfallberichten mehrerer europäischer Staaten aus denen dann die typischen Unfallmuster extrahiert wurden. Diese Unfallmuster mündeten in eine Typologie von
Unfällen, deren Kategorien das Einhalten der richtigen Geschwindigkeit, der Spurwechsel,
das Passieren von Kreuzungen sowie die Kollision mit ungeschützten Teilnehmern[32] sind.

Das Teilprojekt *COMPOSE* hat zum Ziel, die Unfallfolgen zu verringern. Dementsprechend
werden die Situationen anhand des Zeitraums bis zur Kollision klassifiziert. Zunächst zeigt

---

[32]engl.: VRU = vulnerable road users

nachstehende Abbildung 2.13 die qualitative Einteilung dieser Zeiträume mit den dazugehörigen Aktionen seitens des Fahrzeugs. Diese Einteilung beinhaltet gleichzeitig auch eine
Bewertung der jeweiligen Fahrsituation im Hinblick darauf, mit welcher Wahrscheinlichkeit
eine Kollision stattfinden wird. Die Berechnung der Kollisionswahrscheinlichkeit beruht auf
der Betrachtung der geschätzten Trajektorien der beteiligten (wahrscheinlichen) Unfallteil-
nehmer und wird in [Lindl 07] ausführlich diskutiert.

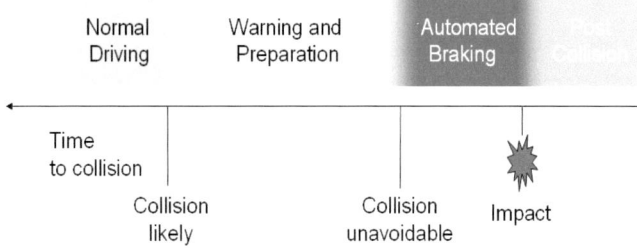

Abbildung 2.13: Die Einteilung der Zeitspannen vor einer Kollision. Die Wahrscheinlichkeit
einer Kollision trennt die einzelnen Phasen voneinander. In jeder Phase ist eine bestimmte
Art von Eingriff des Fahrerassistenzsystems vorgegeben (Quelle: [Walessa 07]).

Die Zeitspannen werden in Abbildung 2.14 quantitativ aufgeschlüsselt, und es wird gleichzeitig gezeigt, welche Maßnahmen ergriffen werden, um die Folgen des Unfalles zu mildern.
In dieser Darstellung wird bereits davon ausgegangen, dass der Unfall unvermeidbar ist; man
sich also bereits im roten Bereich der Abbildung 2.13 befindet.
Das Teilprojekt *INTERSAFE* strebt eine Unterstützung des Fahrers beim Passieren von
Kreuzungen durch Warnhinweise an. In Anlehnung an Abbildung 2.13 befindet man sich also am Anfang des gelben Bereiches, d.h. Hinweise an den Fahrer sind noch möglich. In diesem
Teilprojekt steht weniger die Klassifikation der Situation sondern vielmehr die Risikobewertung[33] der Situation im Vordergrund. Der Ablauf der Risikobewertung ist in Abbildung 2.15
illustriert. In einem Vorverarbeitungsschritt werden für jede Kreuzung alle möglichen Pfade mit den dazugehörigen Kollisionspunkten berechnet und in der digitalen Karte abgelegt.
Nähert sich das Fahrzeug nun einer solcherart bekannten Kreuzung, so wird zum einen eine
genaue Lokalisation des Eigenfahrzeugs in dieser Kreuzung bestimmt und zum anderen eine
Detektion und Klassifikation der anderen Kreuzungsteilnehmer durchgeführt [Wender 06].
Daraus lassen sich dann alle möglichen Pfade aller bekannten Kreuzungsteilnehmer berechnen und die möglichen Kollisionspunkte bestimmen. Die Risikobewertung bestimmt nun
die wahrscheinlichsten Pfade aller Teilnehmer und berechnet für jeden Kollisionspunkt die
Wahrscheinlichkeit für eine tatsächliche Kollision, indem zusätzlich die räumliche und zeitliche Entwicklung der Situation berücksichtigt wird [Fürstenberg 06]. Ausgehend von der

---

[33]engl.: risk assessment

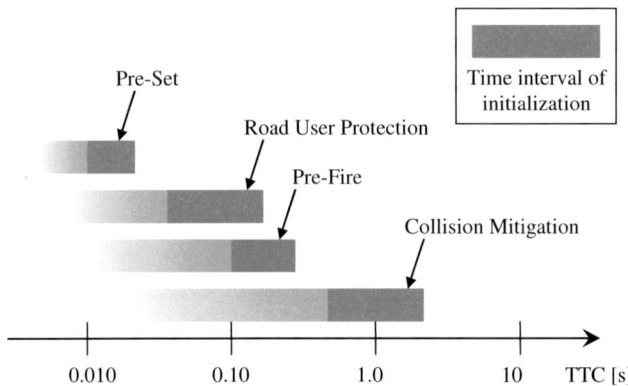

Abbildung 2.14: Die quantitative Einteilung der Zeitspannen vor einer Kollision zusammen mit den jeweils einzuleitenden Sicherheitsmaßnahmen (Quelle: [Walessa 07]). Man beachte die logarithmische Zeitskala bis zur Kollision (*TTC* bezeichnet die *time to contact*).

Kollisionswahrscheinlichkeit für die wahrscheinlichste Kollision wird dann die Warnung für den Fahrer generiert.

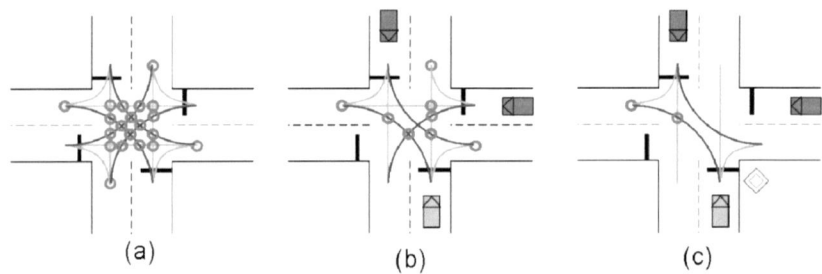

Abbildung 2.15: Der Ablauf der Risikobewertung im Teilprojekt *INTERSAFE*. Nach der Bestimmung aller möglicher Pfade und ihrer Kollisionspunkte (a) werden in situ die Objekte erkannt und deren *mögliche* Bahnen abgeleitet (b). Abschließend folgt eine Bewertung der *wahrscheinlichen* Pfade mit den zugehörigen Kollisionen (c). (Quelle: [Fürstenberg 07]).

2.3.2 Situationsinterpretation durch Situationsaspekte

In der Arbeit von Pellkofer [Pellkofer 03] wird eine Situation nicht explizit als Ganzes modelliert, sondern durch einzelne Aussagen, so genannte *Situationsaspekte*, implizit beschrieben.

Ein Situationsaspekt beschreibt einen Teil der Situation, z.B. den Zustand eines Objekts oder die Beziehung zwischen zwei Objekten. Die Situationsinterpretation ist Teil der Verhaltensentscheidung und erfolgt durch Auswertung unscharfer Wenn-Dann-Regeln. Ist eine Menge von unscharfen Regeln erfüllt, so gilt die Situation, die durch die zugrundeliegenden Situationsaspekte beschrieben ist, als erkannt.

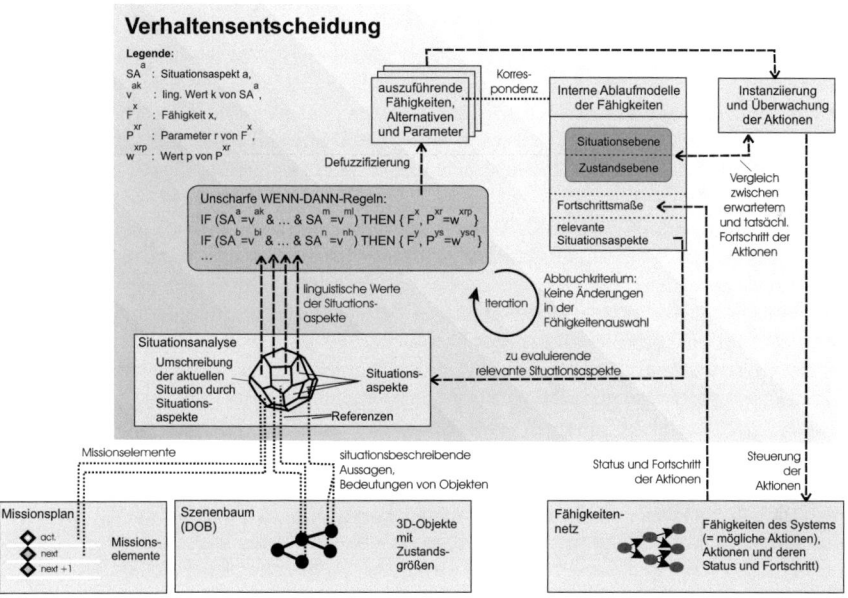

Abbildung 2.16: Situationsinterpretation durch Auswertung von Situationsaspekten als Teil der Verhaltensentscheidung (aus [Pellkofer 03]).

Abbildung 2.16 zeigt die Situationsanalyse als Teil der Verhaltensentscheidung. Der Analyseprozess ist iterativ und startet mit einem vordefinierten Satz auszuwertender Situationsaspekte. Damit kann eine Menge von unscharfen Wenn-Dann-Regeln ausgewertet werden, deren Ergebnis ein auszuführendes Verhalten ist. Bevor das Verhalten ausgeführt wird, wird geprüft, ob weitere Situationsaspekte ausgewertet werden müssen. Trifft dies zu, werden diese berechnet und das Regelwerk erneut ausgewertet. Dadurch kann ein anderes Verhalten ausgewählt werden und die Prüfung zusätzlicher Situationsaspekte erfolgt erneut. Die Iteration endet, sobald sich das Verhalten nicht mehr ändert und alle benötigten Situationsaspekte ausgewertet sind.

2.3.3 Situationsinterpretation durch Situationsgraphenbäume

Auch in der Arbeit von Arens [Arens 02, Arens 03] wird eine Situation implizit durch zu-
treffende Aussagen beschrieben. Jede Aussage wird als Prädikat der unscharfen metrisch-
temporalen Horn-Logik repräsentiert. Atomare Aussagen werden als Fakten in der Wissensbasis gespeichert und durch Anfragen an diese Wissensbasis können neue Erkenntnisse über
die Situation gewonnen werden. Die Konsequenz einer Situation ist ebenfalls als Prädikat
derselben Logik modelliert. Zur Zeit werden aus den Situationen textuelle Beschreibungen
generiert [Gerber 02].

Das System befindet sich immer in genau einer Situation. Um die zeitliche Entwicklung der
Umgebung zu modellieren, kann eine Situation Prädiktionskanten besitzen, die zusammen
mit einer Übergangswahrscheinlichkeit auf mögliche Nachfolgesituationen verweisen. Eine
Situation kann Nachfolger von sich selbst sein. Die Situationen zusammen mit den Prädik-
tionskanten bilden einen Situationsgraphen. Dieser ist ein gerichteter Graph mit Start- und
Endzustand.

Ein Situationsgraph beschreibt die Umwelt mit einem bestimmten Detaillierungsgrad. Um
von einem groben Beschreibung zu einer genaueren Beschreibung zu kommen, verfügen die
Situationen zusätzlich über Detaillierungskanten, die auf weitere Situationsgraphen verweisen. Ein solcher Situationsgraph ist dann eine Detaillierung der Situation und die Abarbeitung der Situation geschieht durch das Abarbeiten des angehängten Situationsgraphen bis
zu dessen Endzustand. Die Gesamtheit der Situationsgraphen mit den Detaillierungen wird
Situationsgraphenbaum genannt.

Abbildung 2.17 zeigt exemplarisch einen Situationsgraphenbaum für eine Kreuzungssituation. Eine Situation ist durch ein Rechteck mit drei Einträgen dargestellt. Im oberen Block
steht der Name der Situation, im mittleren Block sind die Prädikate aufgelistet, die für diese Situation zutreffen müssen und im unteren Block steht die Konsequenz der Situation.
Die kleine Quadrate links bzw. rechts oben im obersten Block kennzeichnen die Situation als Start- bzw. Endzustand. Der Dreiviertelkreis rechts oben kennzeichnet die reflexive
Prädiktionskante als Übergang in die gleiche Situation. Die Rechtecke mit abgerundetem
Rand und dicker Markierung stellen einen Situationsgraphen als Menge von Situationen und
Prädiktionskanten dar. Die Prädiktionskanten sind durch dünne Pfeile dargestellt. Ein dicker
Pfeil ist eine Detaillierungskante, der eine konkrete Situation durch einen Situationsgraphen
spezialisiert.

2.3.4 Situationsinterpretation durch fallbasiertes Schließen

Bei regelbasierten Systemen gibt es einen großen Nachteil: Das Wissen ist implizit in den Regeln gehalten und muss von einem Experten vorgegeben werden. Bei der Anpassung und der
Erweiterung der Regelbasis besteht die Gefahr, dass Inkonsistenzen entstehen, die mitunter
nur schwer zu finden sind.

Demgegenüber bieten fallbasierte Systeme den Vorteil, dass das Wissen nicht transformiert
werden muss, sondern explizit vorliegt oder direkt aus Beobachtungen gewonnen werden
kann. Auch die Anpassung und Erweiterung der Wissensbasis stellt kein Problem dar, da

Abbildung 2.17: Situationsinterpretation am Beispiel einer Kreuzung durch Abarbeiten eines Situationsgraphenbaumes (aus [Arens 02]).

neues Wissen direkt zur Fallbasis hinzugefügt werden kann und die Einordnung automatisch durch den Indizierungsalgorithmus erfolgt.

Der Ablauf des fallbasierten Schließens ist wie folgt. Zuerst wird aus der Problemstellung ein Fall erzeugt und damit eine Anfrage an die Fallbasis gestellt. Daraus werden so genannte ähnlich Fälle extrahiert, die dem aktuellen Problem entsprechen oder es teilweise abdecken. Das Problemlösungswissen, das in den extrahierten Fällen enthalten ist, muss dann auf das aktuelle Problem übertragen werden. Die Lösung wird überprüft und wird ausgeführt. Wurde dadurch neues Problemlösungswissen erzeugt, so wird es als neues Wissen der Fallbasis hinzugefügt. Eine ausführliche Beschreibung des fallbasierten Schließens findet sich in [Kolodner 93]. Typische Anwendungsgebiete des fallbasierten Schließens sind die Klassifikation von Situationen, die Lösung von Problemen und die Prädiktion von Situationen.

In der Robotik kommen fallbasierte Systeme zum Einsatz, um abhängig von der Umgebung das passende Verhalten auszuwählen. So wird es in [Clark 92] zur Entscheidung in einem verhaltensbasierten autonomen, mobilen System eingesetzt. Im System sind eine feste Menge von Situationen zusammen mit dem auszuführenden Verhalten als Fälle gespeichert.

Zur aktuellen Situation wird der ähnlichste Fall aus der Fallbasis extrahiert und das darin gespeicherte Verhalten ausgeführt. Eine Erweiterung der Fallbasis ist nicht vorgesehen. Großer Beliebtheit erfreut sich das fallbasierte Schließen in der Domäne des Roboterfußballs. Die Umgebung ist in dieser Domäne klar definiert, aber es können dennoch viele verschiedene Situationen auftreten, die bestimmte taktische Auswirkungen für die Mannschaft haben. So wird in [Ros 06] ein Fall durch die relative Position der Spieler und des Balls zueinander definiert. Das aus der Fallbasis extrahierte Problemlösungswissen wird auf die aktuelle Situation adaptiert, indem die dort gespeicherten Positionen der Spieler und des Balls auf die aktuellen Position verschoben werden und der gespeicherte Spielzug ausgeführt wird.

2.4 Fazit

Die Umfelderfassung erfreut sich regen Interesses und wird ständig weiter entwickelt. Es existieren viele Arbeiten besonders in den Bereichen Fahrspur- und Fahrzeugdetektion. Bei den Fahrspuren wird meistens nur die eigene Fahrspur beobachtet und nicht der komplette Verkehrsraum in Betracht gezogen. Des Weiteren beschränken sich die meisten Ansätze auf die Schätzung der Geometrie der Fahrspuren. Ein weitere Besonderheit, die auffällt, ist, dass zumeist nur ein Informationsaspekt separat betrachtet wird. Darüber hinaus wird häufig nicht beachtet, wie die extrahierten Daten weiterverwendet werden. Oftmals begnügt man sich mit einer direkten Kopplung an eine unterlagerte Regelung.

Eine nachgeschaltete Analyse der Wahrnehmungsdaten ist jedoch unerlässlich. Vor allem in komplexen Verkehrssituationen, wie z.B. Kreuzungen, ist eine nachgeschaltete, tiefergehende Analyse unabdingbar. Diese Analyse umfasst sowohl die Repräsentation des modellierten Wissens als auch die Interpretation der Verkehrssituation.

Aus dem geringen Umfang der aufgeführten Arbeiten ist ersichtlich, dass es in den Bereichen Analyse und Interpretation von Verkehrssituationen bisher nur wenige Arbeiten gibt. Erst in jüngerer Zeit tauchen erste Arbeiten auf, die sich speziell mit dem Problem der Interpretation von Situationen beschäftigen. Als Vorreiter ist wiederum der Roboterfußball zu nennen. Dieser findet in klar strukturierten Umgebungen statt, wodurch die Umfelderfassung deutlich leichter ist. Deshalb ist es dort möglich, sich auf die Analyse und die Interpretation der Szene zu konzentrieren.

Im Fall der autonomen Fahrzeuge besteht in diesem Bereich großer Nachholbedarf. Ein Transfer der Erkenntnisse aus dem Roboterfußball hat nur in Ansätzen stattgefunden [Lattner 05a]. Hervorzuheben sind in diesem Zusammenhang die Forschungsgruppen an der Universität der Bundeswehr in München und an der Universität Karlsruhe. Deren Arbeiten stellen die ersten Ansätze dar, die die vollständige Verarbeitungskette von der Wahrnehmung bis zur Interpretation von Verkehrssituationen verfolgen.

Dementsprechend wird die vorliegende Arbeit mit den Arbeiten dieser beiden Gruppen in Tabelle 2.3 gegenübergestellt. Im Bereich der Umfelderfassung existieren keine großen Unterschiede, die wesentlichen Aspekte werden in allen Arbeiten erfasst. Die einzigen Unterschiede bestehen darin, dass in dieser Arbeit zusätzlich explizit Hindernisse detektiert werden und die Markierungen von Fahrspuren extrahiert werden, um den Fahrspuren die entsprechenden Attribute zuweisen zu können. Zur Wissensmodellierung verwendet Pellkofer [Pellkofer 03]

	Dickmanns	Nagel	diese Arbeit
Erfassung			
Fahrspuren	ja	ja	ja
Attribute	nein	ja, eingeschränkt	ja
Kreuzungen	ja	ja	ja
Fahrzeuge	ja	ja	ja, eingeschränkt
Hindernisse	ja	nein	ja
Wissensmodellierung			
Repräsentation	Situationsaspekte	Prädikate (FMTHL)	DL (Ontologie)
Konsistenzprüfung	manuell	autom. (Inferenz)	autom. (Inferenz)
Interpretation	Fuzzy-Regeln	SGT	CBR
Erweiterbarkeit			
Wissensmodellierung	manuell	manuell	manuell
Interpretation	schwierig (manuell)	mittel (Editor)	einfach (automatisch)

Tabelle 2.3: Vergleich der wesentlichen Merkmale der Arbeiten von Prof. Dickmanns und Prof. Nagel mit den Ansätzen dieser Arbeit.

Situationsaspekte in Form von linguistischen Variablen, der vorliegenden Arbeit und die Arbeiten an der Universität Karlsruhe verfolgen einen streng formallogischen Ansatz durch die Verwendung einer Ontologie und Prädikate in FMTHL[34] respektive. Dadurch kann die Konsistenz der Modellierung durch Inferenzmaschinen automatisch geprüft werden, in der Arbeit von Pellkofer ist dies nicht möglich. Die Interpretation der Situation erfolgt bei Pellkofer durch Auswertung unscharfer Wenn-Dann-Regeln. Der Nachteil besteht darin, dass mit wachsendem Umfang des Regelwerks eine Konsistenzprüfung nur noch mit großem Aufwand möglich ist und nicht automatisiert erfolgen kann. Hier bietet der Ansatz mittels SGT[35] von Nagel Vorteile, da er auf der definierten Logik aufsetzt. Allerdings kann das System nur manuell, unterstützt durch einen Editor, erweitert werden. Demgegenüber ermöglicht der Einsatz des fallbasierten Schließens[36] die automatische Erweiterung des Interpretationswissens. Abschließend sei noch angemerkt, dass die Interpretation von Verkehrssituationen bei [Arens 03] bisher nur auf Szenen mit statischem Beobachter durchgeführt wurde. Der Einsatz in autonomen Fahrzeugen ist allerdings angedacht.

---

[34]Fuzzy, metrisch-temporale Horn-Logik
[35]engl.: Situation graph trees (Situationsgraphenbäume)
[36]engl.: case-based reasoning (CBR)

Kapitel 3

Umfelderfassung

Ein kognitives Automobil interagiert mit seiner Umwelt und muss auf Veränderungen der Umwelt adäquat reagieren. Die Grundlage für das Handeln stellt dabei die Umfelderfassung dar, die die Umgebung des Fahrzeugs sensorisch erfasst und so die Informationsgrundlage für die höherwertigen Auswertungskomponenten bereit stellt.

Zur Sensierung des Umfeldes werden verschiedene Kamerasysteme mit unterschiedlichen Charakteristiken eingesetzt (Kapitel 3.1). Die Auswertung der Sensordaten wird durch mehrere Messverfahren erreicht, die jeweils einen bestimmten Aspekt des Umfeldes erfassen. Die Koordination der Messverfahren wird durch ein Rahmenwerk zur Bildverarbeitung gewährleistet (Kapitel 3.2). Die grundlegenden Aspekte des Umfeldes, die zum autonomen Führen eines kognitiven Fahrzeugs erfasst werden müssen, sind die Erkennung von Fahrspuren (Kapitel 3.3), sowie die Detektion und Verfolgung von Hindernissen (Kapitel 3.4) und Fahrzeugen (Kapitel 3.5).

Die Umfelderfassung ist der erste Baustein des Gesamtsystems. Der linke Teil der Abbildung 3.1 zeigt den strukturellen Zusammenhang der einzelnen Komponenten, die zur Erfassung des Umfeldes benötigt werden. Die zu erfassenden Informationsaspekte sind mit den beiden anderen Komponenten „Wissensmodellierung" und „Situationsinterpretation" abgestimmt, was durch die Darstellung als Puzzle im rechten Teil der Abbildung 3.1 symbolisiert ist.

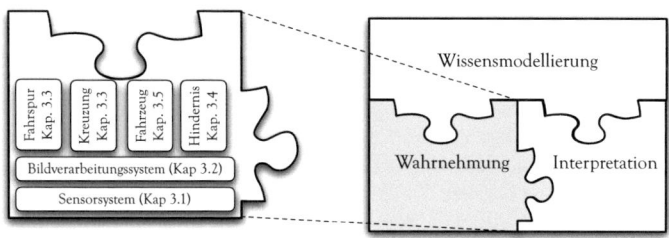

Abbildung 3.1: Aufgaben der Wahrnehmungskomponente und Einbettung ins Gesamtsystem.

3.1   Sensoren

Die Aufgabe der externen Sensoren besteht darin, die Umgebung des Fahrzeuges abzutasten, zu diskretisieren und zu digitisieren. Diese Rohdaten werden an die Verarbeitungskomponenten weitergegeben, die dann daraus mit Methoden der Sensorverarbeitung die benötigten Merkmale extrahieren, um die gewünschten Informationen zu liefern. An externen Sensoren werden ein Kamerasystem und eine Tiefenbildkamera eingesetzt.

Zusätzlich werden interne Sensoren verwendet, um die Bewegung und die Position des Fahrzeugs zu erfassen und einen Abgleich mit einer digitalen Karte durchzuführen. Dazu wird ein kommerzielles Navigationsgerät verwendet.

3.1.1   Kamerasystem

Das autonome Führen eines Fahrzeugs stellt besondere Anforderungen an das Sichtsystem. Es müssen sowohl der Nah- als auch der Fernbereich vor dem Fahrzeug beobachtet werden können. Zusätzlich sollen plötzlich auftauchende Objekte durch so genanntes sakkadisches Sehen schnell durch das System erfassbar sein. Diese Anforderungen lassen sich aufteilen und den Bereichen Kameras, Aktuatorik und Hardwareaufbau zuordnen.

Bei den Kameras ist zwischen dem Einsatz für den Nah- und für den Fernbereich zu unterscheiden. Im Fernbereich ist eine sinnvolle Erfassung nur durch eine Fokussierung erreichbar. Im Nahbereich soll ein möglichst großer Bereich erfasst werden. Dazu werden zum einen Kameras mit einem Öffnungswinkel von 45° eingesetzt und zum anderen wird eine Schwenkeinheit verwendet, die die Kamera um +/- 70° drehen kann. Daraus ergibt sich für die Aktuatorik, dass zwei Sakkaden mit einem Schwenkbereich von 90° innerhalb einer Sekunde ausführbar sein müssen. Des Weiteren müssen hohe Geschwindigkeit und Positioniergenauigkeit gewährleistet sein. Beim Hardwareaufbau ist das größte Problem die Blickstabilisierung der Fernbereichskamera, da schon kleine Nickbewegungen des Fahrzeugs zu einem großen Bildversatz führen.

Diese Anforderungen mündeten in den Entwurf eines Kamerasystems mit drei Kameras, das zusammen mit dem Institut für Mess- und Regelungstechnik der Universität Karlsruhe (TH) entwickelt wurde [Dillmann 04]. Der Entwurf orientiert sich an den Arbeiten [Pellkofer 03, Schiehlen 95]. Das System besteht aus insgesamt drei Kameras, zwei Kameras für den Nahbereich, so dass Stereosehen möglich ist, und einer Telekamera für den Fernbereich. Der schematische Aufbau ist in Abbildung 3.2 (a) dargestellt.

Für den Nahbereich werden Farbkameras vom Typ „Dragonfly" der Firma „Point Grey"[1] eingesetzt. Diese liefern Bilder mit einer Auflösung von 640x480 Punkten bei einer Bildrate von 60Hz. Sie zeichnen sich durch geringes Gewicht aus, wodurch schnelle Schwenkbewegungen möglich sind. Die Schwenkbewegung wird mittels Schrittmotoren durchgeführt, die eine Auflösung von 0,11° aufweisen und einen Schwenk von 70° in weniger als 0,3 Sekunden ausführen. Für den Fernbereich wird eine Farbkamera vom Typ „Flea" derselben Firma eingesetzt. Sie verfügt über die gleichen Charakteristiken wie die „Dragonfly" und ist in einem kompakten Gehäuse untergebracht. Das Objektiv besitzt einen regelbaren Fokus. Um

---

[1]http://www.ptgrey.com

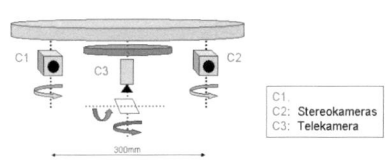 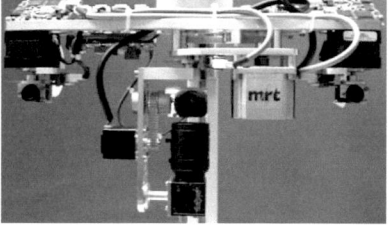

(a) Schematische Darstellung des entwickelten Ka-   (b) Realisierte Kameraplattform.
merakopfes.

Abbildung 3.2: Entwickelte Kameraplattform zur Erfassung des Fahrzeugumfelds.

die Blickrichtung stabilisieren zu können, wird die Telekamera orthogonal zur Blickrichtung montiert und das Bild über einen Spiegel abgelenkt. Dies ist nötig, da im Fahrbetrieb durch Stöße hochfrequente Störungen (bis zu 1000Hz) auftreten können und diese nur durch den Einsatz eines sehr leichten Spiegels vermieden werden können. Abbildung 3.2 (b) zeigt die realisierte Kameraplattform.

3.1.2 PMD-Kamera

Der eingesetzte Kamerakopf reicht nicht aus, um ein dichtes Tiefenbild der Umgebung zu liefern. Vor allem zur Hindernisdetektion und -verfolgung werden aber dichte Tiefenbilder benötigt. Deshalb wird in dieser Arbeit ein zusätzlicher Tiefenbildsensor eingesetzt: der Photomischdetektor (PMD). Diese Kamera ist eine 3D-Tiefenbildkamera und arbeitet mit Laufzeitmessungen von Licht[2].

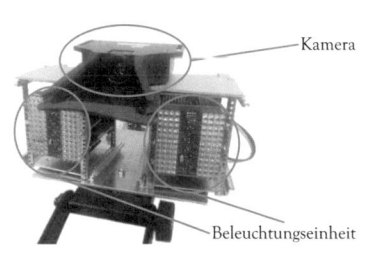 

(a) Komponenten der PMD-Kamera.   (b) Auf dem Testfahrzeug „Smart Roadster" in-
                                       stallierte PMD-Kamera.

Abbildung 3.3: Verwendete PMD-Kamera zur Extraktion der Tiefeninformationen.

---

[2]engl.: time-of-flight

Eine Beleuchtungseinheit sendet amplitudenmoduliertes Infrarotlicht aus, dessen Reflektionen von der PMD-Kamera aufgenommen wird. Anhand der ermittelten Phasenverschiebung kann die Laufzeit des ausgesendeten Lichts gemessen und so die Tiefe eines Punktes berechnet werden.

Die Kamera liefert derzeit Tiefenbilder mit einer Auflösung von 64x16 Punkte bei einer Bildwiederholrate von 100Hz. In Abbildung 3.3 (a) sind die eingesetzten Funktionseinheiten aufgeführt, Abbildung 3.3 (b) zeigt die Installation der PMD-Kamera auf einem Testfahrzeug.

3.2 Bildverabeitungssystem

Die im vorhergehenden Kapitel vorgestellten Sensoren liefern unterschiedliche Daten über das Fahrzeugumfeld. Die Auswertung dieser Daten erfolgt durch verschiedene Prozesse, die jeweils einen bestimmten Informationsaspekt ermitteln. Um eine gemeinsame Grundlage für alle Auswertungsprozesse zu erstellen, wurde in dieser Arbeit ein Rahmenwerk zur Bildverarbeitung entwickelt. Die wesentlichen Aufgaben des Rahmenwerks sind:

Kommunikation mit anderen Systemkomponenten Die Sensordatenauswertung ist Teil eines Gesamtsystems und muss mit diesem kommunizieren. Die Kommunikation ist für den Kern der Bildverarbeitung irrelevant und wird deshalb als Dienstleistung vom Basissystem bereitgestellt.

Definition von Messaufträgen Die Kommunikation des Gesamtsystems mit der Bildverarbeitung erfolgt durch die Erteilung so genannter Messaufträge. Ein Messauftrag spezifiziert die zu extrahierenden Informationsaspekte.

Koordination von Messaufträgen Nachdem ein Messauftrag eingegangen ist, muss bestimmt werden, welcher Teil des Bildverarbeitungssystems für dessen Bearbeitung zuständig ist. Da nicht notwendigerweise immer nur ein Auftrag vorliegt, muss auch die gleichzeitige Verarbeitung mehrere Aufträge gewährleistet sein. Zusätzlich ist zu beachten, dass für die Verarbeitung eines Auftrags durchaus auch mehrere Bildauswertekomponenten nötig sind. Diese Komponenten sind auszuwählen und zu koordinieren.

Kapselung der Sensorik und Aktuatorik Das Auslesen der Sensorik und die Ansteuerung der Aktuatorik erfordern erfordern spezielle Kenntnisse über deren Programmierung und verwenden spezialisierte Datenformate. Die Kapselung von Sensorik und Aktuatorik ermöglicht eine einheitliche Benutzung der verschiedenen Modalitäten, indem die Daten kanonisiert werden.

Ressourcenverwaltung Der Zugriff auf die einzelnen Sensoren und Aktuatoren muss vom Basissystem koordiniert werden, um Zugriffskonflikte zu vermeiden.

Unterstützung der Entwicklung Neben der Ablaufsteuerung der Bildverarbeitung muss das Rahmenwerk auch den Benutzer während der Entwicklung von Algorithmen unterstützen. Im einzelnen geschieht dies durch

- schnelle Prototypenentwicklung,

- Kapselung interner Details, um den Entwickler zu entlasten,

- Bereitstellung häufig benötigter Funktionalitäten in Form von Modulen und Komponenten,

- Bereitstellung von Systemdiensten,

- Anzeige von Zwischenergebnissen,

- Analyse des Laufzeitverhaltens und

- Unterstützung der Fehlersuche.

Zusätzlich zu den Aufgaben werden noch weitere Anforderungen gestellt, die vom Rahmenwerk erfüllt sein müssen. Die Anforderungen zielen dabei auf softwaretechnische Aspekte ab und sind an die Ansprüche der Orocos-Architektur [orocos 07] angelehnt. Das Rahmenwerk soll folgende Eigenschaften aufweisen:

Minimalismus Das Rahmenwerk soll lediglich die Grundlage der Bildverarbeitung darstellen. Insbesondere soll die benötigte Rechenleistung, die vom Basissystem in Anspruch genommen wird, so gering wie möglich sein. Außerdem sollen Größe und Komplexität des Basissystems klein gehalten werden.

Verteilbarkeit In Zeiten der Mehrprozessorrechner ist die Verteilbarkeit eine wichtige Eigenschaft, um die vorhandenen Rechnerkapazitäten voll ausnutzen zu können. Es ist die Aufgabe des Rahmenwerks, die Abläufe zu parallelisieren und zu synchronisieren und die Zugriffe auf gemeinsam genutzte Daten und Ressourcen zu schützen.

Modularität Monolithische Systeme sind starr und nur schwer erweiterbar. Modulare Systeme hingegen bieten den großen Vorteil, dass die einzelnen Module unabhängig voneinander entwickelt und ausgetauscht werden können. Beim objektorientierten Entwurf werden dazu die Daten und die Funktionen, die auf diese Daten angewendet werden können, gemeinsam gehalten. Die Schnittstellen sind innerhalb des Systems standardisiert und ermöglichen so die einheitliche Integration der Komponenten in das Gesamtsystem [Ponweiser 02].

Einfachheit der Schnittstellen Die Komplexität der Schnittstellen hat für den Entwickler entscheidenden Einfluss auf die Benutzbarkeit des Systems. Deshalb sollen die Schnittstellen einfach gehalten sein und die internen Kommunikationsmechanismen weitestgehend vor dem Entwickler verborgen sein.

Flexibilität Die Verarbeitung durch das Basissystem soll eine große Flexibilität aufweisen. Auf der einen Seite soll die Konfiguration der Komponenten für einige Aspekte statisch definiert und für variable Aspekte dynamisch zur Laufzeit angepasst werden können. Auf der anderen Seite soll auch die Verbindung der Komponenten dynamisch zur Laufzeit festgelegt werden können, um die schnelle Prototypenentwicklung zu ermöglichen.

3.2.1 Systementwurf

Ein Softwareentwurf muss immer Kompromisse eingehen. Es gibt immer gegenläufige An-
forderungen, so dass ein Abwägen zwischen diesen Zielen erforderlich ist.
Im Rahmen dieser Arbeit wurde das Bildverarbeitungssystem *ViPer* [3] entwickelt [Vacek 04],
das die oben gestellten Aufgaben erfüllt und den bestmöglichen Kompromiss der aufgeführten
Anforderungen darstellt. Die Grundstruktur ist als dreischichtiges System realisiert, die in
Abbildung 3.4 dargestellt ist.

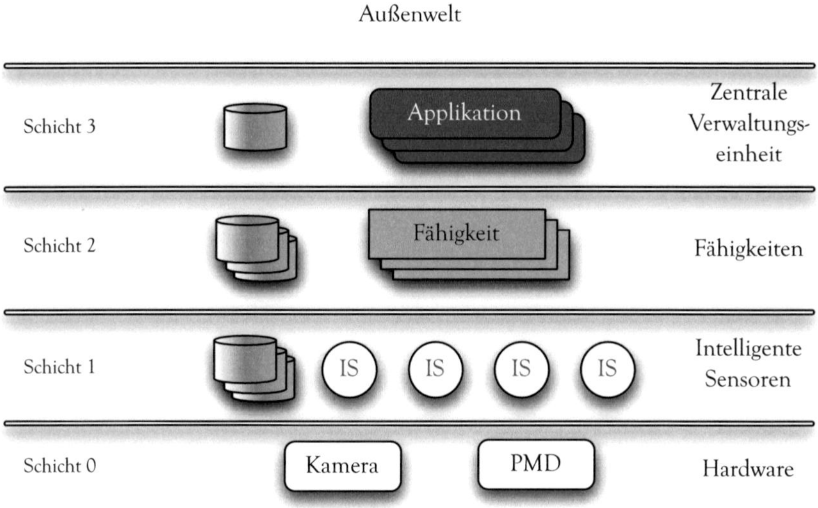

Abbildung 3.4: Systemaufbau des Bildverarbeitungssystems in drei Schichten.

In den meisten Bildverarbeitungssystemen werden die Fähigkeiten des Systems in einzelne Komponenten aufgeteilt, wodurch neue Fähigkeiten einfach hinzugefügt werden können.
Im hier entwickelten System wird die Idee weitergeführt und eine zusätzliche Ebene von
Komponenten eingeführt, um die Wiederverwendbarkeit von Komponenten stärker zu for-
cieren. Diese zusätzliche Ebene findet sich auf der untersten Schicht in Form der so genannten *intelligenten Sensoren*. Diese stellen atomare Basisoperatoren dar, durch die die
Merkmalsextraktion auf den Sensordaten erfolgt. Intelligente Sensoren können miteinander
verknüpft werden, um komplexe Auswertungsprozesse zu erhalten. Das Wissen darüber, welche Sensoren benötigt werden, und wie diese Sensoren miteinander verknüpft werden müssen,
wird in den so genannten *Fähigkeiten* auf der mittleren Schicht vorgehalten. Jede Fähigkeit
stellt einen Spezialisten zur Erfassung eines bestimmten Informationsaspekts dar. Auf der

---

[3]**Vi**suelle **Per**zeption

obersten Schicht findet sich die zentrale Verwaltungseinheit, die Messaufträge von außen
entgegennimmt, auf die vorhandenen Fähigkeiten verteilt und die gesammelten Ergebnisse
zurückliefert.

3.2.2 Intelligente Sensoren

Intelligente Sensoren sind eines der fundamentalen Konzepte des Rahmenwerks zur Bildverarbeitung. Sie heißen *Sensoren*, da sie verarbeitete Rohdaten nach einem grundlegenden
Bildverarbeitungsschritt repräsentieren. Sie heißen *intelligent*, da sie im Gegensatz zu einem Sensor wie einer Kamera zusätzliche Funktionalität beinhalten. Außerdem können sie
dynamisch zur Laufzeit angepasst werden, um ein spezielles Merkmal zu extrahieren. Das
Spektrum der Sensoren reicht von einfachen Filteroperatoren wie einer Farbsegmentierung
bis hin zu komplexen Merkmalsextraktoren wie der Klassifikation von Bildregionen. Jeder
Sensor besitzt mehrere Ein- und Ausgänge, da zum einen mehrere einkommende Informationen zu einer neuen Information fusioniert werden können und zum anderen mehr als
eine Information innerhalb eines Sensors generiert werden kann. Um die Komplexität eines
Sensors einfach zu halten und die Wiederverwendbarkeit zu erhöhen, sind sie zustandslos.
Die Mächtigkeit der intelligenten Sensoren entsteht durch deren Verknüpfung. Um eine Bild-
verarbeitungsaufgabe zu erfüllen, müssen die entsprechenden Sensoren ausgewählt, parametriert und in der richtigen Reihenfolge verbunden werden. Die Verbindung der Sensoren wird
dabei als gerichteter Graph betrachtet. Zwischen zwei Sensoren existiert eine Kante, wenn
der Ausgangstyp des einen Sensors mit dem Eingangstyp des anderen Sensors übereinstimmt.
Die Auswahl der Sensoren für die Aufgabe sowie die Reihenfolge der Abarbeitung ist durch
einen Pfad in diesem gerichteten Graphen definiert. Abbildung 3.5 zeigt exemplarisch den
vollvermaschten Graphen mit zwei überlagerten Pfaden, die die Verarbeitung definieren. Bei
der Definition der Pfade müssen folgende Bedingungen erfüllt sein:

1. Der Pfad muss zyklenfrei sein.

2. Der Pfad, der die Verarbeitung definiert, darf nicht von Bedingungen abhängig sein,
   d.h. es dürfen keine Unterpfade definiert werden, deren Benutzung von im Pfad generierten Bedingungen abhängt.

3. Jeder benutzte Sensor muss vom Eingangsknoten aus erreichbar sein.

4. Von jedem eingesetzten Sensor muss es mindestens einen Pfad zum Ausgangsknoten
   geben.

Die ersten beiden Bedingungen verhindern, dass das Definieren von Graphen als einfache
Programmiersprache zweckentfremdet wird. Die letzten beiden Bedingungen garantieren die
korrekte Verarbeitung und Verfügbarkeit der generierten Daten.
Alle Daten, die auf den Kanten des Graphen fließen, gehören zu einem bestimmten Verarbeitungskontext. Der Verarbeitungskontext setzt sich zusammen aus dem zu verarbeitenden
Graphen und der Auftragsnummer. Der Datenaustausch auf einer Kante zwischen zwei intelligenten Sensoren erfolgt durch Datenpakete. Ein Datenpaket besteht aus

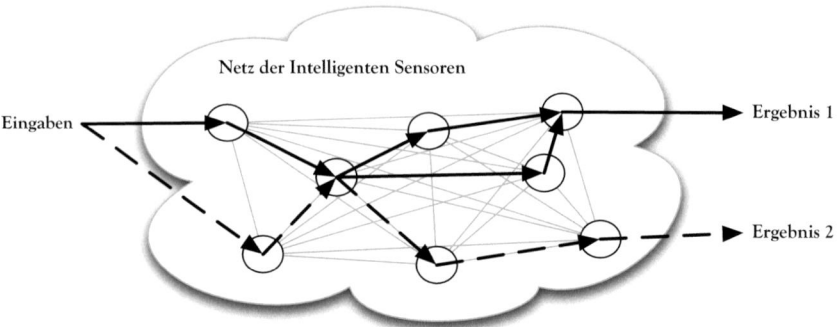

Abbildung 3.5: Die Verknüpfung der Menge der intelligenten Sensoren als vollvermaschter Graph zusammen mit zwei überlagerten Pfaden als Beispiel. Die virtuellen (ergo unbenutzten) Kanten sind grau unterlegt.

- den Nutzdaten,

- dem verarbeitenden Graphen,

- der Auftragsnummer,

- der Senderkennung und

- der Empfängerkennung zusammen mit dem Eingang des Empfängers.

Abbildung 3.6 zeigt zwei verschiedene Datenpakete, die auf unterschiedlichen Pfaden durch das Netz der intelligenten Sensoren fließen.

Wie man in Abbildung 3.5 sehen kann, erwartet der letzte Sensor vor Ablieferung von *Ergebnis 1* Daten von zwei unterschiedlichen Sensoren. Es wird ein Synchronisationsmechanismus benötigt, der die korrekte Zuordnung der Datenpakete zusichert. Dazu wird die Auftragsnummer, die Bestandteil des Datenpaketes ist, verwendet. Wenn ein Datenpaket an einen intelligenten Sensor ausgeliefert wird, können drei Fälle eintreten:

1. Wenn für diese Auftragsnummer noch kein Paket ausgeliefert wurde, so wird ein neuer Eintrag im Datenpuffer des Empfängersensors für diese Auftragsnummer angelegt und die Nutzdaten des Paketes darin abgelegt.

2. Solange noch nicht alle Pakete für die Auftragsnummer angekommen sind, werden die nächsten Nutzdaten entsprechend ihrer Auftragsnummer im Puffer abgelegt.

3. Sobald das letzte Datenpaket angekommen ist, so dass alle benötigten Eingangsdaten vorliegen, wird der Datenpuffer für diese Auftragsnummer gelöscht, die gesammelten

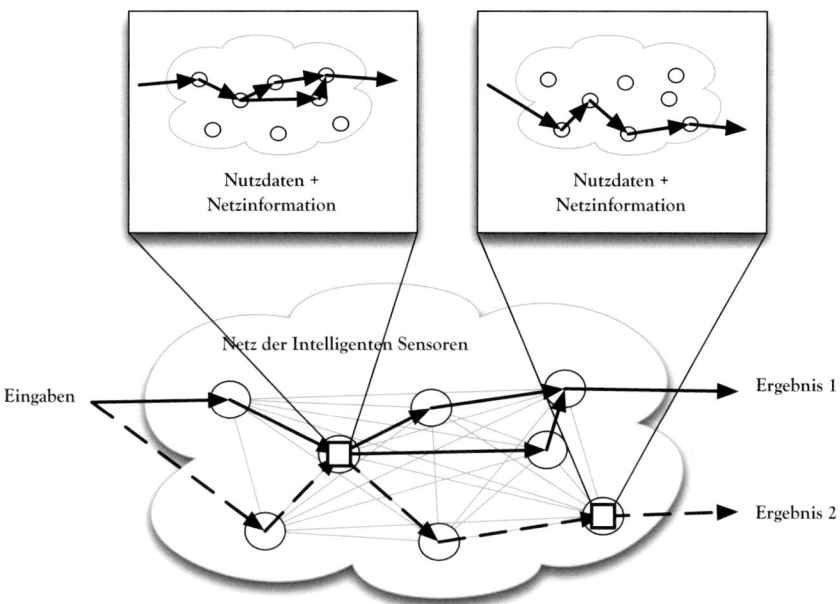

Abbildung 3.6: Symbolische Darstellung zweier Pakete auf unterschiedlichen Pfaden innerhalb des Graphen der intelligenten Sensoren.

Nutzdaten werden an den Empfängersensor übergeben, und die Verarbeitung durch diesen Sensor wird angestoßen.

Dieses Schema folgt dem Entwurfsmuster der Barriere, die von den einkommenden Daten überwunden werden muss. Abbildung 3.7 zeigt die Arbeitsweise anhand eines Beispiels. Bild (a) zeigt den Zustand des Datenpuffers nachdem ein Paket mit der Auftragsnummer 0 für den ersten Eingang des Sensors eingegangen ist. Gemäß des ersten Falles wird ein neuer Eintrag erzeugt. Da noch weitere Pakete an den Eingängen 2 und 3 für die Verarbeitung benötigt werden, wird noch keine Verarbeitung angestoßen. Das zweite Paket (Bild (b)) hat auch die Auftragsnummer 0, weshalb gemäß Fall 2 ein weiteres Datenpaket im Datenpuffer für die Auftragsnummer 0 abgelegt wird. In Bild (c) tritt nun der Fall ein, dass nur ein Datum benötigt wird. Somit trifft Fall 3 zu und die Verarbeitung im Sensor kann direkt starten. Im letzten Bild (d) wird das fehlende Paket für die Auftragsnummer 0 geliefert. Es tritt wiederum Fall 3 ein.

Das Schema der Barriere zusammen mit der Definition von Pfaden innerhalb des Netzes von intelligenten Sensoren realisiert eine voll Datenfluss-getriebene Verarbeitung [Vacek 06c]. Sie

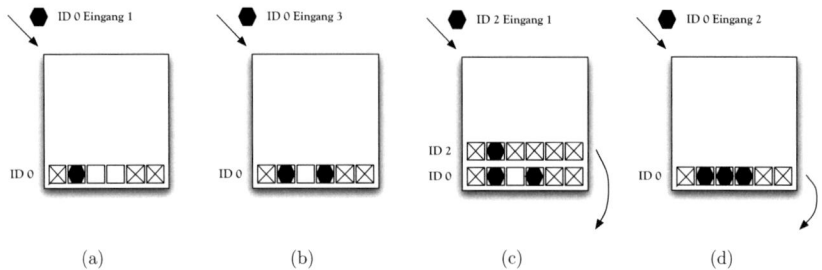

Abbildung 3.7: Synchronisation der Datenauslieferung nach dem Entwurfsmuster „Barriere".

entspricht damit der intuitiven Vorstellung einer Hintereinanderschaltung mehrerer Filter wie in einer Verarbeitungspipeline.

3.2.3 Fähigkeiten

Eine Fähigkeit stellt einen Spezialisten zur Extraktion eines bestimmten Informationsaspekts dar. Die Menge der Fähigkeiten bildet die zweite Schicht des Rahmenwerks zur Bildverarbeitung und stellt eine weitere Ebene der Modularisierung zur Verfügung, wie es auf dieser Ebene auch in anderen Systemen getan wird. So werden in [Little 05] einzelne Module zur Personendetektion, zur Lokalisation und zur Objekterkennung eingesetzt.

Um die benötigten Merkmale aus den Sensordaten zu extrahieren und darauf aufbauend die gewünschte Information zu generieren, bauen die Fähigkeiten auf den intelligenten Sensoren auf. Eine Fähigkeit besitzt dazu das Wissen, welche Sensoren in welcher Reihenfolge benutzt werden müssen und wie diese Sensoren zu parametrieren sind. Dieses Wissen wird in Form von Pfaden im Graphen der intelligenten Sensoren vorgehalten. Die Interaktion mit den intelligenten Sensoren erfolgt über ein Stellvertreterobjekt, welches den Ein- und Ausgang des Graphen bildet.

Im Vergleich zu den intelligenten Sensoren, die zustandslos sind, müssen Fähigkeiten zustandsbehaftet sein, da sie komplexe Auswertungen durchführen und in der Lage sein müssen, Merkmale im zeitlichen Verlauf auszuwerten. Ein weiterer Unterschied zu den intelligenten Sensoren ist, dass für die Fähigkeiten weniger Vorgaben für den Entwickler existieren [Bocksch 05]. Nur die Kommunikation mit den anderen beiden Schichten wird bereitgestellt. Die Extraktion eines Informationsaspekts kann in unterschiedlichen Granularitäten und mit unterschiedlichen Zielsetzungen erfolgen. Von der zentralen Verwaltungseinheit erfolgt die Spezifikation der Messaufgabe in Form eines Auftrages. Die Fähigkeit bildet diesen Auftrag dann auf den internen Messkatalog ab, der den Pfad im Graphen der intelligenten Sensoren definiert und das weitere Vorgehen bestimmt. Die Verarbeitung durch die intelligenten Sensoren wird angestoßen und das Ergebnis abgeholt und durch die Fähigkeit weiter verarbeitet. Das Resultat wird dann an die zentrale Verwaltungseinheit zurückgeliefert. In Abbildung 3.8 sind die einzelnen Schritte zur Abarbeitung eines Auftrags dargestellt.

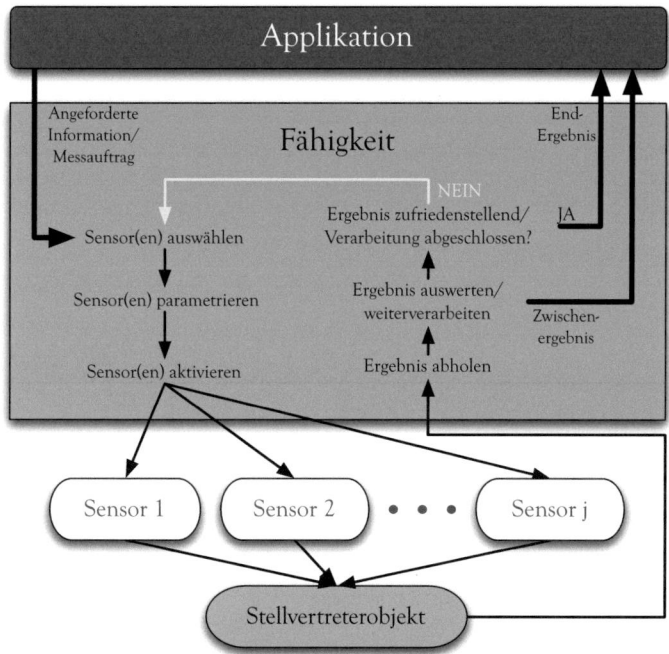

Abbildung 3.8: Aufgliederung der einzelnen Schritte zur Abarbeitung eines Messauftrags innerhalb einer Fähigkeit und Interaktion der Fähigkeit mit den intelligenten Sensoren.

3.2.4 Zentrale Verwaltungseinheit

Die zentrale Verwaltungseinheit stellt die Schnittstelle des Bildverarbeitungssystems nach außen zum Gesamtsystem dar und koordiniert die vorhandenen Fähigkeiten. Von außen kommende Messaufträge werden entgegengenommen, an die zuständigen Fähigkeiten weitergeleitet und die Ergebnisse gesammelt und an das Gesamtsystem zurückgeliefert.

Zur Erledigung mancher Messaufträge wird mehr als eine Fähigkeit benötigt. Der Messauftrag wird in Unteraufträge aufgeteilt und an die zuständigen Fähigkeiten weitergeleitet. Jede Fähigkeit liefert dann ihr Ergebnis an die zentrale Verwaltungseinheit zurück, die die Teilergebnisse zusammensetzt und an den Auftraggeber zurücksendet. Tragen mehrere Fähigkeiten zum Gesamtergebnis bei, so muss deren Arbeit koordiniert werden. Zum einen muss der Zugriff auf die Sensorik und die Aktuatorik synchronisiert werden und zum anderen muss eine bestimmte Verarbeitungsreihenfolge sichergestellt sein, falls eine Fähigkeit von den Ergebnissen anderer Fähigkeiten abhängt.

Die Koordination und Synchronisation wird mit Hilfe von Petrinetzen [Petri 62] realisiert. Eine Transition entspricht entweder einem Unterauftrag an eine Fähigkeit oder dem Zugriff auf einen Aktuator oder Sensor. Das Feuern einer Transition stellt dann die Abarbeitung des Unterauftrags respektive den Zugriff auf den Sensor oder Aktuator dar. Die Marken im Petri-Netz sind eingefärbt und repräsentieren die ausgetauschten Daten und Signale. Um immer auf den neuesten Daten zu arbeiten, werden an den Eingängen der Transitionen keine Warteschlangen verwendet. Stattdessen werden alte, nicht verwendete Daten durch die neuen überschrieben. Das Petrinetz ist also ein binäres Netz, bei dem sich in allen Stellen höchstens eine Markierung befindet.

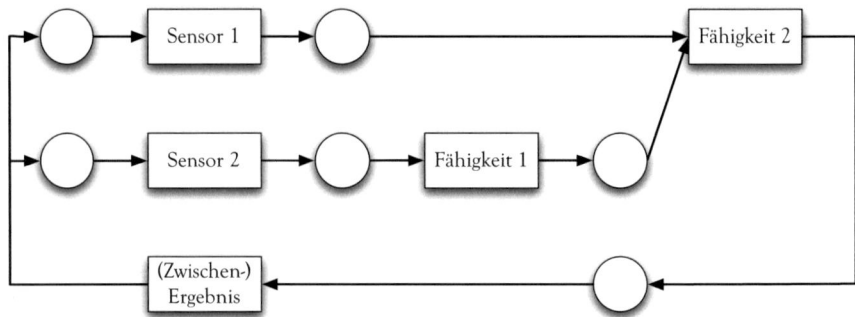

Abbildung 3.9: Koordination verschiedener Sensoren und Fähigkeiten innerhalb der zentralen Verwaltungseinheit durch ein Petrinetz.

Abbildung 3.9 stellt symbolisch die Abarbeitung eines Auftrags innerhalb der zentralen Verwaltungseinheit durch ein Petrinetz dar. Es werden zwei unterschiedliche Sensoren verwendet, die in zwei verschiedenen Fähigkeiten ausgewertet werden. Die zweite Fähigkeit greift dabei auf die Ergebnisse der ersten Fähigkeiten zurück und durch das Petrinetz ist die Synchronisation zwischen den beiden Fähigkeiten sichergestellt.

3.3 Fähigkeit „Fahrspurerkennung"

Die Erkennung von Fahrspuren ist eine der wichtigsten Fähigkeiten, die ein kognitives Automobil besitzen muss und bildet die Grundlage für die Selbstlokalisation des Fahrzeugs und die Bahnplanung. Für das weitere Vorgehen ist eine Unterscheidung und Klarstellung der Begriffe „Fahrspur", „Fahrbahn" und „Straße" nötig. Der Duden [Duden 06] definiert:

> Die Fahrbahn ist der für den Fahrzeugverkehr bestimmte Teil der befestigten Straße. Je nach Bauart kann eine Fahrbahn für eine oder für beide Richtungen bestimmt sein. Eine Fahrspur ist ein durch entsprechende Markierungen gekennzeichneter Teil einer Fahrbahn für den Verkehr in einer Richtung. Fahrspur und Fahrstreifen werden synonym verwendet.

3.3.1 Vorüberlegungen

Die physikalische Erscheinungsform der Straße bestimmt maßgeblich die Auswahl der Merkmale aus den Sensordaten und die Modellierung der Straße. Da Straßen überwiegend von Personen- und Lastkraftwagen benutzt werden, ergeben sich für die Planung und den Bau von Straßen die folgenden Anforderungen [For 91]:

• Sicherheit

• Komfort

• Kapazität

• Ökonomie

• Individualität der Gestaltung

Daraus leiten sich für die Beschaffenheit von Straßen vier wesentliche Randbedingungen ab:

Verkehrsführung Eine Straße stellt eine Verbindung zwischen zwei Orten dar. Aufgrund
der Forderung nach Ökonomie sollte diese Verbindung möglichst direkt sein, kann aber
wegen örtlicher Gegebenheiten individuell davon abweichen. Sind Richtungsänderungen nötig, so erfolgen diese nicht abrupt sondern fließend durch Kurven. Die Kurvenradien sind durch die gewünschten Geschwindigkeiten vorgegeben. Bei Straßen niederer
Ordnung (Bundes-, Land- und Kreisstraßen) werden oftmals Kreisbögen verwendet,
auf Straßen höherer Ordnung (Autobahnen und Bundesstraßen) auf Grund der hohen
Geschwindigkeiten Klothoide.

Um eine gewisse Kapazität gewährleisten zu können, existiert meistens eine Fahrspur je
Richtung. Auf Autobahnen werden zusätzlich Notfallspuren gebaut, um den fließenden
Verkehr im Falle einer Panne nicht zu stören.

Knotenpunkte Treffen mehrere Straßen aufeinander, so werden sie durch so genannte Knotenpunkte, wie z.B. Kreuzungen, Auffahrten oder Einmündungen, miteinander verbunden. Man unterscheidet dabei zwischen planfreien und plangleichen Knotenpunkten.
Bei planfreien Knotenpunkten sind die sich kreuzenden Fahrbahnen nicht auf einer
Ebene (z.B. Brücken und Unterführungen). Der Wechsel zwischen diesen Fahrbahnen
wird durch einen hohen baulichen Aufwand erkauft (z.B. durch spezielle Auf- und Abfahrten), erlaubt aber einen höheren Verkehrsfluss. Plangleiche Knotenpunkte haben
sehr unterschiedliche Erscheinungsformen, je nach Verkehrsaufkommen und Übersichtlichkeit, und verfügen teilweise über separate Abbiegespuren.

Fahrbahnbeschaffenheit Die Beschaffenheit der Fahrbahnoberfläche soll ein sicheres
Vorwärtskommen gewährleisten unter Beibehaltung eines gewissen Komforts. Die
Oberfläche muss eine hohe Griffigkeit besitzen, um sicheres und schnelles Bremsen
zu ermöglichen. Dabei soll der Komfort hoch und die Lärmbelastung gering bleiben.
Meistens werden Beton oder Asphalt als Oberflächenmaterial verwendet.

Sichtbarkeit Die Erkennung der eigenen und der anderen Fahrspuren trägt entscheidend zur Sicherheit bei. Die Fahrspuren sind meistens optisch durch aufgebrachte Markierungen gekennzeichnet, bei Straßen mit mehr als einer Fahrspur pro Richtung werden die Richtungen baulich getrennt. Die Art der Markierung (z.b. durchgezogen oder gestrichelt, Dicke der Markierung) gibt vor, welche Verkehrsregeln beim Wechsel auf die benachbarte Spur gelten. Das Material der Markierungen muss bestimmte Merkmale aufweisen [For 93], unter anderem eine gute Sichtbarkeit bei Tag durch hohen Kontrast zur Fahrbahnoberfläche und eine gute Sichtbarkeit bei Nacht durch hohe Reflexion des einfallenden Lichts. Des Weiteren weisen die Markierungen eine klare Geometrie auf.

Zusätzlich zu den aufgebrachten Markierungen werden Leitpfosten und Schilder verwendet, um die Erkennung der Verkehrsführung zu verbessern.

3.3.2 Auswirkungen auf die Sensordatenauswertung

Aus der Beschaffenheit von Straßen, die sich aus den Anforderungen zur Planung und zum Bau von Straßen ergibt, lassen sich direkt Hinweise auf die Sensorik und die zu verwendenden Merkmale und Verfahren ableiten.

Generell sind Kameras die geeignetsten Sensoren zur Detektion des Straßenverlaufs, da sie die umfangreichsten Informationen über das Umfeld liefern. Um auch die Bereiche außerhalb der Straße als nicht zur Straße gehörend zu erkennen, wird eine Farbkamera eingesetzt, da eine Unterscheidung in Grauwertbildern deutlich schwieriger ist. Bei nur einer eingesetzten Kamera ist die beste Position direkt vor dem Innenspiegel, um den rechten und linken Bereich vor dem Fahrzeug gleichmäßig zu erfassen. Durch die Einbauhöhe der Kamera ist gewährleistet, dass Strukturen in sinnvollen Entfernungen von bis zu 60 Metern noch aufgelöst werden können.

Die Straßenform lässt Rückschlüsse auf das zu verwendende Modell und das einzusetzende Verfahren zu. Da der Straßenverlauf durch Geraden, Kreisbögen und Klothoide bestimmt ist, bietet sich diese Funktionen auch für die Modellierung der Fahrspur an. Wird nur ein kurzer Bereich vor dem Fahrzeug betrachtet, so genügt ein einfaches Geradenmodell, da es den Straßenverlauf hinreichend genau widerspiegelt. Bei größeren Entfernungen muss die mögliche vorhandene Krümmung mitmodelliert werden. Da ein Kreisbogen einen Spezialfall einer Klothoide darstellt, wird die Fahrspur mit einer Klothoide modelliert. Aufgrund der geforderten Kapazität einer Straße besteht diese meistens aus mehreren Fahrspuren. Für ein sicheres Führen des Fahrzeuges, vor allem bei Abbiegevorgängen und Spurwechseln, genügt es deshalb nicht, nur die eigene Fahrspur zu schätzen, sondern es müssen auch die benachbarten Spuren berücksichtigt werden.

Für Knotenpunkte existieren keine einheitlichen baulichen Vorgaben und folglich auch keine einheitlichen Erscheinungsformen. Eine Möglichkeit der Modellierung besteht darin, ein komplexes Kreuzungsmodell zu verwenden. Der Nachteil ist allerdings, dass die Anzahl der Parameter sehr groß ist und nur schlecht mit zufriedenstellender Zuverlässigkeit geschätzt werden kann. Eine andere Möglichkeit besteht darin, für jeden Knotenpunkttyp ein eigenes Modell vorzuhalten, das geeignete Modell auszuwählen und dieses zu schätzen. Dabei sind zwei Probleme zu beachten. Zum einen ist die Wahl des richtigen Modells anhand der Sensordaten schwierig und zum anderen ist nicht sichergestellt, dass alle möglichen Knotenpunkttypen modelliert sind. In dieser Arbeit wird auf Vorwissen in Form von digitalen Karten zurückgegriffen, wie es auch in [Heimes 02] angewendet wurde. Das Kartenmaterial in heutigen Navigationssystemen ist hinreichend genau und enthält ausreichende Informationen zu Parametrierung eines initialen Kreuzungsmodells.

Die Straßenoberfläche besteht meistens aus Beton oder Asphalt. Lediglich in Innenstädten oder in sehr abgelegenen Gegenden finden sich auch gepflasterte Straßen. Sowohl Beton als auch Asphalt weisen jeweils einheitliche Grautöne mit geringer Textur auf. Problematisch ist jedoch, dass oftmals Reparaturstellen vorzufinden sind, wodurch die einheitliche Erscheinung gestört wird. Des Weiteren können bei strahlendem Sonnenschein durch Schattenwurf zusätzliche Kanten im Intensitätsbild induziert werden. Aus der Beschaffenheit der Fahrbahnoberfläche ergibt sich, dass die Merkmale „Farbe" und „Entropie" verwendet werden können.

Die Straßenmarkierung liefert das wichtigste Merkmal zur Fahrspurerkennung. Gemäß den Richtlinien weist sie einen hohen Kontrast zur Fahrbahn auf und ist somit gut zu detektieren. Das zu extrahierende Merkmal sind Kanten im Intensitätsbild oder spezielle Markierungsdetektoren, wie sie z.B. in [Duchow 06] vorgestellt werden. Allerdings gibt es bei Straßenmarkierungen Probleme. Zum einen sind nicht auf allen Straßen Markierungen vorhanden und zum anderen sind Markierungen, z.B. aufgrund der Alterung, fehlerhaft oder unvollständig. Zusätzlich wird die Erkennung in Baustellen erschwert, da dort oftmals temporäre, gelbe Zusatzmarkierungen aufgebracht sind.

Als letzter Punkt wird noch der Straßenrand, also der Übergang von der Fahrbahn zur Bankette, betrachtet. Ist eine Straßenmarkierung vorhanden, so ist in den meisten Fällen auch der Straßenrand markiert und es gelten die gleichen Aussagen wie im vorherigen Absatz. Auch ohne Markierung lässt sich ein Übergang von der Fahrbahn zur Bankette detektieren, auch wenn der Intensitätsunterschied nicht so groß ist, wie zwischen Markierung und Fahrbahnfläche. Zusätzlich lässt sich ausnutzen, dass der Verlauf des Rands gleichmäßig ist und keine sprunghaften Ausreißer hat.

3.3.3 Konzept zur Fahrspurerkennung

Das Ziel der Fahrspurerkennung ist die Schätzung eines Modells der Fahrspur. Für den Nahbereich wird die Fahrspur durch ein Geradenstück angenähert, in größerer Entfernung wird die Krümmung durch ein Klothoidenmodell geschätzt. Für Kreuzungen wird ein einfaches Abzweigungsmodell verwendet, welches durch Informationen aus der digitalen Karte parametriert wird.

Aus den Vorbetrachtungen ergibt sich, dass zur Fahrspurerkennung und Kreuzungsdetektion eine Farbkamera, die internen Fahrzeugsensoren sowie ein Navigationsgerät eingesetzt werden. Das Navigationsgerät stellt die nötigen Daten einer digitalen Karte bereit und liefert eine globale Lokalisation innerhalb der Karte durch einen GPS[4]-Empfänger. Die internen Fahrzeugsensoren, namentlich Raddrehzahlmesser und Beschleunigungssensoren, liefern Informationen über die Eigenbewegung des Fahrzeugs, um das Modell entsprechend der Bewegung mitzuführen. Die Farbkamera ist die wichtigste Informationsquelle. Da es nicht das eine Merkmal gibt, welches in allen Situationen zuverlässige Hinweise auf den Fahrspurverlauf lie-

---

[4]engl.: Global Positioning System

fert, werden die Merkmale „Kanten", „Markierung", „Entropie" und „Farbe" verwendet. Das Schätzverfahren muss daher in der Lage sein, unterschiedliche Merkmale zu berücksichtigen. Vergleicht man die eingesetzten Sensoren, so ergeben sich drei wesentliche Unterscheidungskriterien. Zum ersten stammen die Daten aus unterschiedlichen Domänen. Die Kamera liefert Farbbilder, der GPS-Empfänger Positionen und die internen Fahrzeugsensoren Positionsänderungen namentlich Geschwindigkeit, Richtung und Beschleunigung. Zum zweiten fallen unterschiedliche Datenvolumina an. Die Kamera liefert mehrere Megabytes pro Sekunde während die anderen Sensoren nur wenige Bytes pro Sekunde liefern. Und zum dritten arbeiten die Sensoren mit unterschiedlichen Wiederholraten, die Kamera mit 25 Hz, der GPS-Empfänger mit 1 Hz und der Beschleunigungssensor mit 10 Hz. Es werden also Verfahren zur Datenfusion benötigt, die die Daten aus unterschiedlichen Domänen und mit unterschiedlichen Wiederholraten kombinieren.

Das Schätzverfahren hat die Aufgabe, aus verrauschten Daten die Parameter des Fahrspurmodells zu schätzen. Zusätzlich muss ein Maß für die Unsicherheit der Schätzung ausgegeben werden. Zur Schätzung des Fahrspurmodells wird ein Partikel-Filter eingesetzt. Partikel-Filter haben den Vorteil, dass sie mehrere schwache Merkmale akkumulieren und daraus einen starken Schätzer bilden. Darüber hinaus muss die a posteriori Verteilung nicht notwendigerweise einer Gaußschen Normalverteilung entsprechen. Eine verstärkte Aufmerksamkeit wurde dem Partikel-Filter durch die Arbeiten von Isard und Blake zur Objektverfolgung unter dem Namen „Condensation" zuteil [Isard 98]. Detaillierte Beschreibungen des Partikel-Filters finden sich in [Arulampalam 02, de Freitas 01].

Abbildung 3.10 zeigt schematisch das vereinfachte Konzept zur Erkennung einer Fahrspur. Aus der Farbkamera werden Kanten und Straßenfarbe segmentiert und an das Partikel-Filter übergeben. In der Messung werden zunächst die Partikel gemäß der Fahrzeugbewegung propagiert und anschließend die einzelnen Hinweise bewertet und fusioniert. In der Aktualisierungsphase wird die beste Schätzung bestimmt und bewertet. Als Ergebnis erhält man die geschätzten Parameter des Fahrspurmodells sowie eine aktualisierte Verteilung der Partikel. Zusätzlich wird ein Maß für die Güte der Schätzung geliefert.

Im folgenden Kapitel wird zunächst anhand eines einfachen Fahrspurmodells die Anwendung des Partikel-Filters zur Erkennung der Fahrspur vorgestellt. Darauf aufbauend wird der Mechanismus zur regelbasierten Überwachung des Fahrspurerkenners beschrieben. Abschließend werden die Erweiterungen vorgestellt, mit deren Hilfe die gesamte Fahrbahn sowie Kreuzungen detektiert werden.

3.3.4   Vereinfachtes Verfahren

Zur Schätzung des Fahrspurmodells wird ein Partikel-Filter verwendet. Das Ziel ist die Schätzung des Zustands, der die Parameter der Fahrspur repräsentiert. Der Zustand kann nicht direkt erfasst werden, sondern muss indirekt durch Messungen abgeleitet werden. Dabei geben die einzelnen Messungen Hinweise auf die Güte der Zustandsschätzung.

Für die Anwendung des Partikel-Filters zur Fahrspurdetektion müssen folgende Fragen beantwortet werden:

- Wie sieht das Zustandsmodell aus?

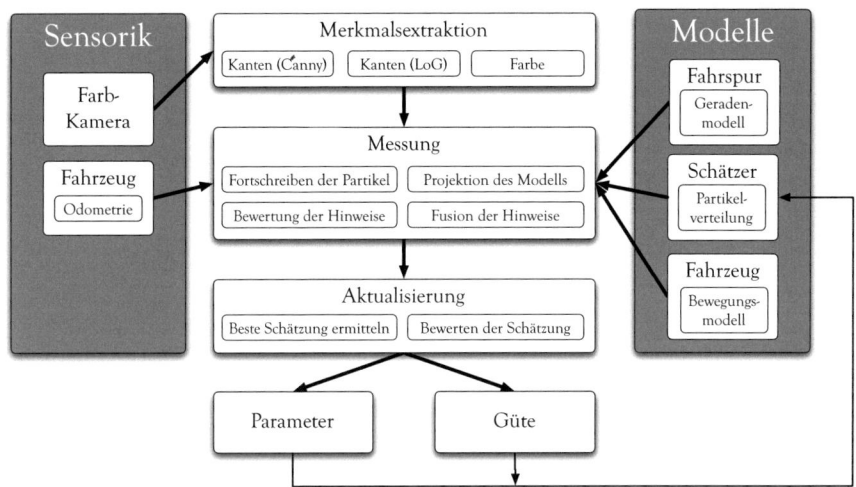

Abbildung 3.10: Konzept zur vereinfachten Fahrspurdetektion.

- Welche Hinweise werden ausgewertet?
- Wie wird die aktuelle Schätzung gewonnen?

3.3.4.1 Zustandsmodell

Als Zustandsmodell wird für das Partikel-Filter zunächst ein einfaches Geradenmodell verwendet, dessen Parameter durch das Filter geschätzt werden. Das Modell beschreibt die Fahrspur direkt vor dem Fahrzeug und nimmt an, dass sie gerade und ohne vertikale Krümmung ist. Das Modell ist durch zwei parallele Geraden gegeben, die durch vier Parameter beschrieben sind. Der *Versatz* x_0 beschreibt die laterale Verschiebung der longitudinalen Fahrzeugachse von der Fahrspurmitte. Der *Gierwinkel* ψ gibt die Drehung zwischen Fahrzeug und Richtung der Fahrspur an. Die *Breite* der Fahrspur wird mit w bezeichnet. Der *Nickwinkel* ϕ beschreibt die Blickrichtung der Kamera im Verhältnis zur Fahrbahnoberfläche. Zusammenfassend zeigt Abbildung 3.11 die Bedeutung der vier Parameter.
Gesucht ist also die a-posteriori Verteilung des Zustandsmodells

$$\mathbf{X}_t = [x_0, \psi, w, \phi]^T. \tag{3.1}$$

Zur Schätzung der Verteilung wird ein Partikel-Filter verwendet, das die Verteilung durch eine Diskretisierung in Form von Abtastungen approximiert. Eine solche Abtastung wird Partikel genannt, und ein Partikel M^j stellt eine Ausprägung des Parametersatzes des Fahrspurmodells dar:

$$M^j = \{x_0^j, \psi^j, w^j, \phi^j\}. \tag{3.2}$$

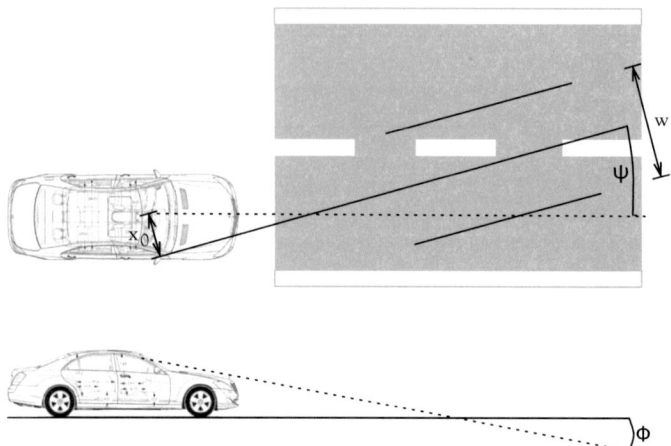

Abbildung 3.11: Geradenmodell zur Modellierung der Fahrspur durch die vier Parameter Breite, Versatz, Gier- und Nickwinkel.

Jedes dieser Partikel muss nun bewertet werden und aus der Menge aller Partikel wird dann das Fahrspurmodell geschätzt.

3.3.4.2 Bewertung eines Partikels

Die Bewertung eines Partikels erfolgt, indem verschiedene Hinweise[5] ausgewertet werden, wobei jeder Hinweis eine bestimmte Information über die beobachtete Szene darstellt. Die in dieser Arbeit verwendeten Hinweise sind:

- Straßenmarkierung[6]

- Straßenkante[7]

- Straßenfarbe[8]

- Nicht-Straßenfarbe[9]

- Elastische Spur[10]

- Straßenbreite[11],

---

[5]engl.: cues
[6]engl.: lane marker (LM)
[7]engl.: road edge (RE)
[8]engl.: road colour (RC)
[9]engl.: non-road colour (NRC)
[10]engl.: elastic lane (EL)
[11]engl.: lane width (LW)

die im Anschluss im Detail beschrieben werden. Um die einzelnen Hinweise auswerten zu können, wird das Modell transformiert und anschließend in das Bild projiziert. Die Transformation (Translation und Rotation) ist durch die Parameter bestimmt, die durch das zu bewertende Partikel gegeben sind. Die Projektion erfolgt gemäß der Kamerakalibrierung, durch die die internen und externen Parameter der Kamera gegeben sind.

Für die einzelnen Hinweise werden unterschiedliche Regionen im Bild ausgewertet, die in Abbildung 3.12 eingezeichnet sind. Mit grün ist die Region für die Straßenfarbe markiert, die blauen Linien kennzeichnen die Regionen für Straßenkanten und die roten Linien für Straßenmarkierungen.

Abbildung 3.12: Projiziertes Fahrspurmodell mit eingezeichneten Regionen zur Auswertung einzelner Hinweise.

Für jeden Hinweis erhält man ein Maß $p_X(M^j)$ mit $X \in \{LM, RE, RC, NRC, EL, LW\}$ zwischen 0 und 1, da jeder Hinweis eine Aussage darüber trifft, wie wahrscheinlich das gegebene Fahrspurmodell für diesen Hinweis ist. Es wird angenommen, dass die einzelnen Bewertungen statistisch voneinander unabhängig sind, so dass sich die Gesamtbewertung $p(M^j)$ eines Partikels j durch

$$p(M^j) = p_{LM}(M^j) \cdot p_{RE}(M^j) \cdot p_{RC}(M^j) \cdot p_{NRC}(M^j) \cdot p_{EL}(M^j) \cdot p_{LW}(M^j) \qquad (3.3)$$

berechnet.

Straßenmarkierung Die Straßenmarkierung ist der beste Hinweis für den Fahrspurverlauf. Zur Detektion der Markierung wird das Kamerabild zuerst in ein Grauwertbild überführt und anschließend mit einem horizontalen Laplacian-of-Gaussian (LoG) Filterkern gefaltet. Die Faltung bewirkt, dass im Bild starke vertikale Strukturen hervorgehoben werden, während die restlichen schwachen Strukturen unterdrückt werden (siehe Abbildung 3.13 (a)). Die Breite des Filterkerns bestimmt, bis zu welcher Größe die Strukturen unterdrückt werden.

(a) Die ausgewerteten Regionen zur Bestimmung des Hinweises „Straßenmarkierung".

(b) Das mit einem horizontalen Laplacian-of-Gaussian gefilterte Bild zur Hervorhebung der Straßenmarkierungen.

Abbildung 3.13: Das mit einem horizontalen Laplacian-of-Gaussian gefilterte Bild zur Hervorhebung der Straßenmarkierungen und die ausgewertete Region zur Bestimmung des Straßenmarkierungshinweises.

Zur Auswertung des Straßenmarkierungshinweises werden nun die Regionen bestimmt, die gemäß der Projektion des transformierten Fahrspurmodells die Markierungen darstellen (Abbildung 3.13 (b)). Zur Bewertung des Hinweises werden dann die Punkte innerhalb dieser Region durchlaufen und ihre Werte der LoG-Faltung aufsummiert:

$$p_{LM} = \frac{1}{N} \sum_{i=1}^{N} I_{LoG}(x_i, y_i). \tag{3.4}$$

Dabei bezeichnet das Tupel (x_i, y_i) eine Bildposition innerhalb des Markierungsbereiches und $I_{LoG}(x_i, y_i)$ die Filterantwort der LoG-Faltung an der gegebenen Bildposition. Diese Vorgehensweise betrachtet die rechte und linke Markierung gemeinsam. Wie in Abbildung 3.14 zu sehen ist, birgt sie aber zwei Gefahren. Zum einen kann eine sehr gute Markierung auf einer Fahrspurseite dazu führen, dass sich das Modell nicht auf die ganze Fahrspur ausdehnt (Abbildung 3.14 (a)), und zum anderen kommt es vor, dass eine Fahrspur neben der wirklichen Fahrbahn detektiert wird (Abbildung 3.14 (b)).

Deshalb werden die rechte und linke Markierung als separate Hinweise betrachtet und die Bewertungen miteinander multipliziert, um den Einfluss einer einzelnen Markierung abzuschwächen. Für den Hinweis „Straßenmarkierung" ergibt sich die Bewertung durch:

$$p_{LM}(M^i) = \frac{1}{N_L} \sum_{i=1}^{N_L} I_{LoG}(x_{L,i}, y_{L,i}) \cdot \frac{1}{N_R} \sum_{i=1}^{N_R} I_{RoG}(x_{R,i}, y_{R,i}). \tag{3.5}$$

Die Indizes N_L und N_R bezeichnen dabei die Anzahl der Punkte in der Region der linken respektive rechten Markierung, sowie $(x_{L,i}, y_{L,i})$ und $(x_{R,i}, y_{R,i})$ die entsprechenden Abtastpositionen.

(a) Zu schmal geschätzte Fahrspur aufgrund star-   (b) Falsch positionierte Fahrspur aufgrund starker
ker Markierung auf der rechten Fahrspurseite.   Markierung auf der rechten Fahrspurseite.

Abbildung 3.14: Falsch detektierte Fahrspuren bei gemeinsamer Bewertung von rechter und
linker Markierung.

Straßenkante Dieser Hinweis erhält dann eine gute Bewertung, wenn sich in der definierten Region viele Kantenelemente im Bild befinden. Dieser Hinweis unterstützt die Schätzung
der Fahrspur sowohl auf markierten Straßen als auch bei fehlenden Markierungen. Sind Markierungen vorhanden, so werden diese in Betracht gezogen, da die auszuwertende Region genau auf dem Übergang von der Markierung zur Fahrbahnoberfläche liegt. Sind keine Markierungen vorhanden, so wird durch diesen Hinweis der Übergang von der Fahrbahnoberfläche
zur Straßenbankette ausgewertet. Abbildung 3.15 (a) zeigt die ausgewerteten Regionen.

(a) Die ausgewerteten Regionen zur Bestimmung   (b) Das mit einem Canny-Kantendetektor gefil-
des Hinweises „Straßenkante".   terte und geglättete Bild zur Detektion der Stra-
                                                  ßenränder.

Abbildung 3.15: Die Region zur Bestimmung des Hinweises „Straßenkante" und das zugehörige gefilterte Bild.

Um den Hinweis auswerten zu können, wird das Grauwertbild mit einem Canny-

Kantendetektor gefiltert. Das Kantenbild wird durch einen Tiefpassfilter zusätzlich geglättet, um eine bessere Adaption des Fahrspurmodells zu erreichen. Das Ergebnis ist in Abbildung 3.15 (b) zu sehen. Die Bewertung des Hinweises „Straßenkante" ergibt sich durch:

$$p_{RE}(M^i) = \frac{1}{N_{RE}} \sum_{i=1}^{N_{RE}} I_C(x_i, y_i). \tag{3.6}$$

N_{RE} bezeichnet die Anzahl der Punkte in der Straßenkantenregion, (x_i, y_i) die Punkte der Region und $I_C(x_i, y_i)$ die entsprechenden Werte des geglätteten Canny-Kantenbildes.

Straßenfarbe   Die Farbe der Fahrbahnoberfläche gibt zusätzliche Informationen über den Verlauf der Fahrspur. Um für jeden Bildpunkt bewerten zu können, ob er zur Fahrbahnoberfläche gehört, wird ein Farbmodell der Straßenfarbe eingesetzt, welches für jede Farbe eine Wahrscheinlichkeit für die Zugehörigkeit zur Fahrbahnoberfläche angibt. Dazu wird der HSI-Farbraum[12] verwendet und das Farbmodell durch ein normiertes Histogramm über die H- und S-Komponente repräsentiert. Die I-Komponente, die die Helligkeit einer Farbe darstellt, wird ausgelassen, um unabhängig von Beleuchtungsunterschieden zu sein.

(a) Die ausgewertete Region zur Bestimmung des Hinweises „Straßenfarbe".

(b) Das mit einem Farbmodell segmentierte Bild zur Bewertung der Straßenfarbe.

Abbildung 3.16: Die Region zur Bestimmung des Hinweises „Straßenfarbe" und das zugehörige segmentierte Bild.

Zur Bewertung wird der innere Bereich einer Fahrspur ausgewertet (Abbildung 3.16 (a)) und die Wahrscheinlichkeiten aufsummiert:

$$p_{RC}(M^j) = \frac{1}{N_{RC}} \sum_{i=1}^{N_{RC}} p(I(x_i, y_i)). \tag{3.7}$$

Dabei bezeichnet $I(x_i, y_i)$ den Farbwert des Bildpunktes an der Position (x_i, y_i) und $p(I(x_i, y_i))$ gibt die Wahrscheinlichkeit an, mit der der Farbwert zum Farbmodell der Straßenfarbe gehört. Abbildung 3.16 (b) zeigt die jeweiligen Wahrscheinlichkeiten als Grauwert

---

[12]HSI = Hue (Farbton), Saturation (Sättigung), Intensity (Helligkeit)

kodiert. Ein heller Punkt entspricht einer hohen Zugehörigkeit und ein dunkler Punkt entsprechend einer geringen Zugehörigkeit.

Das initiale Farbmodell wird erzeugt, indem eine vordefinierte Region direkt vor dem Fahrzeug ausgewertet wird. Es wird angenommen, dass sich das Fahrzeug zu Beginn der Detektion auf der Straße befindet. Im Verlauf der Verfolgung kann jedoch nicht mit einem festen Farbmodell gearbeitet werden, da sich die Fahrbahnbeschaffenheit ändert. Die Anpassung wird durch eine kontinuierliche Adaption erreicht. Diese bietet den Vorteil, dass bei Ausreißern oder Aussetzern der Fahrspurerkennung nicht das komplette Modell verworfen wird, sondern nur leicht gestört wird. Bezeichnet m_{t-1} das Farbmodell, das im letzten Zeitschritt benutzt wurde, und m_g das Farbmodell, das durch Auswerten der Straßenregion entsprechend dem geschätzten Fahrspurmodell generierte Farbmodell, so ergibt sich das aktualisierte Farbmodell m_t durch:

$$m_t = (1 - \alpha_m) \cdot m_{t-1} + \alpha_m \cdot m_g. \tag{3.8}$$

Der Faktor α_m beschreibt den Grad der Adaption und wurde auf 0,05 gesetzt.

Nicht-Straßenfarbe Der Hinweis „Nicht-Straßenfarbe" ist das Gegenstück zum Hinweis „Straßenfarbe" und bewertet die Regionen, die außerhalb der Straße liegen, wie es in Abbildung 3.17 aufgezeigt ist.

Abbildung 3.17: Ausgewertete Regionen zur Bewertung des Hinweises „Nicht-Straßenfarbe".

Zur Bewertung wird das gleiche Farbmodell wie für den Hinweis „Straßenfarbe" verwendet. Sind Straßenmarkierungen vorhanden, so fallen diese in die ausgewerteten Regionen und erhalten eine gute Bewertung, da sie *nicht* zum Farbmodell der Fahrbahnoberfläche gehören. Der Rand der Straße gehört ebenfalls nicht zum Farbmodell und erhält auch eine gute Bewertung. Die Bewertung des Hinweises „Nicht-Straßenfarbe" ergibt sich durch:

$$p_{NRC}(M^j) = 1 - \frac{1}{N_{NRC}} \sum_{i=1}^{N_{NRC}} p(I(x_i, y_i)). \tag{3.9}$$

Elastische Spur Werden nur die bisher beschriebenen Hinweise verwendet, so kommt es vor, dass der Fahrspurerkenner zwischen der eigenen und den benachbarten Spuren hin und her springt. Um diesen Effekt zu vermeiden, wird der künstliche Hinweis „Elastische Spur" eingeführt. Dieser Hinweis ist unabhängig von den Sensordaten und bewertet das Modell direkt, indem der seitliche Versatz x_0 bezüglich der vermuteten Position ausgewertet wird:

$$p_{EL}(M^j) = \exp(-\frac{(x_0^j - c)^2}{w^j}). \tag{3.10}$$

Mit w^j ist die Spurbreite bezeichnet, und die Konstante c gibt die vermutete Position an. Die vermutete Position bestimmt sich durch das gewichtete Mittel der zuvor geschätzten Lagen der Fahrspur.

Strassenbreite Ein weiterer beobachteter Effekt des Partikel-Filters ist das Ausbreiten auf die gesamte Straßenbreite. Um diesem entgegenzuwirken wird ein zweiter künstlicher Hinweis eingeführt, der die geschätzte Straßenbreite direkt bewertet:

$$p_{LW}(M^j) = \frac{1}{\sigma_{LW}\sqrt{2\pi}} \exp(\frac{(w^j - \overline{w_t})^2}{2\sigma_{LW}^2}). \tag{3.11}$$

Es wird von einer initialen, erwarteten Fahrspurbreite $\overline{w_0} = 3.0m$ mit Standardabweichung $\sigma_{LW} = 1.0m$ ausgegangen. Da sich die Fahrspurbreite im Lauf der Verfolgung ändern kann, wird die erwartete Fahrspurbreite kontinuierlich adaptiert:

$$\overline{w_t} = (1 - \alpha_w) \cdot \overline{w_{t-1}} + \alpha_w \cdot w_{t-1}^j. \tag{3.12}$$

w_t und w_{t-1} sind die erwarteten Fahrspurbreiten zu den Zeitschritten t und t-1 respektive. w_{t-1}^j ist die geschätzte Breite der Fahrspur im letzten Zeitschritt. Der Faktor α_w bestimmt den Grad der Adaption und ist hier auf $\alpha_w = 0,01$ gesetzt.

3.3.4.3 Schätzen der Fahrspur

Die Bewertung der verschiedenen ausgewerteten Hinweise dient dazu, aus der Menge der Partikel die resultierende Schätzung des aktuellen Fahrspurmodells zu gewinnen. Die Aufgabe besteht darin, die a-posteriori Wahrscheinlichkeitsdichte $P(x_t|\mathbf{z_0}, ..., \mathbf{z_t})$ des Zustandsraums zu schätzen. Gesucht ist die Wahrscheinlichkeit, zum Zeitpunkt t im Zustand x_t zu sein, unter der Annahme, dass die Beobachtungen $\mathbf{z_0}, ..., \mathbf{z_t}$ gemacht wurden. Generell bieten Partikel-Filter drei Vorteile:

1. Die a-posteriori Wahrscheinlichkeitsdichte muss nicht normalverteilt sein.

2. Die Güte der Schätzung lässt sich direkt aus der Partikelverteilung ablesen.

3. Auch bei kurzzeitigen Aussetzern können die Hypothesen weiterverfolgt werden.

Die Menge der Partikel stellt die diskretisierte Approximation des Zustandsraums dar, und die Bewertung $P(M^j)$ gibt die Beobachtungswahrscheinlichkeit $p(\mathbf{z}_t)$ einer Hypothese an. Der Zustandsraum wird von den vier Parametern x_0^j, ψ^j w^j und ϕ^j des Fahrspurmodells aufgespannt. Jedes Partikel repräsentiert somit eine Fahrspurhypothese. Aus der Menge der Partikel muss nun das Ergebnis der Schätzung abgeleitet werden. Prinzipiell existieren drei Möglichkeiten:

1. Die Wahl des Partikels mit der besten Bewertung.

2. Das Partikel mit der besten Bewertung geglättet über den zeitlichen Verlauf.

3. Die gewichtete Summe der Partikel.

In dieser Arbeit wird die zweite Möglichkeit verwendet, um starke Ausreißer zu vermeiden. Das entstandene Partikel $\hat{M}$ wird erneut mit Hilfe der Hinweise bewertet, um die endgültige Bewertung $p(\hat{M})$ der geschätzten Fahrspur zu erhalten.

Um eine kontinuierliche Verfolgung der Fahrspur über die Zeit unter Ausnutzung des Wissens aus dem vorherigen Zeitschritt zu realisieren, muss die Menge der Partikel weiterentwickelt[13] werden. Dazu wird das sog. *Sequential Importance Resampling* verwendet, bei dem die Partikel entsprechend der Dichteverteilung erzeugt werden. Zusätzlich werden, um eine Degeneration der Partikelmenge auf einen Parametersatz zu vermeiden, die 10% schlechtesten Partikel verworfen und durch neue, zufällig im Zustandsraum verteilte Partikel ersetzt. Die Dichteverteilung wird entsprechend der Fahrzeugbewegung weiterentwickelt, und die Parameter eines Partikels werden zusätzlich durch ein normalverteiltes Rauschen gestört.

3.3.4.4 Implementierung im Bildverarbeitungssystem

Wird die Fähigkeit „Fahrspurerkennung" von der zentralen Verwaltungseinheit beauftragt, den Verlauf einer markierten Straße zu schätzen, so werden insgesamt fünf intelligente Sensoren konfiguriert. Aus dem Farbbild der Kamera wird zuerst ein Grauwertbild erzeugt, auf dem dann zum einen eine Kantendetektion durch den Canny-Kantendetektor erfolgt und zum anderen ein Laplacian-of-Gaussion angewendet wird. Zusätzlich wird das Farbbild in den HSI-Farbraum konvertiert und darauf dann die Segmentierung nach dem Straßenfarbmodell durchgeführt. Die Sensorkonfiguration ist in Abbildung 3.18 dargestellt.

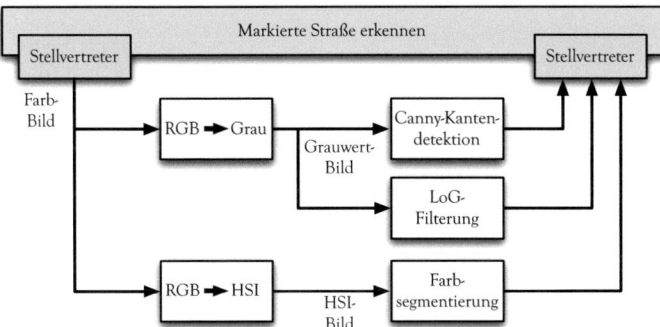

Abbildung 3.18: Auswahl der intelligenten Sensoren zur Detektion markierter Fahrspuren.

---

[13]engl.: propagation

3.3.5   Regelbasierte Verfolgung einer Fahrspur

Das Partikel-Filter liefert für jeden Zeitschritt eine Bewertung für ein Fahrspurmodell, wie gut es geschätzt wurde. Die Fähigkeit muss nun entscheiden, ob eine Fahrspur definitiv gefunden wurde oder nicht. Zusätzlich soll signalisiert werden, ob eine Fahrspur gefunden wurde, ob eine Fahrspur verloren wurde und ob keine Fahrspur gefunden wurde. Eine Fahrspur soll nur dann als gefunden gemeldet werden, wenn die Fähigkeit darüber sehr sicher ist. Zusätzlich soll die Fähigkeit in der Lage sein, kurze Aussetzer der Fahrspurerkennung handhaben zu können. Um die Darstellung zu vereinfachen, wird ein Bewertungsschema $S(\hat{M})$ eingeführt, welches beschreibt, wie gut die aktuelle Schätzung der Fahrspur ist:

$$S(\hat{M}) = \begin{cases} 0 & \text{falls} \quad p(\hat{M}) \leq T_L \\ 1 & \text{falls} \quad T_L < p(\hat{M}) \leq T_H \\ 2 & \text{falls} \quad T_H < p(\hat{M}) \end{cases} \tag{3.13}$$

Zur Bewertung werden die zwei empirisch ermittelten Schwellwerte T_L und T_H verwendet. $S(\hat{M})$ wird der Wert 0 zugewiesen, falls die Bewertung durch das Partikel-Filter unter dem unteren Schwellwert T_L liegt. Entsprechend erhält $S(\hat{M})$ den Wert 2, falls die Bewertung oberhalb des oberen Schwellwerts T_H ist. In den anderen Fällen wird der Wert 1 zugewiesen. Um über den Zustand des Fahrspurerkenners Auskunft geben zu können, wird ein endlicher Automat[14] eingesetzt, der für jeden Zeitschritt den Zustand signalisiert. Die verwendeten Signale sind:

- Fahrspur gefunden (GEFUNDEN)

- Fahrspur verloren (VERLOREN)

- keine Fahrspur gefunden (KEINE FAHRSPUR)

- Erkennung gestartet (START)

- Erkennung beendet (STOPP)

Der endliche Automat erhält als Eingabe die Bewertung gemäß dem angeführten Bewertungsschema. Zusätzlich wird in jedem Zustand ein Zähler mitgeführt, der die Anzahl der reflexiven Übergänge überwacht. Beim Eintritt in einen Zustand wird der Zähler auf Null gesetzt und er wird um eins erhöht, wenn der Zustandsübergang reflexiv ist. Ein Zustandsübergang erfolgt mit jedem Zeitschritt, d.h. mit jeder neuen Schätzung. Der Zähler wird benutzt, um Zeitintervalle zu überwachen nach deren Ablauf ein Signal generiert und ein Zustandsübergang ausgelöst werden kann. Insgesamt werden vier verschiedene Zeitintervalle definiert, die in Tabelle 3.1 aufgelistet sind.
Abbildung 3.19 zeigt den entstandenen endlichen Automaten. Dabei sind die reflexiven Übergänge der Übersichtlichkeit halber nicht eingezeichnet. Der Automat startet im Startzustand und geht direkt über in den Zustand „Erkenner gestartet". Anschließend wechselt

---

[14]genauer gesagt, ein Mealy-Automat

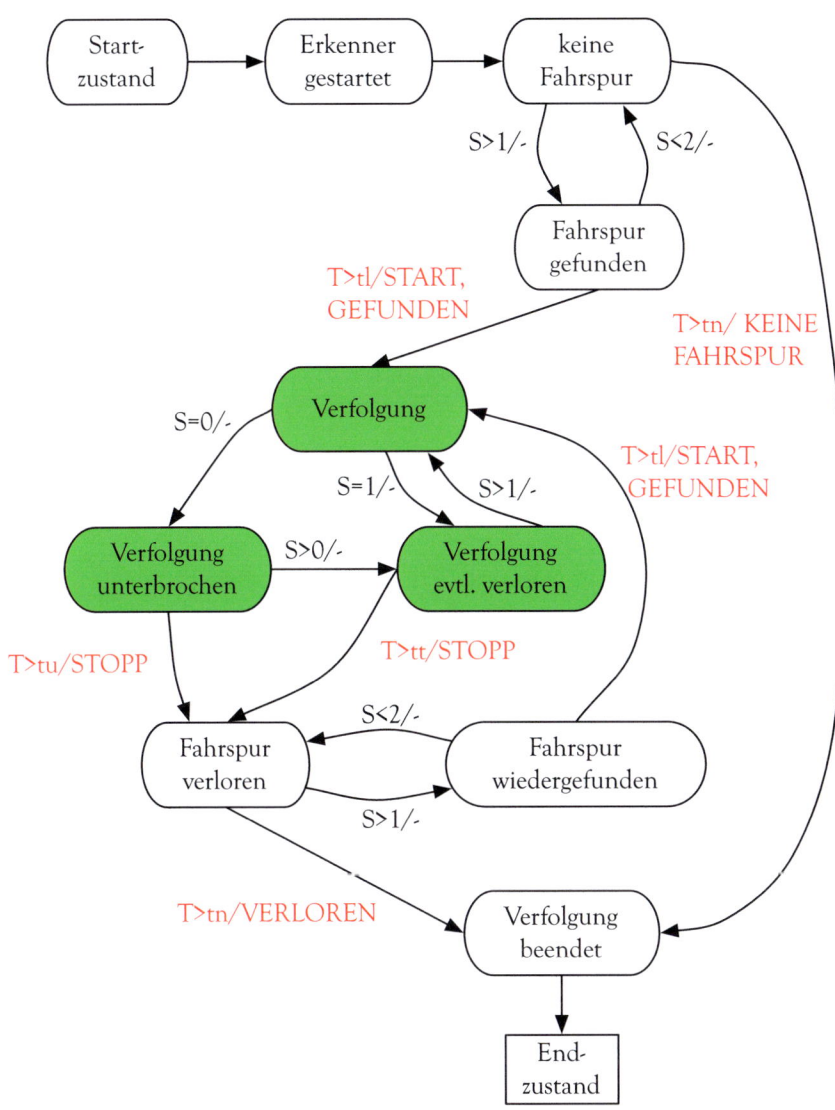

Abbildung 3.19: Endlicher Automat zur Administration eines Fahrspurerkenners.

Intervall	Dauer	Bedeutung
t_l	6 Zeitschritte	Falls S=2 während dieser Zeitspanne ist, so gilt die Fahrspur als gefunden.
t_u	12 Zeitschritte	Falls S=0, so wurde die Fahrspur verloren.
t_t	15 Zeitschritte	Falls S<2, so wurde die Fahrspur verloren.
t_n	30 Zeitschritte	Falls S<2, so wurde die Fahrspur definitiv verloren bzw. keine Fahrspur gefunden.

Tabelle 3.1: Verwendete Zeitintervalle im Zustandsautomaten zur regelbasierten Verfolgung einer Fahrspur.

der Automat in den Zustand „keine Fahrspur". Dort wird solange geblieben bis entweder die Bewertung S=2 geliefert wird oder 30 Zeitschritte (t_n) abgelaufen sind. Im letzten Fall wird entschieden, dass keine Fahrspur gefunden wurde und die Verfolgung wird beendet. Wurde eine Fahrspur gefunden, so wechselt der Automat in den Zustand „Fahrspur gefunden" und hält, sofern weiterhin eine Bewertung mit S=2 geliefert wird, diesen Zustand, um dann nach $t_l = 6$ Zeitschritten die wirkliche Verfolgung zu starten. Dazu werden die Signale „Fahrspur gefunden" und „Erkennung gestartet" ausgegeben und in den Zustand „Verfolgung" übergegangen. Die grün markierten Zustände kennzeichnen eine laufende Verfolgung. Die beiden Zustände „Verfolgung unterbrochen" und „Verfolgung evtl. verloren" dienen dazu, kurzzeitige Aussetzer der Erkennung bzw. kurzzeitige schlechte Bewertungen abzufangen. Wurde die Fahrspur verloren – angezeigt durch den Übergang in den Zustand „Fahrspur verloren" und der Ausgabe des Signals „Erkennung beendet" – so wird noch eine kurze *Schonfrist* gewährt, bevor die Fahrspur endgültig als verloren angesehen wird.

3.3.6 Erweiterungen der Fahrspurerkennung

Das bisher vorgestellte Verfahren ist nur in der Lage, das Modell einer einzelnen Fahrspur als Gerade zu schätzen. Für eine erschöpfende Umfelderfassung muss der vollständige Straßenverlauf nebst zugehöriger Einmündungen geschätzt werden. Im Folgenden wird deshalb zuerst ein Krümmungsmodell vorgestellt, mit dem der exakte Verlauf der Fahrspur geschätzt werden kann. Anschließend wird gezeigt, wie alle vorhandenen Fahrspuren ermittelt werden und wie Einmündungen erkannt werden können. Als zusätzliche Informationsquelle dienen die Extraktion und Analyse der aufgebrachten Markierungen. Abschließend wird die Detektion nicht markierter Straßen beschrieben. Die nachfolgende Abbildung 3.20 zeigt die Abhängigkeiten der einzelnen Erweiterungen der Fahrspurdetektion für Straßen mit (im oberen Teil) und ohne (im unteren Teil) Markierungen.

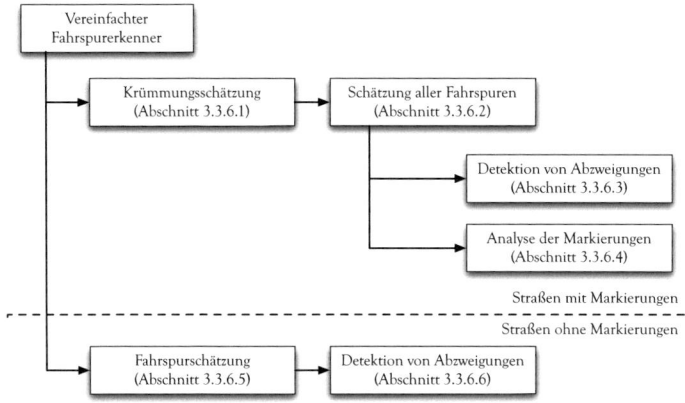

Abbildung 3.20: Struktureller Zusammenhang der Erweiterungen der Fahrspurerkennung.

3.3.6.1 Krümmungsmodell

Es gibt verschiedene Möglichkeiten, um die Krümmung einer Fahrspur zu repräsentieren. So werden zum Beispiel Parabeln [Chiu 05], Kreisbögen [Cramer 04] oder B-Splines [Wang 04] verwendet. Bei der Konstruktion von Straßen in Deutschland werden zumeist Klothoiden benutzt. Eine Klothoide ist eine Kurve mit konstanter Krümmungsänderung[15]. Der Krümmungsfaktor κ entspricht dem reziproken Radius δ eines Schmiegkreises an der jeweiligen Position der Kurve. Ist $\kappa(l)$ die Krümmung der Klothoide an der Position l, so lässt sich die Krümmung ausdrücken durch:

$$\kappa(l) = \kappa_0 + \frac{d\kappa_1}{dl} \cdot l = \kappa_0 + \kappa_1 \cdot l. \tag{3.14}$$

Die Anfangskrümmung wird mit κ_0 bezeichnet, κ_1 gibt die Krümmungsänderung an. Wenn man nun davon ausgeht, dass die z-Achse in Richtung der Fahrspur zeigt und die x-Achse nach rechts, so kann man für kleine Krümmungsänderungen einen Punkt auf der Klothoide durch

$$z(l) \approx z_0 + l \tag{3.15}$$

$$x(l) \approx x_0 + \frac{1}{2}\kappa_0 l^2 + \frac{1}{6}\kappa_1 l^3 \tag{3.16}$$

approximieren.
Um die Krümmung zu schätzen, müssen also die beiden Parameter κ_0 und κ_1 bestimmt werden. Eine Möglichkeit besteht darin, die beiden Parameter zum bisherigen Modell hinzuzufügen und dieses erweiterte Modell mit dem Partikel-Filter zu schätzen. Dadurch steigt

---

[15]Anschaulich bedeutet das für den Fahrer, dass das Lenkrad mit konstanter Geschwindigkeit gedreht wird, wodurch sich die konstante Krümmungsänderung ergibt.

jedoch die Dimensionalität auf 6 an, und es werden deutlich mehr Partikel benötigt, um eine verlässliche Schätzung zu erhalten. Statt dessen wird ein zweistufiges Verfahren angewendet, welches zuerst die vier Parameter mit Hilfe des Geradenmodells wie bisher schätzt. Anschließend werden die vier Parameter als konstant angenommen und mit dem erweiterten Modell die beiden Krümmungsparameter separat geschätzt. Unter Ausnutzung der Gleichungen (3.15) und (3.16) wird das erweiterte Modell ins Bild projiziert und die Hinweise wie gehabt ausgewertet. Abbildung 3.21 zeigt als Resultat den geschätzten linken und rechten Rand des erweiterten Fahrspurmodells.

Abbildung 3.21: Darstellung des Ergebnisses der Krümmungsschätzung als eingeblendete Klothoide.

3.3.6.2   Mehrere Fahrspuren

Da eine Straße meistens aus mehr als einer Fahrspur besteht, müssen zu einer vollständigen Erfassung der Straße alle Fahrspuren geschätzt werden. Dazu wird ein Ansatz vorgeschlagen, der jede Fahrspur separat mit einem Partikel-Filter schätzt, wie er in den vorangegangenen Abschnitten aufgeführt ist. Dabei sind zwei Aspekte zu beachten. Zum einen gelten für das Partikel-Filter bestimmte Vorgaben, wie die Partikel verteilt und die Hinweise ausgewertet werden und zum anderen müssen die einzelnen Fahrspurerkenner bezüglich Erzeugung, Löschung und Verschmelzung koordiniert werden [Vacek 06b]. Wenn im Folgenden von der „eigenen Fahrspur" die Rede ist, so ist damit die Fahrspur gemeint, auf der sich das beobachtende Fahrzeug gerade befindet.

Auswirkungen auf das Partikel-Filter   Der Parameterraum des Fahrspurmodells kann für jedes Partikel-Filter eingeschränkt werden oder nicht. Wird er a-priori eingeschränkt – z.B. auf einen bestimmten Bereich für den lateralen Versatz x_0 – so können später Probleme auftreten, wenn das beobachtende Fahrzeug die Fahrspur wechselt oder sich die Geometrie der Fahrspur stark ändert. Deshalb wird der Parameterraum nicht beschränkt, sondern nur die initiale Verteilung der Partikel eingeschränkt. Die Verteilung wird für den lateralen Versatz x_0 und die Fahrspurbreite w eingeschränkt, da für eine benachbarte Spur gewisse Annahmen zutreffen.

Die Bewertung der Partikel erfolgt mit zwei Ausnahmen so, wie es für eine Fahrspur bereits beschrieben ist. Die erste Ausnahme ist die Verwendung des Farbmodells zur Bewertung der

Hinweise „Straßenfarbe" und „Nicht-Straßenfarbe". Anstatt für jede Fahrspur ein eigenes Modell mitzuführen, wird das Farbmodell der eigenen Fahrspur für alle Schätzer verwendet, da davon ausgegangen wird, dass das Farbmodell der eigenen Fahrspur das beste ist. Die zweite Ausnahme betrifft den Hinweis „Elastische Spur", der den Versatz der Fahrspur bewertet. In Gleichung (3.10) wird der Parameter c verwendet, der die erwartete Mitte der Fahrspur angibt. Bei der Initialisierung eines Fahrspurerkenners wird dieser Wert entsprechend dem angenommenen Wert vorgegeben. So wird für die direkt links benachbarte Spur die eigene Mitte minus der eigenen Spurbreite als initialer Wert gesetzt. Um im weiteren Verlauf eine Adaption an die sich ändernde Geometrie für alle Fahrspuren zu gewährleisten, wird dieser Parameter c nicht festgehalten, sondern im zeitlichen Verlauf angepasst an den geschätzten Versatz:

$$c_t^l = (1 - \alpha_c) \cdot c_{t-1}^l + \alpha_c \cdot x_{0,t-1}^l. \tag{3.17}$$

Dabei bezeichnen c_t^l und c_{t-1}^l die erwartete Fahrspurmitte der Fahrspur l zum Zeitpunkt t, $t-1$, respektive. $x_{0,t-1}^l$ ist entsprechend der geschätzte Fahrspurversatz der Fahrspur l.

Koordination der Fahrspurerkenner   Zur Koordination der einzelnen Fahrspurerkenner wird eine Liste von Fahrspuren vorgehalten. Diese Liste ist die Basis für die Entscheidung, ob ein Fahrspurerkenner gestartet oder ein bestehender Erkenner gelöscht werden muss. Wenn der endliche Automat das Signal „Erkennung gestartet" generiert, so können neue Fahrspurerkenner gestartet werden. Auf der rechten und der linken Seite wird dann jeweils nach Fahrspuren gesucht, es sei denn auf der entsprechenden Seite liefe bereits ein Erkenner, was durch die Liste der Fahrspuren herausgefunden werden kann. Die Partikel-Filter werden gemäß der Beschreibung im vorhergehenden Abschnitt initialisiert. Zusätzlich wird ein Verweis auf die (Eltern-)Fahrspur gehalten, durch die der Start des Fahrspurerkenners ausgelöst wurde. In Abbildung 3.22 wurde die eigene Fahrspur erfolgreich erkannt und dementsprechend neue Fahrspurerkenner rechts und links danebengestartet.

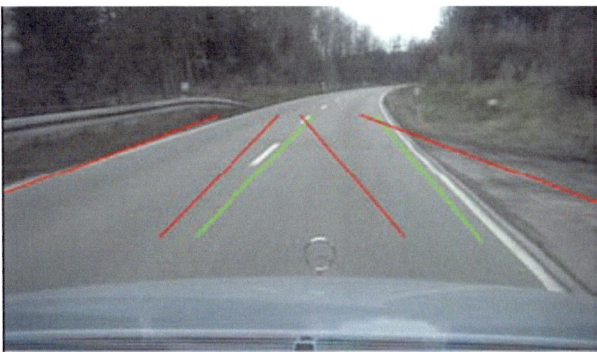

Abbildung 3.22: Ausgehend von der eigenen Fahrspur werden neue Fahrspurerkenner rechts und links daneben gestartet.

Werden die Signale „Fahrspur verloren" oder „keine Fahrspur" ausgegeben, so müssen zwei verschiedene Fälle behandelt werden. Im ersten Fall stammt das Signal vom Erkenner der eigenen Fahrspur und es wird geprüft, ob es einen anderen Erkenner gibt, dessen lateraler Versatz x_0 nahe Null ist. Trifft dies zu, so ersetzt dieser Erkenner den Erkenner der eigenen Fahrspur, indem dessen Fahrspur als „eigene Fahrspur" markiert wird. Trifft dies nicht zu, so wird der Erkenner sofort wieder gestartet, um weiterhin nach der eigenen Fahrspur zu suchen. Im zweiten Fall stammt das Signal von einer benachbarten Spur. Dann wird dieser Fahrspurerkenner beendet und die Fahrspur aus der Liste der verfolgten Fahrspuren gelöscht. Eine gesonderte Betrachtung erfordert das Schätzen einer Fahrspur durch zwei verschiedene Fahrspurerkenner. Dieses Problem tritt dann auf, wenn zwei Fahrspuren miteinander verschmelzen oder am Ende einer Kreuzung, die eine separate Abbiegespur hat (siehe auch Abbildung 3.23). Um dieses Problem erkennen zu können, wird der Grad der Überlappung der beiden Fahrspuren berechnet und mit einem definierten Schwellwert verglichen. Falls eine der beiden überlappenden Fahrspuren die eigene Fahrspur ist, so wird diese weiter verwendet und der Erkenner der anderen Fahrspur gelöscht. In den anderen Fällen wird zur Entscheidung die Bewertung $p(\hat{M})$ der Schätzung herangezogen. Der Erkenner mit der besseren Schätzung gewinnt, der andere wird terminiert.

Abbildung 3.23: Überlagerung zweier Fahrspuren am Ende einer Kreuzung.

Als letzte Besonderheit wird noch das Auseinanderlaufen zweier Fahrspuren betrachtet. Ist der Zwischenraum zwischen zwei Fahrspuren groß genug, so wird zwischen ihnen ein neuer Erkenner gestartet, dessen initialer Parameterraum von den beiden umgebenden Fahrspuren eingeschränkt wird. Abbildung 3.24 zeigt eine Kreuzungssituation, in der die beiden äußeren Fahrspuren auseinanderlaufen, da in der Mitte eine separate Abbiegespur existiert.

3.3.6.3 Detektion von Abzweigungen

Die Kenntnis über die Lage von Abzweigungen und Einmündungen liefert einen weiteren Beitrag zur Erfassung der Verkehrsinfrastruktur. Zur Schätzung von Einmündungen wird

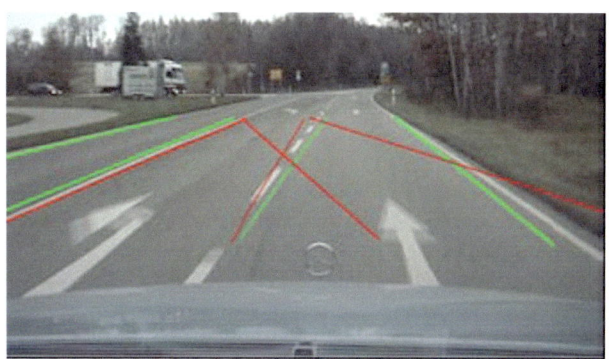

Abbildung 3.24: Auseinanderlaufende Fahrspuren und resultierender neuer Fahrspurerkenner zwischen diesen beiden Fahrspuren.

auch ein Partikel-Filter verwendet. Zusätzlich werden die Daten eines Navigationssystems genutzt, um zum einen das Partikel-Filter zu parametrieren und zum anderen die resultierende Schätzung zu bestimmen [Vacek 06a].

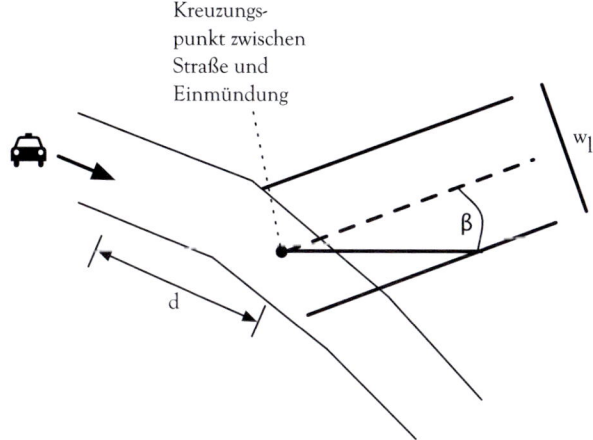

Abbildung 3.25: Modell einer Einmündung.

Zur Modellierung einer Einmündung wird ein einfaches Modell verwendet, wie es in Abbildung 3.25 dargestellt ist. Die einmündende Straße wird durch ein Geradenstück mit 10m Länge approximiert. Der Nickwinkel ϕ, der seitliche Versatz x_0 und der Gierwinkel ψ werden nicht geschätzt, sondern direkt aus der Schätzung der eigenen Fahrspur übernommen. Das Kreuzungsmodell besteht aus drei Parametern. Der Abstand d gibt die Entfernung zwischen Kamera und Schnittpunkt zwischen Fahrspurmitte und Mitte der einmündenden Fahrspur an. Der Winkel β beschreibt den Winkel zwischen den beiden Fahrspuren und w_i die Breite der Einmündung.

Jedes Partikel wird mit den gleichen Hinweisen bewertet, wie sie auch zur Schätzung der Fahrspur verwendet werden. Die einzige Ausnahme ist der Hinweis „Elastische Spur", der für die Einmündung keine Bedeutung hat. Als Farbmodell wird das Farbmodell der eigenen Fahrspur verwendet. Zur Bewertung der Fahrbahnmarkierung wird ein angepasster Laplacian-of-Gaussian (LoG) eingesetzt. Nähme man den LoG zur Fahrspurdetektion, so erhielte man nur horizontal verlaufende Markierungen, wie sie in Abbildung 3.26 (a) zu sehen. Statt dessen wird eine gedrehte Filtermaske benutzt, deren Drehung dem erwarteten Einmündungswinkel entspricht (s. Abb. 3.26 (b)). Der Einmündungswinkel wird initial auf den Wert gesetzt, den das Navigationssystem liefert. In den darauf folgenden Durchläufen wird der geschätzte Winkel des vorhergehenden Zeitschritts benutzt. Um aufwändige Berechnungen zu vermeiden, wird nicht für jedes Partikel gesondert eine gedrehte Filtermaske berechnet.

 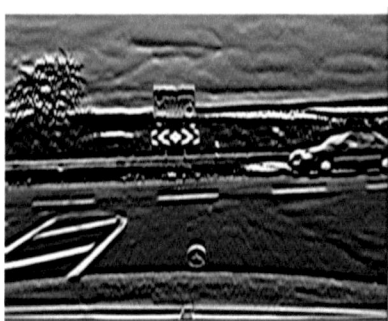

(a) Ergebnis der horizontalen LoG-Filters zur Hervorhebung horizontaler Markierungen.

(b) Ergebnis des gedrehten LoG-Filters zur Hervorhebung der Markierung der Einmündung.

Abbildung 3.26: Die Auswirkungen des Laplacian-of-Gaussian Filters bei unterschiedlich gedrehten Filtermasken.

Ein Partikel i der Kreuzungsschätzung wird dann durch

$$p(M^i) = p_{\overline{LM}}(M^i) \cdot p_{RE}(M^i) \cdot p_{RC}(M^i) \cdot p_{NRC}(M^i) \cdot p_{LW}(M^i) \qquad (3.18)$$

bewertet, mit der Bewertung $p_{\overline{LM}}(M^i)$ des gedrehten LoG-Filters.

Das Ergebnis des Partikel-Filters wird durch zwei Aspekte beeinflusst. Diese sind die initiale Verteilung der Partikel und die Weiterentwicklung der Partikel entsprechend dem Bewegungsmodell und dem Systemrauschen. Für die Parameter Einmündungswinkel β und die Breite w_i wird normalverteiltes Rauschen angenommen. Zur Weiterentwicklung des Parameters *Abstand* d wird das Wissen aus dem Navigationsgerät ausgenutzt. Das Navigationsgerät kennt die seit dem letzten Zeitschritt zurückgelegte Strecke des Fahrzeugs. Diese Strecke wird von den Partikeln abgezogen und zusätzliches Rauschen addiert, um die Unsicherheit des Navigationsgeräts zu modellieren. Die initiale Verteilung der Partikel wird ebenfalls durch Daten des Navigationsgeräts parametriert. Neben dem erwarteten Abstand zur Einmündung, der den Parameter d beschränkt, liefert das Navigationsgerät außerdem den Winkel zwischen Straße und Einmündung, so dass auch der Parameter β eingeschränkt werden kann. Die Schätzung der Einmündung ist vor allem bei großen Entfernungen sehr verrauscht. Demgegenüber sind die Lokalisation und die digitalen Karten heutiger Navigationsgeräte relativ genau. Zur Verbesserung der Schätzung werden deshalb die Daten des Navigationsgeräts, bezeichnet mit $\tilde{M}^i$, mit dem Ergebnis des Schätzers fusioniert. Die resultierende Bewertung $p(\hat{M}^i)$ wird dazu mit zwei verschiedenen Schwellwerten T_l und T_h verglichen. Ist die Bewertung kleiner als der untere Schwellwert T_l, so wird sie als sehr unsicher betrachtet und statt dessen die Daten des Navigationsgeräts benutzt. Ist die Bewertung größer als der obere Schwellwert T_h, so wird die Schätzung als sehr gut angenommen und an Stelle der Navigationsgerätdaten verwendet. Liegt die Bewertung zwischen den beiden Schwellwerten, so kann keine eindeutige Präferenz abgegeben werden und die beiden Datenquellen werden fusioniert, indem zwischen den Daten des Schätzers und den Daten des Navigationsgeräts linear interpoliert wird. Zusammenfassend ergibt sich die Bewertung zu:

$$
M^{i^*} = \begin{cases} \tilde{M}^i, & \text{falls } p(\hat{M}^i) \leq T_l \\ \frac{\hat{M}^i - \tilde{M}^i}{T_l - T_h}(p(\hat{M}^i) - T_l) + \tilde{M}^i, & \text{falls } T_l < p(\hat{M}^i) \leq T_h \\ \hat{M}^i, & \text{falls } T_h < p(\hat{M}^i) \end{cases} \qquad (3.19)
$$

Als letztes wird noch eine nachgeschaltete Glättung durchgeführt, und die resultierende Schätzung berechnet sich durch:

$$
M_t = (1 - \alpha_j) \cdot M_{t-1} + \alpha_j \cdot M^{i^*}. \qquad (3.20)
$$

3.3.6.4   Extraktion zusätzlicher Attribute

Aus der Bildfolge kann neben dem eigentlichen Verlauf der Fahrspuren noch eine weitere wichtige Information gewonnen werden: die Bedeutung der einzelnen Fahrspuren. Damit wird beschrieben, welche Fahrspuren vom kognitiven Automobil benutzt werden können, auf welchen Spuren Gegenverkehr zu erwarten ist und ob ein Spurwechsel erlaubt oder, im Falle eines Abbiegemanövers, auch erforderlich ist. Diese Information kann aus den aufgebrachten Markierungen extrahiert werden [Li 07, Vacek 07f].

Im Folgenden wird zwischen zwei Arten von Straßenmarkierung unterschieden, die getrennt betrachtet werden: Linien und Pfeile. Linien begrenzen die einzelnen Fahrspuren und geben durch den Typ der Linie die Art des Übergangs zwischen zwei Fahrspuren an. Es treten Linien mit zwei verschiedenen Breiten auf, und Linien sind durchgehend oder gestrichelt. Es können auch Doppellinien auftreten. Pfeile werden eingesetzt, um die Richtung anzuzeigen oder um auf einen Spurwechsel hinzuweisen. Glücklicherweise gibt es in Deutschland sehr strenge Vorgaben, wie die Markierungen aufgebracht sein müssen [For 93]. Die Richtlinien geben sowohl die Art und das Aussehen als auch die Position der Markierungen vor. So ist zum Beispiel bei gestrichelten Linien der Abstand zwischen zwei Linienstücken genau vorgegeben.

Die Ausgangslage für die Analyse der Markierung sind die erkannten Fahrspuren. Die Analyse ist aber unabhängig vom verwendeten Fahrspurmodell und vom Schätzverfahren, da sie nur die Ränder und die Mitte jeder Fahrspur betrachtet.

Die Klassifikation der Linien durchläuft die folgenden vier Phasen:

1. Extraktion von Abtastlinien

2. Klassifikation der Abtastlinien

3. Konkatenation der Abtastlinien

4. Klassifikation des Linientyps

Extraktion der Abtastlinien   Um die Linienmarkierungen detektieren zu können, werden so genannte Abtastlinien verwendet. Eine Abtastlinie ist eine Gerade im Fahrzeugkoordinatensystem, die orthogonal auf der erwarteten Linienmarkierung steht. Jede Abtastlinie hat eine Länge von 1 Meter, um mögliche Fehler in der Schätzung der Fahrspur aufzufangen. Der Abstand zwischen zwei Abtastlinien beträgt 0,5 Meter und ist aus den Vorgaben zur Aufbringung von Straßenmarkierungen abgeleitet. Mit diesem Abstand ist gewährleistet, dass alle Markierungen und auch die Zwischenräume zwischen den Markierungen erfasst werden. Die resultierende Anordnung der Abtastlinien ist in Abbildung 3.27 dargestellt.

Abbildung 3.27: Anordnung der Abtastlinien zur Klassifikation des Linientyps.

Jede Abtastlinie wird mit Hilfe der geschätzten Abbildungsmatrix ins Kamerabild projiziert. Entlang der projizierten Abtastlinie wird dann eine Binarisierung durchgeführt, um die Bildpunkte, die zur Markierung gehören, zu extrahieren. Dabei kann kein globaler Schwellwert für alle Abtastlinien verwendet werden, da die Helligkeiten an unterschiedlichen Entfernungen zu stark variieren. Statt dessen wird für jede Abtastlinie der optimale Schwellwert bestimmt. Die Verteilung der Grauwerte entlang der Abtastlinie wird im Wesentlichen durch drei Straßenbereiche beeinflusst:

1. die Straßenoberfläche

2. den Straßenrand und

3. die Markierung.

Diese Bereiche unterscheiden sich in ihren erwarteten mittleren Grauwerten, die durch eine k-Mittelwerte[16] Analyse bestimmt werden. Man erhält drei geschätzte Mittelwerte, und der optimale Schwellwert ergibt sich aus dem Mittel der beiden größten geschätzten Mittelwerte. Abbildung 3.28 veranschaulicht diesen Zusammenhang.

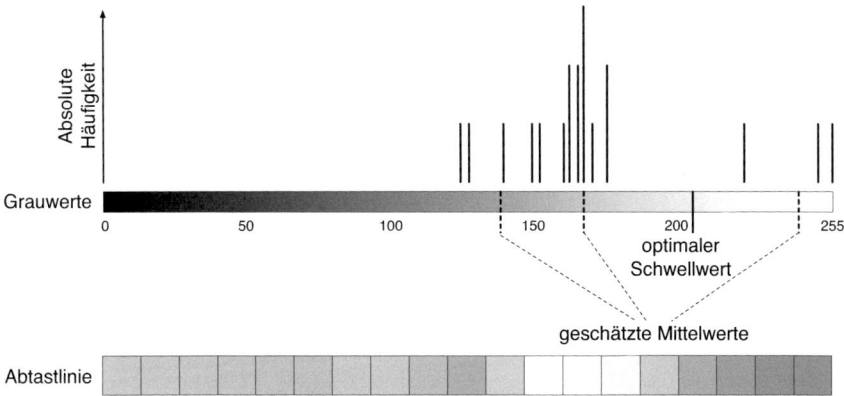

Abbildung 3.28: Bestimmung des optimalen Schwellwerts zur Extraktion der Markierung.

Klassifikation der Abtastlinien   Nach der Binarisierung im vorhergehenden Schritt muss nun für jede Abtastlinie bestimmt werden, wie viele Markierungen vorhanden sind und welcher Breite jede Markierung entspricht. Zur Bestimmung der Breite einer Markierung werden die Positionen $A, ..., D$ der Bildpunkte entlang der Abtastlinie betrachtet, wie es in Abbildung 3.29 aufgezeigt ist. Die Rückprojektion der Bildpunktpositionen in das Fahrzeugkoordinatensystem ergibt die Position der Übergänge $A \rightarrow B$ und $C \rightarrow D$. Die Breite der Markierung liegt also zwischen $\overline{BC}$ und $\overline{AD}$. In Deutschland werden Linien mit zwei verschiedenen Breiten eingesetzt. Schmale Markierungen sind 12 cm breit und kennzeichnen eine normale Begrenzung zwischen zwei Fahrspuren. Breite Markierungen werden zur Abgrenzung von Beschleunigungsspuren und Standstreifen verwendet und sind 25 cm breit. Die Abstände $\overline{BC}$ und $\overline{AD}$ werden mit diesen Breiten verglichen und jede Markierung innerhalb der Abtastlinie wird einer der Klassen „keine Markierung", „schmale Markierung" oder „breite Markierung" zugeordnet.

---

[16]engl.: k-means

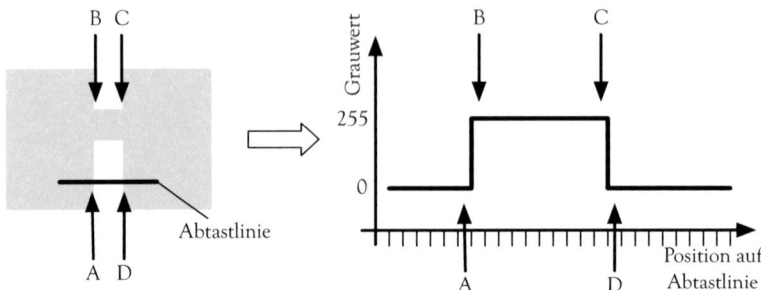

Abbildung 3.29: Lage der Abtastpunkte $A, ..., D$ zur Klassifikation der Breite einer Markierung.

Konkatenation der Abtastlinien Bis zu diesem Schritt sind die Markierungen der einzelnen Abtastlinien klassifiziert. Das Ziel des dritten Schrittes ist, die Linien in Segmente mit durchgezogenen und gestrichelten Linien zu unterteilen sowie Fehlklassifikationen auszusortieren.

Für die Konkatenation einer Abtastlinie werden ihre Vorgängerin und ihre Nachfolgerin betrachtet. Um die Abtastlinien verbinden zu können, werden die Positionen der Übergänge $A \to B$ und $C \to D$ mit den entsprechenden Positionen der Vorgängerin und Nachfolgerin verglichen. Die Positionen werden relativ innerhalb der Abtastlinie betrachtet und die Verbindung zwischen den Abtastlinien wird etabliert, sofern die Position des oberen $(A \to B)$ oder des unteren $(C \to D)$ Übergangs übereinstimmen.

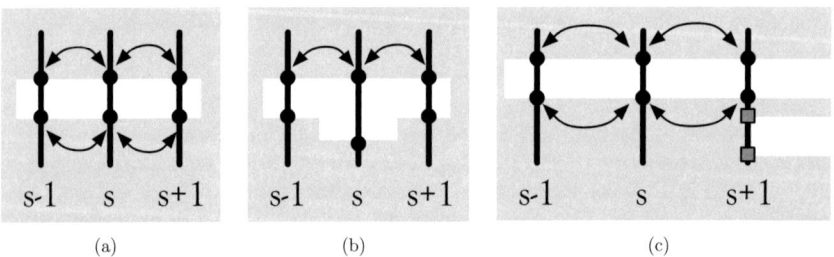

Abbildung 3.30: Verbindung von Abtastlinien aufgrund der relativen Position der Übergänge.

Wie in Teil (a) der Abbildung 3.30 zu sehen ist, kann die Abtastlinie s verbunden werden, da sowohl die Position des oberen als auch des unteren Übergangs übereinstimmen. Die Verbindung der Abtastlinie in Teil (b) der Abbildung wird etabliert, da zumindest die Position des oberen Übergangs übereinstimmen. Die Position des unteren Übergangs wird als Fehler betrachtet. Im Teil (c) der Abbildung ist die obere Markierung durchgehend und die Abtastlinien werden verbunden. Die Abtastlinie $s + 1$ enthält zwei Markierungen, die unteren kennzeichnet den Beginn einer neuen zusätzlichen Markierung, die nicht mit der vorhergehenden Abtastlinie s verbunden wird, da die Übergänge an verschiedenen Positionen sind.

Klassifikation des Linientyps Im letzten Schritt wird die Reihe von Abtastlinien in Segmente mit gleicher Bedeutung unterteilt. Dazu wird aus jeder Reihe von Abtastlinien eine Folge von Symbolen erzeugt. Die Symbole sind in einem vorgegebenen Alphabet festgelegt und definieren die Bedeutung der einzelnen Abtastlinien.

Aus den Richtlinien zur Markierung von Straßen geht hervor, dass jede Abtastlinie 0, 1 oder 2 Markierungen besitzt. Durch die Betrachtung der beiden Nachbarinnen einer Abtastlinie kann ihr Symbol bestimmt werden. Teil (a) der Abbildung 3.31 zeigt, wie das Symbol abgeleitet wird. Existiert für eine Nachbarin ($s-1$ oder $s+1$) eine obere oder untere Markierung, so wird der entsprechende Wert $x \in \{1, 2, 4, 8\}$ verwendet, ansonsten wird er auf Null gesetzt. Das Symbol der Abtastlinie s ergibt sich dann aus der Summe der bestimmten Werte der Nachbarinnen.

Das Vorgehen wird klarer, wenn man die beiden Beispiele in Abbildung 3.31 (b) und (c) betrachtet. Im ersten Beispiel in Teil (b) der Abbildung existiert nur eine obere Markierung. Die Werte 1 und 4 werden gesetzt und das Symbol der Abtastlinie s ist $v_s = 5\ (= 1+4)$. Im zweiten Beispiel in Teil (c) der Abbildung ist wiederum die obere Markierung vorhanden. Zusätzlich startet mit der Abtastlinie $s+1$ eine untere Markierung, so dass sich das Symbol der Abtastlinie s zu $v_s = 7\ (= 1+4+2)$ ergibt.

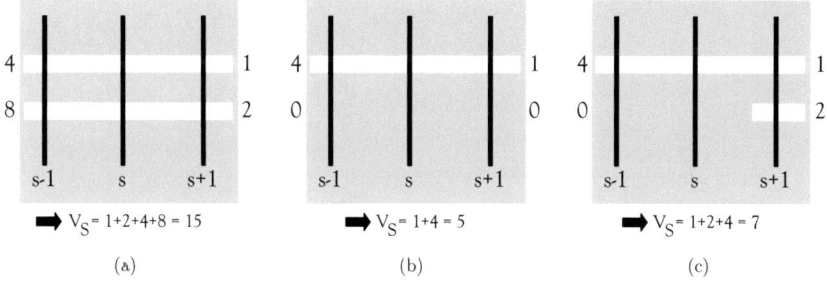

Abbildung 3.31: Ableiten des Symbols durch Betrachtung der vorhergehenden und nachfolgenden Abtastlinie.

Insgesamt erhält man so eine Folge von Symbolen, in der nun nach Mustern gesucht wird, die bestimmten Markierungsarten entsprechen. Zur Definition der Muster wird der folgende generische reguläre Ausdruck verwendet:

$$(A)\{min, max\}(B)(C)\{min, max\}$$
$$((D)(A)\{min, max\}(B)(C)\{min, max\})*$$
$$((D)((A)\{0, max\}((B)((C)\{0, max\})?)?)?)? \quad (3.21)$$

Die Platzhalter $A, B, C, D \in [0, ..., 15]$ entsprechen den Symbolen v_s, wie sie für jede Abtastlinie bestimmt wurden. Die Länge der Segmente wird durch die Angabe der minimalen und maximalen Längen *min*, *max* angegeben. Die erste Zeile des regulären Ausdrucks in (3.21) beschreibt die minimale Übereinstimmung der Symbolfolge mit der jeweiligen Markierung. Die zweite Zeile gibt den repetitiven Teil der Markierung an, der beliebig oft vorkommen kann. Die dritte Zeile kennzeichnet den Beginn einer neuen Symbolfolge, die nicht dem repetitiven Teil entspricht. Die Art der Markierung des regulären Ausdrucks wird durch die Belegung der Variablen $A, ..., D$ festgelegt, wie sie in Tabelle 3.2 definiert sind. Abbildung 3.32 zeigt eine gestrichelte Markierung und die daraus resultierende Folge von Symbolen. Die Symbolfolge enthält die wiederholte Teilfolge $(0 - 1 - 5 - 4)$, die dem regulären Ausdruck einer gestrichelten Linie entspricht. Im diesem regulären Ausdruck ist $A = 0$, $B = 1$, $C = 5$ und $D = 4$.

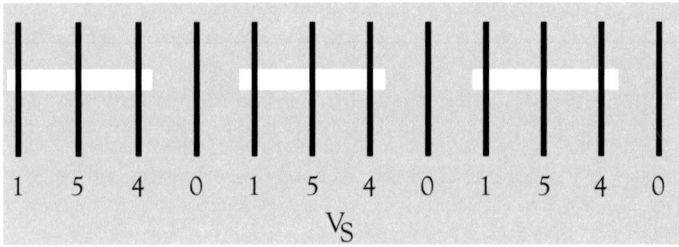

Abbildung 3.32: Generierung der Symbolfolge der Abtastlinien am Beispiel einer gestrichelten Markierung.

Linienart	Symbolfolge (A-B-C-D)
einfach durchgezogen	(5)
einfach gestrichelt	(0-1-5-4)
auf der linken Seite gestrichelt	(5-11-15-14)
auf der rechten Seite gestrichelt	(5-7-15-13)
doppelt durchgezogen	(15)
doppelt gestrichelt	(0-3-15-12)

Tabelle 3.2: Linienarten zur Markierung von Fahrspuren und korrespondierende Muster im regulären Ausdruck.

Pfeile, die auf die Straße aufgemalt sind, stellen die zweite Art von Informationen dar, die zur Bestimmung der Bedeutung der Fahrspuren herangezogen werden. Wie schon bei den Markierungslinien sind auch das Aussehen sowie die Position der Pfeile durch die Richtlinien zur Markierungen von Straßen vorgegeben und werden als Vorwissen ausgenutzt.

Die Klassifikation der Pfeile durchläuft drei Phasen. Zuerst wird die Suchregion bestimmt, in der die Pfeile erwartet werden. Danach wird die Region segmentiert, um den Pfeil zu extrahieren. Schließlich wird durch einen Vergleich mit bekannten Pfeilen die Klassifikation durchgeführt.

Pfeile sind immer in der Mitte der Fahrspur aufgemalt. Zusammen mit der Information über den Fahrbahnverlauf wird eine rechteckige Suchregion definiert, die mit der aus der Fahrspurschätzung bekannten Abbildungsvorschrift ins Kamerabild projiziert wird. Die Größe der Suchregion entspricht der Größe des größten möglichen Pfeiltyps. Dazu wird eine Toleranz addiert, um Fehler in der Fahrspurschätzung zu berücksichtigen. Abbildung 3.33 zeigt die resultierenden Suchregionen im Bild.

Abbildung 3.33: Suchregionen zur Extraktion der Richtungspfeile.

In einem Vorverarbeitungsschritt wird anhand der mittleren Helligkeit geprüft, ob ein Pfeil vorliegt und eine Klassifikation stattfinden soll. Die Segmentierung weist jeden Bildpunkt innerhalb der Suchregion einer der Klassen „Pfeil" oder „Straße" zu. Zur Bestimmung des Schwellwertes wird das gleiche Verfahren wie bei der Extraktion der Linienmarkierungen verwendet. Anschließend wird eine Zusammenhangsanalyse[17] durchgeführt, um die größte zusammenhängende Region zu ermitteln, die den zu klassifizierenden Pfeil darstellt.

---

[17]engl.: connected component

Diese Region wird in das Fahrzeugkoordinatensystem zurückprojiziert und das umschließende Rechteck[18] auf die Größe der Vergleichsmuster skaliert. Für jedes Vergleichsmuster wird die Summe der quadrierten Differenzen[19] berechnet und der Typ des Pfeils bestimmt. Abbildung 3.34 zeigt die Rückprojektion des Bildausschnitts und die verwendeten Vergleichsmuster zur Klassifikation der Richtungspfeile.

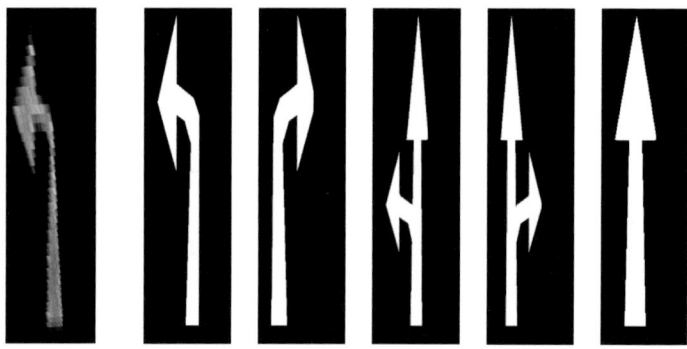

Abbildung 3.34: Zu klassifizierender Pfeil und verwendete Vergleichsmuster.

Implementierung im Bildverarbeitungssystem   Zur Analyse der Fahrbahnmarkierungen wird wiederum zuerst das farbige Kamerabild in ein Grauwert konvertiert. Zusammen mit dem geschätzten Straßenverlauf werden dann die Abtastlinien generiert und von der Fähigkeit ausgewertet. Parallel dazu, werden mit Hilfe des geschätzten Straßenverlaufs die Bildregionen, die Pfeile enthalten können extrahiert und anschließend binarisiert. Für den Schablonenvergleich durch die Fähigkeit müssen abschließend noch die einzelnen binarisierten Regionen durch Anwendung der inversen perspektivischen Abbildung in das Fahrzeugkoordinatensystem zurückprojiziert werden. Die beteiligten intelligenten Sensoren und deren Verknüpfung ist in Abbildung 3.34 dargestellt.

3.3.6.5   Straßen ohne Markierungen

Wenn die zu erkennenden Straßen über keine Markierung verfügen, reichen die bisher ausgewerteten Merkmale alleine zur Schätzung nicht aus. Vielmehr werden neben Kanten und der Straßenfarbe noch die Textur ausgewertet [Vacek 07a]. Wie schon bei der Erkennung markierter Spuren erhält man für jeden Hinweis ein Maß, das angibt, wie gut das Fahrspurmodell zu den Merkmalen passt. Die Fahrspur wird erneut durch ein gerades Straßenstück modelliert, das für kurze Distanzen genau genug ist. Das Modell ist durch zwei parallele Geraden gegeben, deren Lage durch vier Parameter beschrieben sind.

---

[18]engl.: bounding box
[19]engl.: sum of squared differences (SSD)

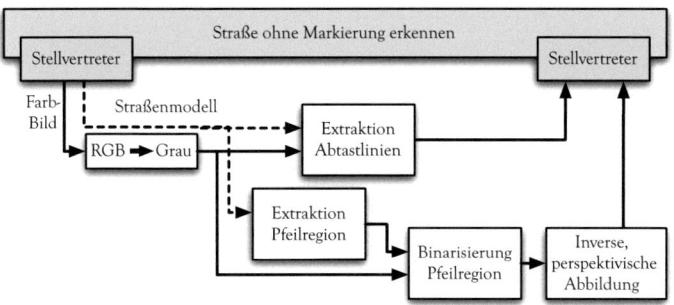

Abbildung 3.35: Auswahl der intelligenten Sensoren zur Analyse der Markierungen.

Zur Bewertung des Straßenrands wird das Bild zunächst mit einem Canny-Kantendetektor gefaltet. Für jeden Bildpunkt wird dann der minimale Abstand zur nächsten Kante berechnet und als Maß verwendet. Die Bewertung des Hinweises ergibt sich, indem die Punkte entlang des rechten und linken Rands des Fahrspurmodells aufsummiert und normiert werden.

Zur Bewertung der Straßenfarbe wird das Kamerabild in den HSI-Farbraum konvertiert und ein Farbmodell im HS-Raum gebildet. Für jeden Pixel innerhalb des Fahrspurmodells wird die Wahrscheinlichkeit bestimmt, mit der er zum Farbmodell gehört. Die Wahrscheinlichkeitswerte werden für alle Pixel aufsummiert und der normierte Wert ergibt die Bewertung des Hinweises. Da sich die Fahrbahnbeschaffenheit ändern kann, wird das Farbmodell kontinuierlich angepasst, indem die Farbverteilung der letzten Fahrspurschätzung mit dem aktuellen Farbmodell fusioniert wird.

Um ein Maß für die Textur zu erhalten, wird das Bild mit einem horizontalen Laplacian of-Gaussian gefaltet. Um die charakteristische Textur der Fahrbahnoberfläche zu ermitteln, werden zwei Histogramme über die Kantenstärke gebildet. Das erste Histogramm repräsentiert alle Pixel im Bild, wohingegen das zweite nur die Pixel unmittelbar vor dem Fahrzeug auswertet. Daraus wird die erwartete Kantenstärke der Fahrspurregion bestimmt und die Pixel des Bildes entsprechend klassifiziert. Abbildung 3.36 zeigt die entstandenen Histogramme und die daraus resultierende Kantenstärke der Fahrbahnoberfläche.

Um die Straßenregion anhand der Textur abzuleiten, ist ein Nachbearbeitungsschritt nötig, der Bereiche außerhalb der Straße ausschließt. Dabei wird angenommen, dass der Bordstein keine starken horizontalen Kanten aufweist. Die Mitte der Fahrspur der letzten Schätzung wird benutzt, um mittels Regionenwachstum die Straßenregion zu segmentieren. Für jede Bildzeile wird die Region nach rechts und links erweitert, so lange die Pixel zum Texturmodell gehören, oder die Anzahl der aneinanderhängenden, nicht segmentierten Pixel unterhalb eines Schwellwerts ist. Abbildung 3.37 zeigt das Resultat.

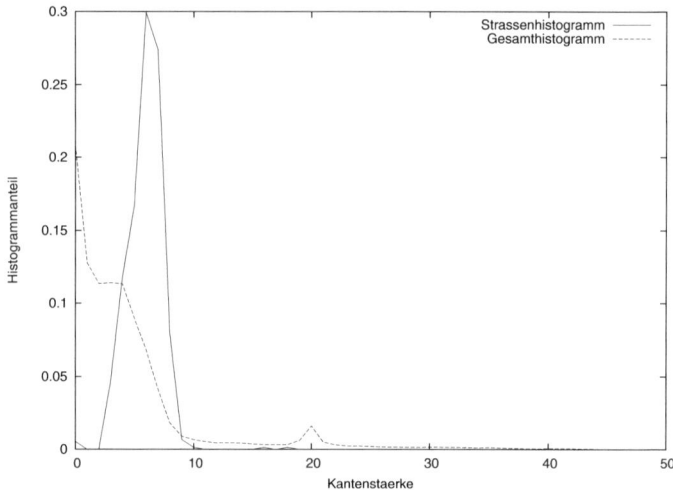

Abbildung 3.36: Histogramme der Kantenstärken des Gesamtbildes und des Bereichs vor dem Fahrzeug.

(a) Aufnahme einer Straße mit eingezeichneter Region zur Bewertung der Textur (b) Vorsegmentierung anhand der Textur (c) Segmentierte Straßenregion

Abbildung 3.37: Straßensegmentierung anhand der Textur auf nichtmarkierten Straßen.

3.3.6.6   Detektion nichtmarkierter Kreuzungen

Die Detektion von Kreuzungen baut auf der Fahrspurdetektion auf. Es wird davon ausgegangen, dass keine digitale Karte vorliegt, anhand derer Hinweise auf Kreuzungen abgeleitet werden können. Die Erkennung erfolgt in zwei Phasen. In der ersten Phase werden mit Hilfe eines Partikel-Filters mögliche Kandidaten für Kreuzungen geschätzt und in der zweiten Phase werden die Hypothesen überprüft und die exakten Parameter der Einmündung bestimmt.

Mit Hilfe eines Partikel-Filters werden die Parameter Abstand d zur Kreuzung, Radius r_o und Winkel β der Einmündung geschätzt (s. Abbildung 3.38 (a)). Da dieses Ergebnis noch sehr ungenau ist, wird diese Schätzung in jedem Zeitschritt durchgeführt und aus diesen Schätzungen Ballungen gebildet, die einzelne Hypothesen für mögliche Kreuzungen darstellen. Um die Ballungen zu bilden, werden die Mittelwerte über die geschätzte Entfernung d, den Radius r_o sowie die Bewertung p_k aus dem Partikel-Filter herangezogen. Insgesamt erhält man so u.U. mehrere Cluster, wie es in Abbildung 3.38 (b) dargestellt ist.

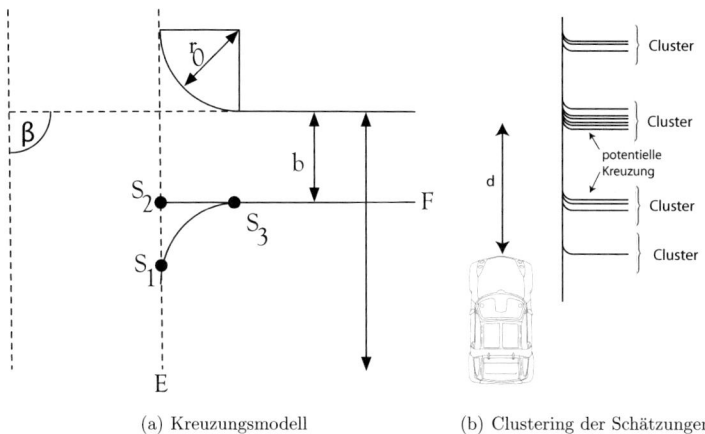

(a) Kreuzungsmodell   (b) Clustering der Schätzungen

Abbildung 3.38: Modellierung der Kreuzungen und Hypothesenbildung durch Ballung der Schätzungen.

Aus den Ballungen sind der Abstand d zur Kreuzung, der Radius r_o sowie der Winkel β der Einmündung bekannt. In der zweiten Phase werden die Breite b der Einmündung und der Verlauf der unteren (d.h. dem Fahrzeug zugewandten Seite) Begrenzung bestimmt, indem das Textur- und das Kantenbild herangezogen werden. Zuerst werden mit Hilfe des Texturbildes Kandidaten für obere und untere Begrenzungspunkte der einmündenden Fahrspur bestimmt und anschließend über diese Punkte mit einem kleinste-Quadrate-Schätzer gemittelt, um die Begrenzung der Einmündung zu schätzen. In jedem Zeitschritt erhält man so eine Schätzung der Kreuzung im Fahrzeugkoordinatensystem und die Kreuzung wird als erkannt betrachtet, wenn sich die Lage der oberen und unteren Begrenzung in drei aufeinanderfolgenden Beobachtungen nicht signifikant ändert. Abschließend wird noch der Verlauf der unteren Begrenzung der Einmündung bestimmt. Dieser wird durch eine Bézierkurve 2. Grades repräsentiert und mit Hilfe des Kantenbildes, wie es in Abbildung 3.39 (a) abgebildet ist, berechnet. Dazu werden Kantenpunkte S_1 und S_3 aus dem Kantenbild auf den Geraden E und F (s. Abb. 3.38 (a)) bestimmt, die mögliche Stützpunkte für die Bézierkurve darstellen. Zusammen mit dem Schnittpunkt S_2 der beiden Geraden E und F werden Bézierkurven erzeugt und anhand des Kantenbildes ein Abstandsmaß gebildet, das angibt, wie gut die Kurve den unteren Verlauf der Einmündung wiedergibt.

Abbildung 3.39 (a) zeigt die Bestimmung der Stützstellen zur Berechnung der Bézierkurven. In Abbildung 3.39 (b) ist die detektierte Fahrspur zusammen mit der geschätzten Kreuzung ins Originalbild eingezeichnet.

(a) Kantenbild   (b) Segmentierte Kreuzung

Abbildung 3.39: Kreuzungsmodell und segmentierte Kreuzung

3.3.6.7 Implementierung im Bildverarbeitungssystem

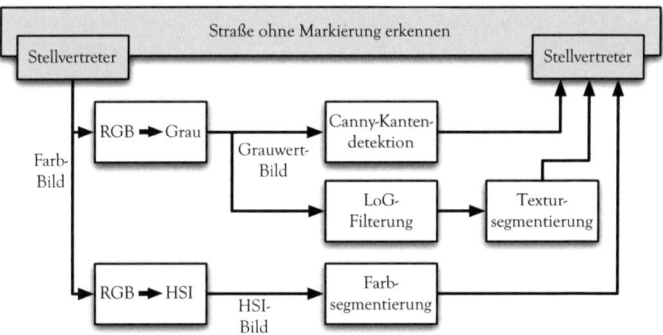

Abbildung 3.40: Auswahl der intelligenten Sensoren zur Detektion nichtmarkierter Fahrspuren.

Die Verarbeitung der Sensordaten und die Extraktion der Merkmale ist ähnlich wie bei der Schätzung von markierten Straßen. Allerdings ist bei Straßen ein zusätzlicher Schritt nötig, um die Textur der Fahrbahnoberfläche zu bestimmen. Deshalb wird nach der Filterung durch den Laplacian-of-Gaussian Filter ein zusätzlicher Sensor zur Segmentierung der Textur nachgeschaltet. Abbildung 3.40 zeigt die eingesetzten intelligenten Sensor.

3.3.7 Realisierung im Bildverarbeitungssystem

Zusammenfassend durchläuft die Fähigkeit „Fahrspurerkennung" die Schritte, wie sie in Abbildung 3.41 dargestellt sind. Zuerst wird das aktuelle Kamerabild ausgelesen und anschließend der Straßenverlauf geschätzt. Liegt eine Straße mit Markierung vor, so werden zusätzlich die Markierungen analysiert.

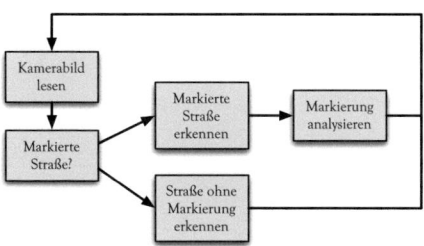

Abbildung 3.41: Koordination der einzelnen Messaufträge zur Detektion von Fahrspuren.

3.4 Fähigkeit „Hindernisdetektion"

Die zweite Art von Informationen, die über die Fahrzeugumgebung extrahiert werden muss, ist die Kenntnis über vorhandene Hindernisse. Das Ziel der Fähigkeit „Hindernisdetektion" ist die Detektion und Verfolgung von Hindernissen im Fahrzeugumfeld. Dabei werden keine Annahmen über Position, Aussehen, Form und Bewegung der Objekte getroffen. Als Hindernis werden alle aus der Fahrbahn hervorstehenden Objekte betrachtet. Als Ergebnis der Verarbeitung liefert die Fähigkeit eine so genannte Objektliste. Diese Objektliste enthält alle detektierten Hindernisse zusammen mit einer Schätzung ihrer Position, Größe, Entfernung und Geschwindigkeit.

3.4.1 Konzept zur Hindernisdetektion

Zur Detektion von Hindernissen wird nur die PMD-Kamera eingesetzt. Diese liefert Tiefenbilder mit der hohen Taktrate von 100 Hz, weshalb schnell auf plötzlich auftauchende Hindernisse reagiert werden kann. In der Vorverarbeitung werden aus den Rohdaten die Tiefenwerte der einzelnen Bildpunkte berechnet. Anschließend erfolgt eine Medianfilterung, um Ausreißer zu eliminieren. Im letzten Schritt wird das Tiefenbild anhand des Amplitudenbildes gefiltert, um Rauscheinflüsse durch unzureichende Beleuchtung zu unterdrücken. Auf dem gefilterten Tiefenbild wird dann die Segmentierung durchgeführt, die zusammenhängende Regionen als Objekthypothesen extrahiert. Auf diesen Objekthypothesen wird dann mit Hilfe eines Kalman-Filters eine Multihypothesenverfolgung durchgeführt. Als Ergebnis erhält man die aktualisierte Objektliste, die die Liste der Hindernisse repräsentiert, zusammen mit

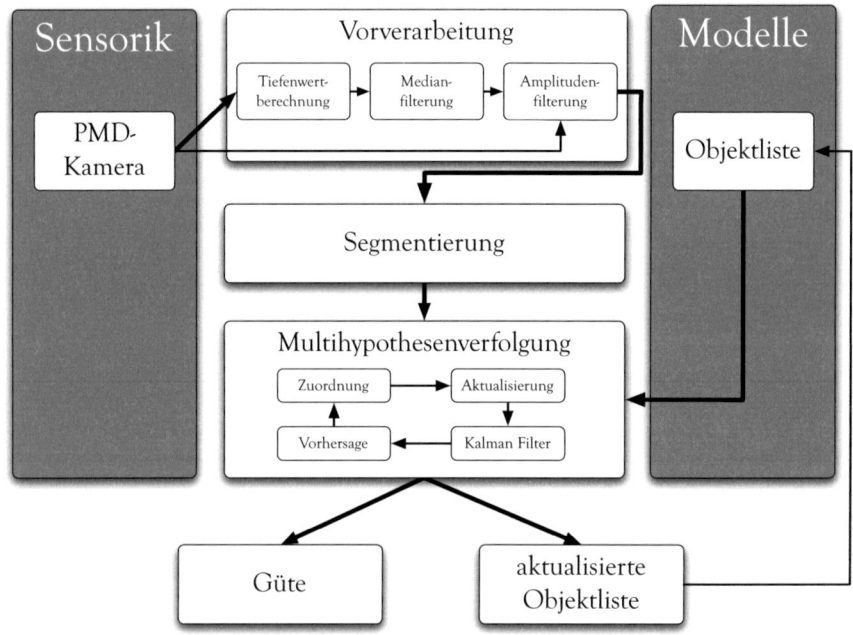

Abbildung 3.42: Konzept zur Hindernisdetektion und -verfolgung.

der Gütebewertung der Schätzung [Vacek 07e]. Der Ablauf ist zusammenfassend in Abbildung 3.42 dargestellt.

3.4.2   Vorverarbeitung

Die Vorverarbeitung durchläuft drei Phasen und erzeugt aus den Abtastwerten der PMD-Kamera ein gefiltertes Tiefenbild. Zuerst werden aus den Abtastwerten die Tiefenwerte berechnet, anschließend erfolgt eine zeitliche Glättung durch einen Medianfilter und zum Schluss wird eine Amplitudenfilterung durchgeführt, um Rauscheinflüsse zu unterdrücken. Das Messprinzip der PMD-Kamera beruht auf der Laufzeitmessung von ausgesendetem, amplitudenmoduliertem Licht. Der CMOS-PMD-Chip misst dazu die Phasenverschiebung des remittierten Lichts, die abhängig von der Tiefe des gemessenen Punktes ist. Die Phasenverschiebung lässt sich fehlerfrei durch vier Abtastungen im Intervall $[0; 2\pi]$ rekonstruieren. Dazu wird das Signal im Abstand von 90° abgetastet [Schneider 03, Zhang 03]. Die Summe der vier Abtastwerte A_0, A_{90}, A_{180}, A_{270} entspricht dem Grauwert b des Bildpunktes:

$$b = \frac{A_0 + A_{90} + A_{180} + A_{270}}{4}, \tag{3.22}$$

und die Amplitudenstärke a des remittierten Lichts berechnet sich durch:

$$a = \frac{\sqrt{(A_{90} - A_{270})^2) + (A_0 - A_{180})^2)}}{2}. \tag{3.23}$$

Zusammen mit der Lichtgeschwindigkeit c und der Modulationsfrequenz f_{mod} des ausgesendeten Lichts ergibt sich die Entfernung d eines Messpunktes zu:

$$d = \frac{c \cdot \arctan\left(\frac{A_{90} - A_{270}}{A_0 - A_{360}}\right)}{4\pi \cdot f_{mod}} \tag{3.24}$$

Abbildung 3.43 visualisiert die Daten einer Aufnahme mit der PMD-Kamera. Im oberen Bild (a) ist die Originalszene abgebildet. Das Amplitudenbild (Bild (b)) zeigt die Stärke des remittierten Lichts als Grauwertkodierung und das Tiefenbild in Teil (c) der Abbildung ist in Pseudofarben kodiert.

(a) Originalszene

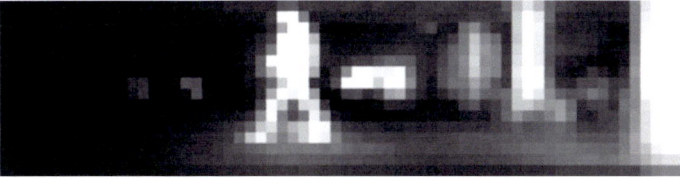

(b) Amplitudenbild

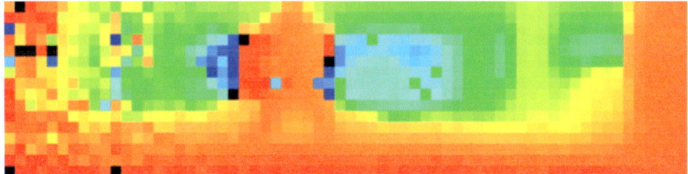

(c) Mit Pseudofarben kodiertes Tiefenbild.

Abbildung 3.43: Originalszene mit zugehörigen Aufnahmen der PMD-Kamera.

Wie aus Abbildung 3.43 (c) ersichtlich ist, sind die Daten der PMD-Kamera stark verrauscht. Eine Untersuchung der Messgenauigkeit und des Rauschverhaltens ist in Anhang A gege-

ben. Es zeigt sich, dass das Rauschen innerhalb eines Pixels im zeitlichen Verlauf eine große
Varianz aufweist, so dass ein linearer Glättungsfilter einen zu starken Effekt auf benachbarte Pixel hätte. Statt dessen wird ein Medianfilter verwendet, der einzelne Störimpulse
unterdrückt. Der Nachteil ist, dass durch den Medianfilter auch einzelne hochfrequente Signale unterdrückt werden, was sich bei der geringen Auflösung von 64x16 Punkten stark
bemerkbar macht. Deshalb wird der Medianfilter nicht räumlich im Bild angewendet sondern über den zeitlichen Verlauf für jeden einzelnen Bildpunkt. Dazu werden die letzten fünf
Aufnahmen betrachtet und der Median für jeden Bildpunkt bestimmt. Abbildung 3.44 zeigt,
wie durch den zeitlichen Medianfilter feine, hochfrequente Strukturen erhalten bleiben bei
gleichzeitiger Rauschunterdrückung im gesamten Bild.

  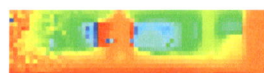

  (a) Original Tiefenbild   (b) Räumlicher Medianfilter   (c) Zeitlicher Medianfilter

Abbildung 3.44: Effekt des zeitlichen Medianfilters zur Rauschunterdrückung im PMD-
Tiefenbild.

Aus den PMD-Daten selbst kann für jeden Tiefenwert ein Gütemaß abgeleitet werden. Das
Amplitudenbild gibt für jeden Bildpunkt an, wieviel reflektiertes Licht aufgenommen wurde.
Geht man davon aus, dass die Unsicherheit einer Messung mit sinkender Reflektionsstärke
steigt, so kann man das Amplitudenbild direkt zur Verbesserung des Messergebnisses verwenden. Anhand des Amplitudenbildes wird für jeden Bildpunkt entschieden, ob es sich um
eine gültige Messung handelt oder nicht. Liegt für einen Tiefenwert der korrespondierende
Amplitudenwert unterhalb 3% der Maximalreflektivität, so wird der Tiefenwert als ungültig
markiert. Abbildung 3.45 zeigt anschaulich den Effekt der Amplitudenfilterung.

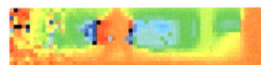  

  (a) Original Tiefenbild   (b) Korrespondierendes Amplitu-   (c) Ergebnis des Amplitudenfilters
                                  denbild

Abbildung 3.45: Effekt des Amplitudenfilters zur Demaskierung ungültiger Messwerte.

3.4.3   Segmentierung

Das Ziel der Segmentierung ist das Extrahieren von zusammenhängenden Regionen im vor-
verarbeiteten Tiefenbild. Zwei Punkte einer Region werden als zusammengehörend betrachtet, wenn sie eine ähnliche Tiefe aufweisen. Jede Region stellt dann eine Objekthypothese dar.
Zur automatischen Bestimmung der Regionen wird das Unseeded-Region-Growing-Verfahren
aus [Lin 01] verwendet. Das Verfahren ordnet jeden Bildpunkt einer Region A_k zu, wenn ein
bestimmtes Kriterium erfüllt ist. Ist dieses Kriterium nicht erfüllt, so wird eine neue Region
erzeugt.

Formal ist Ablauf eines Iterationsschritts folgendermaßen: Es seien $A_1, ..., A_n$ die bereits existierenden Regionen und T die Menge aller noch nicht klassifizierten Bildpunkte, die an mindestens eine Region grenzen:

$$T = \left\{ x \notin \bigcup_{i=1}^{n} A_i \wedge \exists k : N(x) \cap A_k \neq \emptyset \right\}. \tag{3.25}$$

$N(x)$ bezeichnet dabei alle benachbarten Punkte des Bildpunktes x. Des Weiteren ist ein Abstandsmass δ definiert mit:

$$\delta(x, A_i) = |g(x) - \text{mean}[A_i]|. \tag{3.26}$$

Dabei bezeichnet $g(x)$ den Messwert des Punktes x, z.B. den Grauwert oder den Tiefenwert, und mean$[A_i]$ den mittleren Messwert aller Punkte der Region A_i. Der Index i ist so gewählt, dass x mit A_i benachbart ist, also $N(x) \cap A_i \neq \emptyset$ gilt.
Solange noch Punkte existieren, die bisher keiner Region zugeordnet wurde, werden ein Punkt $z \in T$ und eine Region A_j mit j = 1, ..., n dergestalt gewählt, dass

$$\delta(z, A_j) = \min_{x \in T, k \in [1,n]} \delta(x, A_k) \tag{3.27}$$

gilt. Ist $\delta(z, A_j)$ kleiner als ein vorher definierter Schwellwert, so wird dieser Punkt der Region A_j zugeordnet und der Wert mean$[A_j]$ aktualisiert. Im anderen Fall wird eine neue Region A_{n+1} mit z als erstem Punkt erzeugt.

3.4.4   Implementierung im Bildverarbeitungssystem

Insgesamt benutzt die Fähigkeit „Hindernisdetektion" vier Sensoren zur Vorverarbeitung der Daten. Zuerst werden aus den Abtastwerten der PMD-Kamera die Tiefenwerte berechnet und durch den Medianfilter geglättet. Danach werden diese Daten mit Hilfe der Amplitudenwerte gefiltert, um Tiefenwerte mit geringer Güte zu verwerfen. Abschließend wird mit Hilfe des Unseesed-Region-Growing (URG) Verfahrens die einzelnen zusammenhängenden Region extrahiert und an die Fähigkeit zurückgeliefert. Abbildung 3.46 zeigt die verwendeten intelligenten Sensoren.

3.4.5   Verfolgung von Objekten

Die Verfolgung der Objekte dient dazu, mit Hilfe der Messungen die Liste der Objekte zu aktualisieren. Zuerst erfolgt eine Zuordnung der Messungen zu den vorhergesagten Objektpositionen. Anschließend wird die Liste der verfolgten Objekte aktualisiert. Die endgültige Schätzung erfolgt durch ein Kalman-Filter. Schließlich werden die nächsten Vorhersageregionen prädiziert.
Die Zuordnung der Messungen zu den vorhergesagten Objektpositionen erfolgt durch den Nächsten-Nachbar-Ansatz. Eine Messung wird immer der nächstliegenden Objektposition zugeordnet. Fallen mehrere Messungen in eine Vorhersageregion, so werden diese Messungen zu einer Messung verschmolzen.

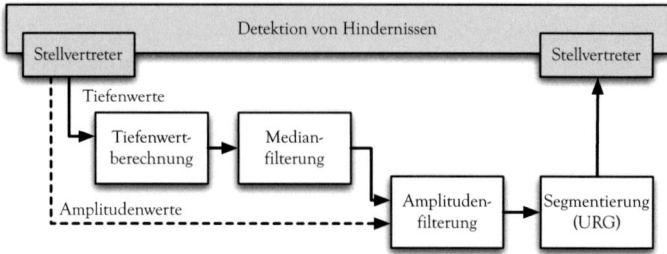

Abbildung 3.46: Auswahl der intelligenten Sensoren zur Detektion von Hindernissen.

Die Liste der Objekte muss fortlaufen aktualisiert werden. Für jede Objekthypothese wird zunächst geprüft, ob eine Messung vorliegt. Trifft dies zu, so wird diese Objekthypothese bestätigt. Ist keine Messung vorhanden, so wird die Objekthypothese nicht aktualisiert und gelöscht, sofern in den letzten fünf Zeitschritten keine Aktualisierung erfolgte. Wird eine Messung keiner Hypothese zugeordnet, so wird aus dieser Messung eine neue Objekthypothese generiert. Eine neue Objekthypothese wird bestätigt und in die Liste der verfolgten Objekte aufgenommen, wenn sie in drei aufeinanderfolgenden Schritten aktualisiert wird.

Bestehende Objekthypothesen werden miteinander verschmolzen, wenn sie sich einander annähern. Dies ist nötig, da im Nahbereich manche Hindernisse als mehrere separate Objekte aufgefasst werden und erst in größerer Entfernung als ein zusammenhängendes Objekt erscheinen.

Die Hindernisverfolgung wird als zeitdiskretes, lineares System betrachtet. Deshalb wird zur Aktualisierung der Messung und zur Vorhersage der nächsten Objektposition ein Kalman-Filter verwendet.

Der Zustand eines Objekts ist durch seine Position und seine Geschwindigkeit in jeweils drei Dimensionen gegeben. Für das Systemmodell wird eine konstante Geschwindigkeit angenommen, die Beschleunigung ist durch das Rauschen modelliert. Somit ergibt sich für den Zustandsübergang:

$$\vec{x}_k = A\vec{x}_{k-1} + \vec{w}_{k-1} \tag{3.28}$$

$$\Leftrightarrow \begin{pmatrix} x_{x_k} \\ y_{x_k} \\ z_{x_k} \\ \dot{x}_{x_k} \\ \dot{y}_{x_k} \\ \dot{z}_{x_k} \end{pmatrix} = \begin{bmatrix} 1 & 0 & 0 & \Delta t & 0 & 0 \\ 0 & 1 & 0 & 0 & \Delta t & 0 \\ 0 & 0 & 1 & 0 & 0 & \Delta t \\ 0 & 0 & 0 & 1 & 0 & 0 \\ 0 & 0 & 0 & 0 & 1 & 0 \\ 0 & 0 & 0 & 0 & 0 & 1 \end{bmatrix} \cdot \begin{pmatrix} x_{x_{k-1}} \\ y_{x_{k-1}} \\ z_{x_{k-1}} \\ \dot{x}_{x_{k-1}} \\ \dot{y}_{x_{k-1}} \\ \dot{z}_{x_{k-1}} \end{pmatrix} + \vec{w}. \tag{3.29}$$

Die Kovarianzmatrix Q des Systemrauschens $\vec{w}$ ist definiert als Einheitsmatrix mit Varianz q, mit $q \neq 0$:

$$Q = E[\vec{w}\vec{w}^T] = \begin{bmatrix} 1 & 0 & 0 & 0 & 0 & 0 \\ 0 & 1 & 0 & 0 & 0 & 0 \\ 0 & 0 & 1 & 0 & 0 & 0 \\ 0 & 0 & 0 & 1 & 0 & 0 \\ 0 & 0 & 0 & 0 & 1 & 0 \\ 0 & 0 & 0 & 0 & 0 & 1 \end{bmatrix} \cdot q. \tag{3.30}$$

Experimentell wurde ein Wert von $q = 1$ ermittelt.

Das Messmodell H stellt den linearen Zusammenhang zwischen Messvektor $\vec{z}_k$ und Zustand $\vec{x}_k$ her und ist definiert als:

$$\vec{z}_k = H\vec{x}_k + \vec{v}_k \tag{3.31}$$

$$\Leftrightarrow \begin{pmatrix} x_{z_k} \\ y_{z_k} \\ z_{z_k} \end{pmatrix} = \begin{bmatrix} 1 & 0 & 0 & 0 & 0 & 0 \\ 0 & 1 & 0 & 0 & 0 & 0 \\ 0 & 0 & 1 & 0 & 0 & 0 \end{bmatrix} \cdot \begin{pmatrix} x_{x_k} \\ y_{x_k} \\ z_{x_k} \\ \dot{x}_{x_k} \\ \dot{y}_{x_k} \\ \dot{z}_{x_k} \end{pmatrix} + \vec{v}_k. \tag{3.32}$$

Da die Daten der PMD-Kamera stark verrauscht sind, muss dieses entsprechend in der Kovarianzmatrix R des Messrauschens berücksichtigt werden:

$$R = E[\vec{v}\vec{v}^T] = \begin{bmatrix} 1 & 0 & 0 \\ 0 & 1 & 0 \\ 0 & 0 & 1 \end{bmatrix} \cdot r, \text{mit } r = 10. \tag{3.33}$$

Die Kalman-Rekursion berechnet für jede Objekthypothese die a-posteriori Zustände und die Schätzfehlerkovarianzmatrizen. Als erstes wird dazu der Verstärkungsfaktor[20] K_k mit Hilfe des Messmodells H_k und des Messrauschens R_k sowie der a-priori Schätzfehlerkovarianz P_k^- bestimmt:

$$K_k = P_k^- H^T (H P_k^- H^T + R)^{-1}. \tag{3.34}$$

Mit Hilfe der aktuellen Messung wird die a-posteriori Zustandsschätzung berechnet:

$$\hat{\vec{x}}_k = \hat{\vec{x}}_k^- + K_k(\vec{z}_k - H\hat{\vec{x}}_k^-). \tag{3.35}$$

Abschließend wird die a-posteriori Schätzfehlerkovarianzmatrix P_k durch

$$P_k = (I - K_k H) P_k^- \tag{3.36}$$

---

[20]engl.: Kalman gain

aktualisiert.

Zur Vorhersage der nächsten Objektposition werden der a-priori Zustand $\hat{x}_k^-$ und die a-priori Schätzfehlerkovarianzmatrix P_k^- mit den bekannten Systemparametern A und Q berechnet:

$$\hat{x}_k^- = A\hat{x}_{k-1} \tag{3.37}$$

$$P_k^- = AP_{k-1}A^T + Q, \tag{3.38}$$

Die Ähnlichkeit zwischen der Beobachtung und dem Objekthypothese wird durch den euklidischen Abstand zwischen a-priori geschätztem Objektzustand und dem Schwerpunkt (x_m, y_m, z_m) der beobachteten Region berechnet. Die Vorhersageregion entspricht damit einem Ellipsoid um den vorhergesagten Schwerpunkt.

3.5 Fähigkeit „Fahrzeugdetektion"

Fahrzeuge stellen werden als spezielle Form von Hindernissen betrachtet. Im Vergleich zur Hindernisdetektion kann die Fähigkeit „Fahrzeugdetektion" dazu Vorwissen über Form und Aussehen ausnutzen sowie Erwartungen bezüglich Position und Geschwindigkeit von Fahrzeugen treffen. Als Ergebnis liefert die Fähigkeit die Menge der detektierten und verfolgten Fahrzeuge zusammen mit einer Schätzung ihrer Position, Größe, Entfernung und Geschwindigkeit.

3.5.1 Konzept zur Fahrzeugverfolgung

Das Grundprinzip zur Fahrzeugdetektion entspricht im Wesentlichen dem Vorgehen zur Detektion und Verfolgung von Hindernissen. Aus der Kamera werden Merkmale extrahiert, die dann in der Multihypothesenverfolgung mit Hilfe von Kalman-Filtern fusioniert werden. Im Gegensatz zur Hindernisdetektion wird zur Fahrzeugdetektion allerdings nicht die PMD-Kamera sondern die Farbkamera verwendet. Dadurch steht ein größerer Erfassungsbereich von bis zu $200m$ zur Verfügung.

Bei der Auswertung der Kameradaten wird Vorwissen über das Aussehen von Fahrzeugen genutzt. Weit verbreitete Merkmale zur Detektion von Fahrzeugen sind der Schatten auf der Fahrbahn, z.B. [ten Kate 04], sowie die inhärente Symmetrie des Fahrzeugs, wie es z.B. in [Broggi 04] ausgenutzt wird. Im vorgeschlagenen Konzept, wie es in Abbildung 3.47 angezeigt ist, werden aus dem Grauwertbild der Kamera zuerst Schattenregionen auf der Fahrbahn extrahiert. Darauf aufbauend wird dann für jede Schattenregion die darüberliegende Symmetrie berechnet, die ein Maß für die Wahrscheinlichkeit eines Fahrzeuges ist. Da die Kamera keine Tiefeninformation liefert, wird abschließend die Position des detektierten Fahrzeugs unter der Annahme rekonstruiert, dass sich das beobachtete Fahrzeug in der Höhe $y = 0m$ auf der Fahrbahn befindet und die Lage der Kamera zur Straße aus der Fahrspurdetektion bekannt ist.

Zur Verfolgung der Fahrzeuge wird für jede Hypothese ein eigenes Kalman-Filter wie in der Hindernisdetektion eingesetzt. Der Unterschied besteht lediglich in einem angepassten Zustands- und Messmodell.

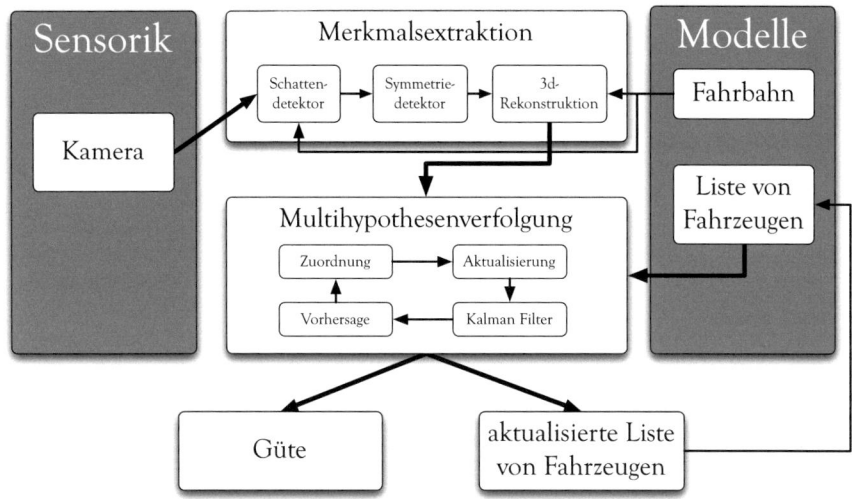

Abbildung 3.47: Konzept zur Detektion von Fahrzeugen.

3.5.2 Extraktion der Schattenregionen

Jedes Fahrzeug erzeugt auf der Fahrbahnoberfläche einen Schatten, der sich in seiner Hellig-keit von der freien Fahrbahnoberfläche abhebt. Dieser Schatten ist auch dann zu vorhanden, wenn der Himmel bedeckt ist oder wenn es regnet. Zusätzlich weist der Schatten eine ein-deutige Kontur auf, deren untere Begrenzung durch eine Gerade angenähert werden kann. Die Vorgehensweise zur Detektion von Schattenregionen orientiert sich dabei an der Arbeit [Tzomakas 98].

Die Detektion von Schatten erhält als Eingabe ein Grauwertbild und durchläuft insgesamt vier Phasen. Als Ergebnis liefert die Verarbeitung eine Liste von Bildregionen, die dem Schatten unterhalb von Fahrzeugen entsprechen. Der Gesamtablauf ist in Abbildung 3.48 illustriert.

Zu Beginn der Verarbeitung wird der Bereich direkt vor dem beobachtenden Fahrzeug ausge-wertet, um den charakteristischen Grauwert der Fahrbahnoberfläche zu ermitteln. Innerhalb einer vordefinierten Region, die in Abbildung 3.49 dargestellt ist, werden zwei Grauwerthisto-gramme gebildet. Das Erste enthält alle Grauwerte innerhalb der Region, das Zweite enthält nur die Grauwerte, die höchstwahrscheinlich nicht zu Schattenregionen gehören. Dazu wird jede Spalte solange von unten nach oben durchlaufen, solange der Gradient in y-Richtung einen vorgegebenen Wert nicht übersteigt. Als Schwellwert ergibt sich dann der Grauwert dessen Eintrag im Histogramm der Gesamtregion kleiner ist als der Eintrag im Histogramm der schattenfreien Region. Abbildung 3.50 (a) zeigt die ausgewerteten Abtastlinien ohne Schatten und Abbildung 3.50 (b) die entstandenen Histogramme mit dem resultierenden

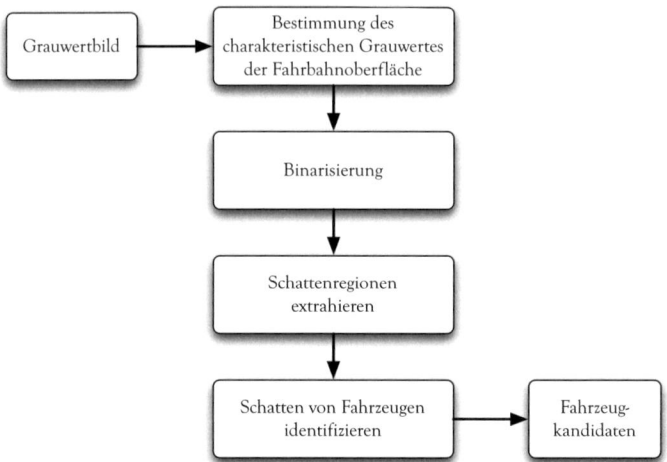

Abbildung 3.48: Ablauf der Extraktion von Schattenregionen zur Detektion von Fahrzeugen.

Schwellwert. Mit dem so entstandenen Schwellwert wird das Bild im zweiten Schritt binarisiert (Abbildung 3.51).

Abbildung 3.49: Ausgewertete Region zur Bestimmung des optimalen Schwellwerts.

Anschließend wird in diesem Binärbild nach Geraden gesucht, die die untere Kante einer
Schattenregion repräsentieren können. Für das gewählte Beispiel ergibt sich dann die Abbildung 3.52 (a). Um die Auswahl weiter einzuschränken, wird abschließend für jede Ge-

rade geprüft, ob sie einen Fahrzeugschatten repräsentiert. Dazu wird zum einen die Höhe des Schattens ausgewertet und zum anderen wird geprüft, ob die Breite des Schattens einem Fahrzeug entsprechen kann. Die erwartete Breite eines Fahrzeugs in Bildpunkten in Abhängigkeit von der Bildzeile wird durch die inverse perspektivische Abbildung gewonnen, die durch die bekannte Lage der Kamera gegeben ist. Abbildung 3.52 (b) zeigt die daraus resultierenden Kandidaten. Aus diesen Kandidaten werden dann Bildregionen erzeugt, die das gesamte Fahrzeug enthalten. Dazu wird aus jeder Schattenhypothese ein Quadrat generiert, dessen Kantenlänge gerade der Schattenbreite entspricht. Im letzten Schritt werden dann noch Überlappungen einzelner Regionen behandelt, so dass man schließlich eine Liste von Hypothesen von Fahrzeugschatten erhält. In Abbildung 3.53 sind die resultierenden Fahrzeugregionen durch Auswerten des Fahrzeugschattens zu sehen. Dabei ist zu erkennen, dass es vor allem im Bereich des Straßenrands zu Fehlklassifikationen kommt. Deshalb wird in einem nachfolgenden Schritt die Symmetrie der einzelnen Regionen untersucht.

3.5.3 Auswerten der Symmetrie

Jedes Fahrzeug zeichnet sich im Bild durch eine starke Symmetrie aus, deren Lage durch den Symmetriedetektor bestimmt wird. Für jede extrahierte Schattenregion wird die Symmetrie der Region ausgewertet, um zum einen falsch klassifizierte Regionen zu identifizieren und zum Anderen die Position des Fahrzeugs genauer zu bestimmen.
Bildregionen, die ein Fahrzeug enthalten, weisen ein hohes Maß an Grauwertstruktur auf. Demgegenüber ist das Maß der Grauwertstruktur in Bildregionen gering, die nur Straße enthalten. Um diese Regionen auszuschließen, wird deshalb als erstes für jede Region die Entropie berechnet. Die Varianz der Grauwerte innerhalb dieser Region wird ermittelt und mit einem festgelegten Schwellwert verglichen. Liegt sie unter diesem Schwellwert, so wird diese Region von der weiteren Verarbeitung ausgeschlossen.
Anschließend wird für jede Region das Maß der Symmetrie und die Lage der Symmetrieachse bestimmt. Im Folgenden wird die Breite der untersuchten Region mit w und deren Höhe mit h bezeichnet. Für eine gegebene Symmetrieachse $\bar{x}$ berechnet sich das Symmetriemaß durch:

$$\text{Symmetrie}(\bar{x}) = \frac{1}{w \cdot h} \sum_{x=0}^{w/2} \sum_{y=0}^{h} |I(\bar{x} - x, y) - I(\bar{x} + x, y)|. \tag{3.39}$$

Dabei bezeichnet $I(x, y)$ den Grauwert des Bildpunktes an der Stelle (x, y). Entlang der gegebenen Symmetrieachse $x = \bar{x}$ werden also die jeweiligen korrespondierenden Grauwerte rechts und links der Achse voneinander subtrahiert und zu dem Gesamtfehler der Symmetrie aufsummiert.
Die extrahierte Schattenregion entspricht nicht notwendigerweise der exakten Lage eines Fahrzeugs. Diese Ungenauigkeit wird abgefangen, indem ein Suchfenster horizontal über die Schattenregion geschoben wird. Die optimale Lage $\bar{x}_{opt}$ der Symmetrieachse ergibt sich dann aus dem minimalen Fehler über alle Symmetriemaße:

$$\bar{x}_{opt} = \arg\min_{\bar{x}} \{\text{Symmetrie}(\bar{x})\}. \tag{3.40}$$

Liegt das Fehlermaß der optimalen Symmetrieachse über einem festgelegten Schwellwert, so wird diese Region wegen fehlender Symmetrie verworfen. In Abbildung 3.54 sind für die extrahierten Schattenregionen die ausgewerteten Symmetrieachsen aufgetragen. Die Länge jeder Geraden entspricht dem Symmetriefehler. Die Lage der optimalen Symmetrieachse ist als Gerade nach oben eingezeichnet.

3.5.4 Rekonstruktion der 3D-Position

Aus der Merkmalsextraktion ist bisher für jedes erkannte Fahrzeug nur die Lage im Bildkoordinatensystem bekannt. Als Referenzpunkt dient dabei die Mitte der unteren Kante des umschließenden Rechtecks, dessen Position im Weltkoordinatensystem durch eine Rücktransformation berechnet wird. Diese Rücktransformation ist möglich, da zum einen die Position und Lage der Kamera in Bezug zur Fahrbahnebene bekannt sind und zum Anderen angenommen wird, dass dieser Referenzpunkt in der Fahrbahneben mit $y = 0m$ liegt.

3.5.5 Implementierung im Bildverarbeitungssystem

Zur Implementierung der Fahrzeugdetektion werden im Bildverarbeitungssystem fünf intelligente Sensoren verwendet. Zuerst wird das Kamerabild in ein Grauwertbild konvertiert. Anschließend wird durch die Berechnung der Schattenregionen eine Liste von Fahrzeugkandidaten erzeugt. Diese Liste wird durch die Bestimmung der Entropie jeder Region ausgedünnt und schließlich durch die Berechnung der Symmetrieachsen verifiziert und die genaue Lage jedes Fahrzeugs im Bild ermittelt. Abschließend wird die 3D-Position jeder Fahrzeughypothese berechnet und an die Fähigkeit zurückgeliefert. Abbildung 3.55 zeigt die Konfiguration der verwendeten intelligenten Sensoren.

3.5.6 Verfolgung von Fahrzeugen

Zur Verfolgung von Fahrzeugen wird auf den Ansatz zur Verfolgung von Hindernissen durch einen Kalman-Filter aus Kapitel 3.4.5 zurückgegriffen. Auch zur Fahrzeugverfolgung werden die Messungen durch den Nächsten-Nachbar-Ansatz den vorhergesagten Positionen zugeordnet und die einzelnen Fahrzeughypothesen bestätigt. Der einzige Unterschied besteht in der reduzierten Dimensionalität des Zustandsmodells, das nur die x- und z-Koordinate berücksichtigt, da $y = 0$ angenommen wird.

3.6 Koordination der Fähigkeiten

Zur Beobachtung des Umfeldes sind immer alle Fähigkeiten gleichzeitig aktiv. Jede Fähigkeit läuft dazu in ihrem eigenen Kontext, wozu die Mehrfädigkeit[21] ausgenutzt wird. Alle Fähigkeiten laufen mit maximaler Geschwindigkeit, und die Verarbeitungszeit ist nur abhängig vom Aufwand zur Extraktion der Informationen der jeweiligen Fähigkeit und von

---

[21]engl.: threading

der Geschwindigkeit des Sensors. Aufgrund der geringeren Verarbeitungskomplexität und der höheren Geschwindigkeit des PMD-Sensors läuft deshalb die Hindernisdetektion mit einer größeren Taktrate als Fahrzeugdetektion und Fahrspurerkennung.

3.7 Zusammenfassung

Die Umfelderfassung liefert die Datengrundlage für die Interpretation von Verkehrssituationen für kognitive Automobile. Mit Hilfe von externen Sensoren wird das Umfeld des Fahrzeugs erfasst und durch Methoden der Sensordatenverarbeitung ausgewertet.

Das Bildverarbeitungssystem stellt das Rahmenwerk zur Auswertung der Sensordaten dar. Es ist als dreischichtige, komponenten-basierte Architektur realisiert. Auf der untersten Ebene finden sich die „Intelligenten Sensoren", die komplexe Verarbeitungseinheiten auf den Sensordaten realisieren. Diese Intelligenten Sensoren werden miteinander verknüpft, um eine Verarbeitungskette zu definieren, mit deren Hilfe bestimmte Informationsaspekte aus den Sensordaten gewonnen werden. Auf der zweiten Ebene werden diese Verarbeitungsketten von „Fähigkeiten" verwendet, um den gewünschten Informationstyp zu generieren. Eine Fähigkeit ist dabei als Spezialist für einen bestimmten Informationstyp zu sehen. Die einzelnen Fähigkeiten werden auf der obersten Ebene koordiniert und synchronisiert, um anliegende Messaufträge abzuarbeiten.

Zur Erfassung des Umfelds werden die drei Fähigkeiten „Fahrspurerkennung", „Hindernisdetektion" und „Fahrzeugdetektion" vorgeschlagen.

Zur Fahrspurerkennung wird für jede einzelne Fahrspur ein Partikel-Filter verwendet. Um den Fahrspurerkenner zu starten und zu stoppen, wird ein endlicher Automat eingesetzt. Die Fahrspurerkennung wird um eine Krümmungsschätzung erweitert und auf alle vorhandenen Fahrspuren ausgedehnt. Zusätzlich werden die Position von Abzweigungen geschätzt und die aufgebrachten Markierungen klassifiziert. Abschließend wird das Verfahren noch auf Straßen ohne Markierungen angepasst.

Die Hindernisdetektion verwendet als Sensor eine PMD-Kamera. Diese liefert durch Laufzeitmessungen von ausgesendetem Licht ein 3d-Tiefenbild. Das Tiefenbild wird durch ein Regionenwachstumsverfahren segmentiert und die Objekte extrahiert. Für jedes Objekt wird ein Kalman-Filter eingesetzt, um die Trajektorie des Objekts zu schätzen.

Das Grundprinzip der Fahrzeugerkennung ist an die Hinderniserkennung angelehnt. Aus den Kamerabildern werden die Merkmale „Schatten" und „Symmetrie" extrahiert und anschließend die Tiefe jedes Fahrzeugs rekonstruiert. Die Schätzung der Trajektorien erfolgt wie bei der Hinderniserkennung durch ein Kalman-Filter.

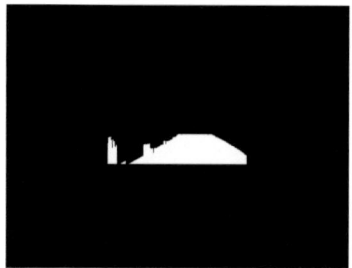

(a) Schattenfreie Abtastlinien

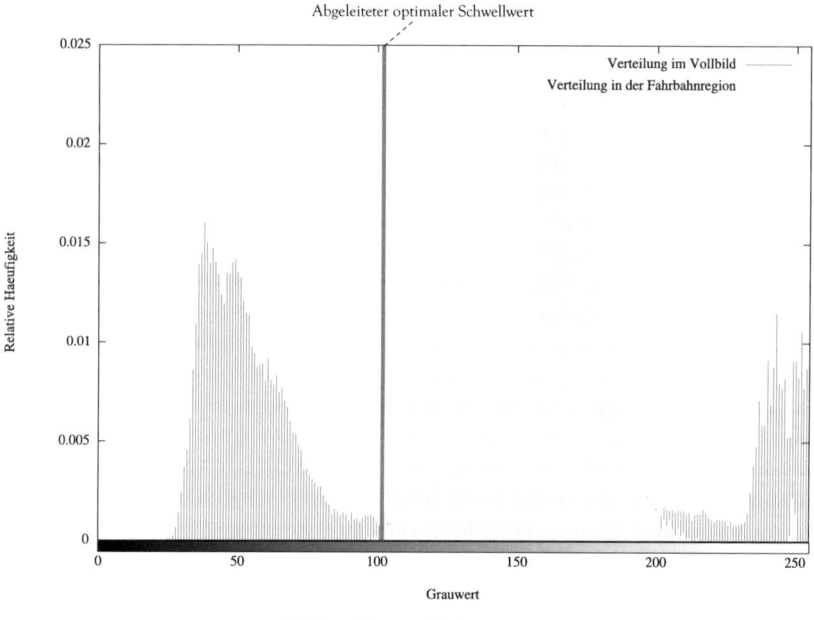

(b) Resultierende Histogramme

Abbildung 3.50: Schattenfreie Abtastungen und resultierende Grauwertverteilungen innerhalb der ausgewerteten Region.

Abbildung 3.51: Ergebnis der Binarisierung mit dem ermittelten Schwellwert.

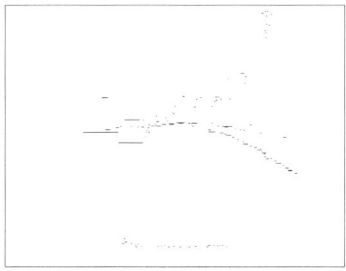

(a) Geraden, die Schatten repräsentieren   (b) Geraden, die Schatten von Fahrzeugen
                                             repräsentieren

Abbildung 3.52: Extrahierte Schattenregionen von Fahrzeugen (invertierte Darstellung).

Abbildung 3.53: Resultierende Fahrzeughypothesen durch Extraktion von Schattenregionen.

Abbildung 3.54: Ausgewertete Symmetrien zur Bestimmung der optimalen Symmetrieachse.

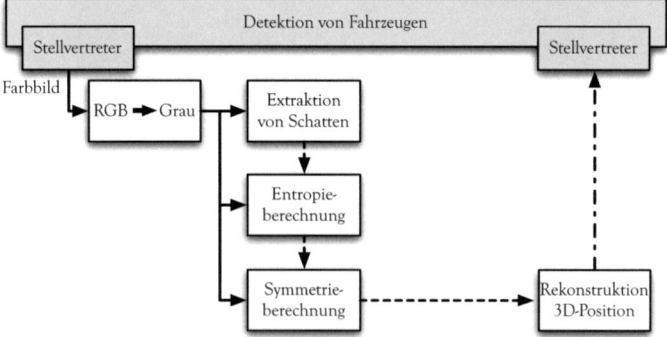

Abbildung 3.55: Auswahl der intelligenten Sensoren zur Detektion von Fahrzeugen.

Kapitel 4

Wissensmodellierung

Die Wissensmodellierung ist das Bindeglied zwischen der Umfelderfassung und der Situationsinterpretation. Das Ziel ist, das Wissen zur Beschreibung von Verkehrssituationen in einer abstrahierten Form bereitzustellen, so dass darauf Schlussfolgerungsprozesse durchgeführt werden können. Die Aufgabe der Wissensmodellierung besteht darin, eine einheitliche Begriffswelt innerhalb des kognitiven Automobils zu definieren, so dass die verschiedenen Komponenten zusammenarbeiten und Daten austauschen können. Zur Definition der Begriffe des Diskursbereiches „Straßenverkehr" wird eine Ontologie aufgebaut, die die konsistente, formal-logische Korrektheit der Beziehungen innerhalb der Begriffswelt zusichert (Kapitel 4.1). Zusätzlich wird der Szenengraph vorgestellt, der die begriffliche Ausprägung der aktuellen Situation vorhält. Das modellierte Wissen (Kapitel 4.2) beschreibt die unterschiedlichen Wissensdomänen, wie die Verkehrsinfrastruktur, die Verkehrsteilnehmer und deren Verhalten, sowie die geltenden Verkehrsregeln. Neben der Definition der Begriffe leistet die Wissensmodellierung die Abbildung der quantitativen Sensordaten auf die qualitativen Beschreibungen (Kapitel 4.3). Dieser Abbildungsprozess durchläuft mehrere Phasen und integriert die direkt erfassten Wahrnehmungsdaten in den Szenengraph. Zusätzlich wird bestehendes Hintergrundwissen ausgewertet und als zusätzliches Wissen eingebracht. Darüber hinaus wird das implizit vorhandene Wissen expliziert. Die Mächtigkeit der Wissensmodellierung lässt sich demonstrieren, indem die Begriffswelt und das damit repräsentierte Wissen wieder synthetisiert und die Szene simulativ dargestellt wird (Kapitel 4.4).

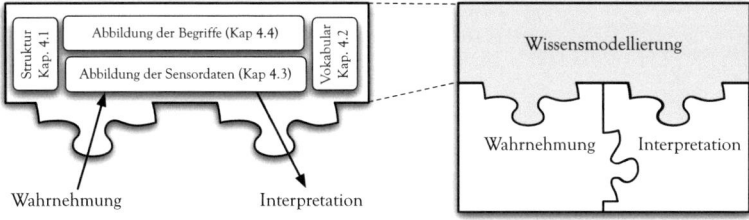

Abbildung 4.1: Komponenten der Wissensmodellierung und Einbettung ins Gesamtsystem.

Abbildung 4.1 zeigt das Zusammenspiel der Komponenten der Wissensmodellierung. Die Struktur stellt die Basismechanismen zur Definition des Vokabulars bereit. Das Vokabular wird dann sowohl in der Abbildung der quantitativen Sensordaten auf qualitative Begriffe zur Interpretation genutzt als auch zur Rekonstruktion der modellierten Szene.

4.1 Struktur der Wissensmodellierung

Zur Strukturierung des Wissens können verschiedene Begriffssysteme wie Glossare, Thesauri oder Taxonomien verwendet werden. Allerdings sind diese Begriffssysteme in einem kognitiven Automobil nur eingeschränkt einsetzbar, da ein definierter automatisierter Austausch von Daten auf Basis dieser Begriffssysteme nur schwer zu bewerkstelligen ist. Deshalb wird der Aufbau einer Ontologie vorgeschlagen, da diese eine formale Beschreibung der Daten sowie ihrer Semantik ermöglicht. Zusätzlich kann das Wissen mit Methoden der formalen Verifikation auf Konsistenz überprüft werden und durch Auswerten von Inferenzmechanismen erweitert werden. Der Begriff *Ontologie* wird in dieser Arbeit nicht in der philosophischen Bedeutung der Lehre vom Seienden benutzt, sondern in der Informatischen nach der Definition von T. Gruber [Gruber 93]:

> An ontology is a specification of a conceptualization.

Die Ontologie beschreibt die Konzepte und die Relationen, die in der Begriffswelt existieren. Durch den Aufbau und die Benutzung der Ontologie erreicht man die gemeinsame Nutzung des Wissens und der Begriffswelt durch die Komponenten des kognitiven Automobils, indem eine gemeinsame Festlegung auf ein einheitliches Vokabular getroffen wird[1]. Die Ontologie dient der Repräsentation des Wissens und liefert gleichzeitig einen Mechanismus zur Spezifikation der Begriffe.

Zur Modellierung der Ontologie wird OWL[2] verwendet. Diese Sprache stellt das allgemeine Konzept OWL:THING bereit, welches im Wesentlichen aus einem Identifikator besteht. Zur Modellierung der Domäne „Straßenverkehr" werden von diesem Konzept die vier Hauptkonzepte

- Objekt,

- Attribut,

- Rahmenbedingung und

- Szenenbeschreibung

abgeleitet (s. auch Abbildung 4.2). Unter dem Sammelbegriff OBJEKT sind alle Entitäten zusammengefasst, die zur Beschreibung der Szene benötigt werden. Hierunter fallen insbesondere die Verkehrsteilnehmer und die Verkehrsinfrastruktur. Unter ATTRIBUT finden sich die Konzepte, mit denen sich die modellierten Objekte genauer definieren lassen, so z.B. die

---

[1]Gruber spricht in diesem Zusammenhang von einem sog. *ontological commitment* der beteiligten Agenten.
[2]engl.: Ontology Web Language [OWL 07]

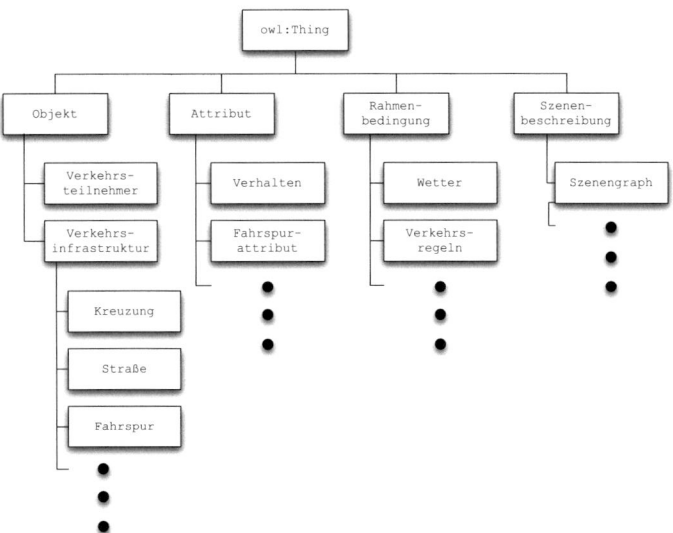

Abbildung 4.2: Überblick über die Hauptkonzepte der Ontologie zur Beschreibung der Domäne „Straßenverkehr".

Beschreibung von Verhalten von Verkehrsteilnehmern oder die Eigenschaften einer Fahrspur. Die RAHMENBEDINGUNG vereint allgemeine, globale Aussagen, wie z.B. die Jahreszeit oder das aktuelle Wetter, als auch statisches Hintergrundwissen, wie z.B. die Verkehrsregeln. Die SZENENBESCHREIBUNG dient als abstraktes Sammelkonzept, welches die Gesamtheit der Szene modelliert. Die Modellierung gestattet es, verschiedene Repräsentationsformen zu verwenden. Zusätzlich werden noch verschiedene Rollen definiert, die Beziehungen zwischen Instanzen von Konzepten darstellen, wie z.B. IST_AUF(FAHRZEUG, FAHRSPUR).

In dieser Arbeit wird zur rechnerinternen Repräsentation der Szenenbeschreibung ein *Szenengraph* verwendet. Der Szenengraph ist eine gerichteter Graph, dessen Knoten für Instanzen von Objekten oder Attributen oder für Relationen stehen. Die Kanten des Graphen stellen die Zugehörigkeit der Knoten zueinander dar. Kanten existieren entweder zwischen Objekten und Attributen oder zwischen Objekten und Relationen. Eine Kante zwischen einem Objekt und einem Attribut ordnet diesem Objekt das Attribut zu und eine Kanten zwischen zwei Objekten und einer Relation beschreibt diese Relation und die beteiligten Objekte. Abbildung 4.3 (a) zeigt den allgemeinen Aufbau des Szenengraphen anhand zweier Objekte. Den Instanzen von Objekten sind bestimmte Attribute mit bestimmten Werten zugeordnet und die beiden Objekte sind durch eine Relation miteinander verknüpft. Der besseren Übersichtlichkeit wegen wird der Szenengraph vereinfacht dargestellt, indem die Attribute direkt an den Objekten notiert werden und die Relation durch Annotation der Verbindungskante angezeigt wird. In Abbildung 4.3 (b) ist die Relation als IST_AUF(FAHRZEUG_2, FAHRSPUR_1) zu lesen.

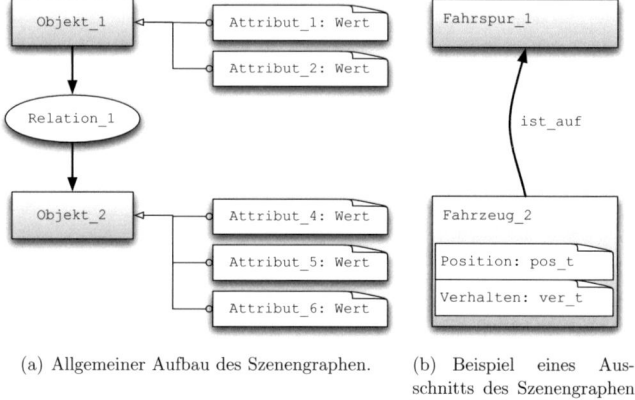

(a) Allgemeiner Aufbau des Szenengraphen.   (b) Beispiel eines Aus-
                                             schnitts des Szenengraphen
                                             in vereinfachter Darstellung.

Abbildung 4.3: Darstellung des Szenengraphen zur Beschreibung einer Szene.

4.2   Modelliertes Wissen

Die Ontologie ist aus den Hauptkonzepten OBJEKT, ATTRIBUT, RAHMENBEDINGUNG und
SZENENBESCHREIBUNG aufgebaut. Aus der Kategorie OBJEKT werden im folgenden die
Konzepte VERKEHRSINFRASTRUKTUR mit der Modellierung von Fahrspuren, Straßen und
Kreuzungen sowie VERKEHRSTEILNEHMER beschrieben. Aus der Kategorie ATTRIBUT wer-
den die Verhalten von Verkehrsteilnehmern taxonomisch aufgeführt. Die Modellierung von
Verkehrsregeln als Teil der Rahmenbedingungen wird exemplarisch vorgestellt.
Die entworfene Ontologie ist keineswegs vollständig, sondern stellt lediglich einen Aus-
schnitt der modellierten Domäne dar. Eine Betrachtung zusätzlicher Aspekte findet sich
in [Frese et al. 07].

4.2.1   Modellierung der Verkehrsinfrastruktur

Die Verkehrsinfrastruktur setzt sich aus dem Verkehrsnetz und den Verkehrszeichen zusammen. Das Verkehrsnetz wird aus Kreuzungen und Straßen aufgebaut. Kreuzungen und
Straßen werden aus Fahrspuren gebildet. In dieser Arbeit beschränkt sich die Modellierung
auf Fahrspuren, Straßen und Kreuzungen.

4.2.1.1   Fahrspur

Das Konzept FAHRSPUR ist die Fläche, die von Verkehrsteilnehmern in einer Richtung benutzt wird und stellt das grundlegende Beschreibungselement von Straßen und Kreuzungen

dar. Die geometrische Repräsentation der Begrenzungen der Fahrspur erfolgt durch Polygonzüge. Damit ist die Repräsentation nicht eingeschränkt, und eine Abbildung der durch die Wahrnehmung erkannten Fahrspuren ist unabhängig vom dort verwendeten Fahrspurmodell sichergestellt.

Fahrspuren werden miteinander verknüpft durch die Nachfolger-/Vorgänger-Relation sowie die rechter/linker Nachbar Relation. Die Bedeutung der Nachfolge- bzw. der Vorgängerfahrspur ergibt sich aus der Befahrrichtung der Fahrspur. Dabei können in Kreuzungen mehrere Nachfolger- bzw. Vorgänger existieren. Am Übergang zur Nachfolgerfahrspur ist der Grund für den Übergang vermerkt, wie z.B. „Vorfahrt achten", „frei Fahren" oder „Zebrastreifen". Für die Übergänge zur rechten und linken Nachbarfahrspur wird die Art des Übergangs (Markierung, Trennelement) notiert. Daraus lässt sich ableiten, ob ein Fahrspurwechsel möglich bzw. erlaubt ist. Für die Nachbarspuren wird zusätzlich festgehalten, in welcher Richtung sie verlaufen (parallel, also in der gleichen Richtung oder antiparallel, also entgegengesetzt der eigenen Richtung).

Für eine Fahrspur gelten bestimmte Verkehrsregeln, wie die zulässige Höchstgeschwindigkeit. Ändern sich die Verkehrsregeln, so beginnt eine neue Fahrspur. Des Weiteren werden für jede Fahrspur die sich darauf befindenden Verkehrsteilnehmer registriert, um die spätere Weiterverarbeitung zu beschleunigen. Zusätzlich werden so genannte Konfliktflächen definiert, auf denen es zu Kollisionen mit anderen Verkehrsteilnehmern kommen kann. Eine Konfliktfläche ist der Schnitt zweier Fahrspuren und wird durch ein Polygon repräsentiert.

Es existieren verschiedene Arten von Fahrspuren, wie Fußwege, Radwege und Autofahrspuren. Autofahrspuren sind weiter unterteilt, u.a. in Normalspur, Richtungsfahrspur, Standstreifen, Parkstreifen, Abbiegespur, Beschleunigungs-/Verzögerungsspur oder Busspur.

4.2.1.2 Straße

Eine Straße stellt die Verbindung zwischen zwei Kreuzungen dar. Das Konzept STRASSE ist ein logisches Konstrukt, das aus mehreren Fahrspuren zusammengesetzt ist. Es gibt verschiedene Typen von Straßen, wie Autobahnen, Landstraßen oder innerstädtische Straßen. Eine Straße trägt zusätzlich eine eindeutige Identifikationsnummer, mit der ein Abgleich mit einer digitalen Karten, z.B. aus einem Navigationssystem, möglich ist.

4.2.1.3 Kreuzung

Kreuzungen sind Start- und Endpunkte von Straßen. Auch das Konzept KREUZUNG ist ein logisches Konstrukt, das aus mehreren Fahrspuren zusammengesetzt ist. Eine Kreuzung ist gekennzeichnet durch die Anzahl der Zufahrtsstraßen und den Winkeln, mit dem die Straßen auf die Kreuzung treffen. Da davon ausgegangen werden kann, dass die einzelnen Fahrspuren einer Kreuzung nicht direkt durch die Wahrnehmung erfasst werden können, wird bei Kreuzungen das Konzept der LOGISCHEN FAHRSPUR verwendet. Die Geometrie dieser Fahrspuren wird nicht direkt bestimmt, sondern aus der Geometrie der Kreuzung abgeleitet. Dabei wird vereinfachend angenommen, dass die Fahrspuren als Kreisbögen oder Geradensegmente modelliert werden können. Für jede Zu- oder Abfahrtsfahrspur werden dementsprechend die Verbindungsfahrspuren zu den anderen Einmündungen abgeleitet. Abbildung 4.4 zeigt die resultierenden Fahrspuren für eine Zufahrtsfahrspur für das von links kommende Fahrzeug.

An diesem Beispiel wird auch klar, dass eine Fahrspur mehrere Vorgänger und Nachfolger besitzen kann.

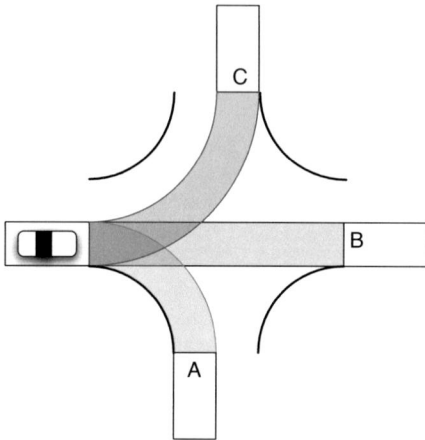

Abbildung 4.4: Veranschaulichung des Konzepts KREUZUNG mit den LOGISCHEN FAHRSPU-REN für eine Zufahrt.

Die Bedeutung, in der die einzelnen Fahrspuren zueinander in Beziehung stehen, ist durch die Vorfahrtsregelung gegeben. Der Bereich, an dem sich zwei Fahrspuren schneiden, wird als KONFLIKTFLÄCHE gekennzeichnet und bezeichnet die Fläche, an der Kollisionen mit querendem oder einmündendem Verkehr stattfinden können. Es liegt eine DEFINITIVE KON-FLIKTFLÄCHE vor, wenn die andere schneidende Fahrspur vorfahrtberechtigt ist und es wird von einer POTENTIELLEN KONFLIKTFLÄCHE gesprochen, wenn die eigene Fahrspur vorfahrt-berechtigt ist. Diese Fläche wird deshalb auch gekennzeichnet, da es hier durch Missachtung der Vorfahrt zu Kollisionen kommen kann. Für jede Konfliktfläche wird vermerkt, welche Fahrspuren und welche Vorfahrtsregelung diese Konfliktfläche erzeugt.

Der linke Teil der Abbildung 4.5 zeigt, dass für das rechts abbiegende Fahrzeug eine Konflikt-fläche mit dem von links querenden Verkehr entsteht. Zusätzlich ist noch ein Fußgängerüber-weg vorhanden, der eine zusätzliche Konfliktfläche induziert. Befindet sich ein Fußgänger auf dem Fußgängerüberweg, so ändert sich die Vorfahrtsregelung und es liegt eine definitive Kon-fliktfläche, ansonsten ist es eine potentielle Konfliktfläche. Der rechte Teil der Abbildung 4.5 zeigt die resultierenden Konfliktflächen für das von links kommende Fahrzeug, das nach links in die Hauptstraße einbiegen will. Zwei Konfliktflächen ergeben sich für den von rechts kom-menden Querverkehr, der vorfahrtsberechtigt ist. Die letzte Konfliktfläche ergibt sich durch die Fahrspur des von links kommenden Querverkehrs. Aus der Menge der entstandenen Kon-fliktflächen wird direkt ersichtlich, dass viele Flächen überprüft werden müssen, bevor der Linksabbiegevorgang stattfinden kann.

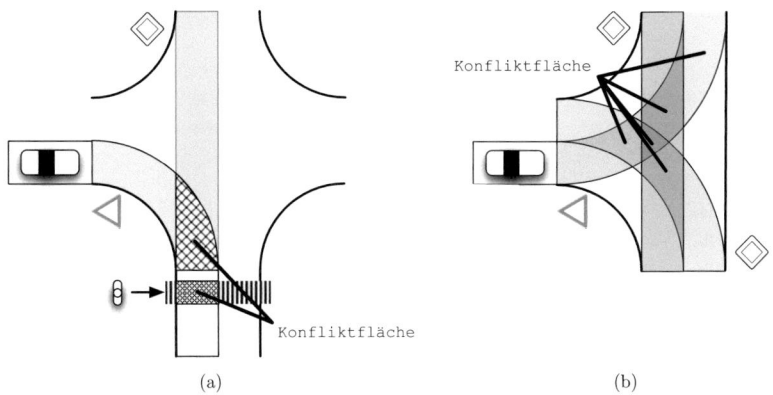

Abbildung 4.5: Veranschaulichung des Konzepts KONFLIKTFLÄCHE.

4.2.2 Modellierung der Verkehrsteilnehmer

Ein Verkehrsteilnehmer ist ein autonomer Agent, der sich gemäß den geltenden Verkehrsvorschriften verhält. Er ist durch bestimmte, zeitinvariante Eigenschaften beschrieben, wie z.B. die Größe und die Masse. Er befindet sich immer in einem bestimmten Zustand, der durch zeitvariante Merkmale, wie Position, Geschwindigkeit und Orientierung, gegeben ist. Zusätzlich verfügt ein Verkehrsteilnehmer über Sensoren und Aktuatoren, mit denen er mit der Umwelt agiert. Zur Auswahl und Ausführung von Verhalten besitzt er eine Wissensbasis, die das Wissen des Agenten enthält. Beispiele für Verkehrsteilnehmer sind Motorfahrzeuge, Fußgänger oder Fahrradfahrer. Auch das kognitive Automobil ist ein Verkehrsteilnehmer.

4.2.3 Modellierung von Verhalten

Verhalten von Verkehrsteilnehmern sind ein grundlegender Bestandteil der Beschreibung einer Verkehrssituation. Durch die erkannten Verhalten ist es möglich, die zukünftige Entwicklung der Szene abzuschätzen, indem Position und Geschwindigkeit der Verkehrsteilnehmer gemäß ihres geschätzten Verhaltens weiter propagiert werden.

Der erste Schritt der Modellierung von Verhalten besteht darin, die relevanten Verhalten, die zur Interpretation der Situation und zum autonomen Führen eines Fahrzeugs nötig sind, explizit aufzulisten und einzuordnen. Anschließend werden anhand verschiedener Kriterien Taxonomien für Verhalten aufgebaut, die die einzelnen Verhalten semantisch zueinander in Beziehung setzen. Zusätzlich liefern die Taxonomien wertvolle Hinweise, die zur späteren Erkennung von Verhalten ausgenutzt werden können.

Die Modellierung von Verhalten muss in enger Abstimmung mit der Entwicklung der Verhaltensausführung durchgeführt werden, um eine konsistente Modellierung des Gesamtsystems zu gewährleisten.

Zur Kategorisierung der Verhalten bietet es sich an, auf Erkenntnisse der Robotik im Bereich der Kategorisierung menschlicher Aktivitäten zur Mensch-Roboter-Interaktion zurückzugreifen. Die erweiterte Cutkosky-Griffhierarchie in [Zöllner 06] stellt einen Ausschnitt einer Kategorisierung menschlicher Manipulationshandlungen dar. Als Unterscheidungsmerkmal ist das Ziel einer Handlung zugrundegelegt. Die Herangehensweise wurde in [Vacek 05] erweitert, in dem unterschiedliche Kriterien aufgeführt wurden, anhand derer man menschliche Aktivitäten kategorisieren kann. Die unterschiedlichen Sichtweisen bilden eine Taxonomie der menschlichen Aktivitäten und liefern vertiefte Erkenntnisse über die Zusammenhänge der modellierten Verhalten. Es konnte gezeigt werden, wie die verschiedenen Sichtweisen zur Erkennung von Aktivitäten ausgenutzt werden können.

Das selbe Vorgehen bietet sich bei der Kategorisierung der Verhalten von Verkehrsteilnehmern an. Zur Bildung der Taxonomien werden die drei verschiedenen Kategorisierungskriterien

- Bewegungsrichtung,

- Alternativen und

- Bezugsrahmen

verwendet.

Das erste Kategorisierungsmerkmal ist die Bewegungsrichtung des Fahrzeugs. Auf der ersten Hierarchieebene wird zwischen longitudinaler, lateraler und gemischter Bewegungsrichtung unterschieden. Auf der zweiten Ebene wird das Verhalten entlang dieser Bewegungsrichtung weiter spezialisiert. So setzt sich die Kategorie „laterale Bewegung" aus den Unterkategorien „Stehen", „Beschleunigen", „Fahren" und „Bremsen" zusammen. Diese Kategorien können weiter spezialisiert werden, in dem zusätzliche Szeneninformationen hinzugenommen werden. So kann die Kategorie „Stehen" aufgrund der vorliegenden Szeneninformation in die Kategorien „Parken" und „Warten" verfeinert werden.

Abbildung 4.6 zeigt die resultierende Hierarchie. Je weiter rechts ein Verhalten aufgeführt ist, desto höher ist der Spezialisierungsgrad. Der Übersichtlichkeit halber ist die Darstellung verkürzt, so ist zum Beispiel das Verhalten „Bremsen" nicht weiter unterteilt, z.B. in „Notbremsen" und „sachtes Verzögern". Die Spezialisierung wird später in der Interpretation der Situation ausgenutzt, in dem in manchen Fällen der höchste Spezialisierungsgrad des Verhaltens nicht zur Bewertung der Situation nötig ist und schon das allgemeinere, weniger speziell erkannte Verhalten genügt.

Die zweite Kategorisierung erfolgt anhand von Gleichzeitigkeit und Alternativen. Die abstrakten Verhalten auf der ersten Ebene repräsentieren jeweils eine Gruppe von Verhalten. Innerhalb einer Gruppe stellen die Unterkategorien auf der gleichen Ebene gleichwertige Alternativen dar, die sich gegenseitig ausschließen. Dies entspricht einer Partitionierung im Sinne einer Ontologie. Verhalten aus unterschiedlichen Gruppen können gleichzeitig stattfinden.

Abbildung 4.7 zeigt die entstandene Gruppierung von Fahrzeugverhalten gemäß möglicher Alternativen. Auf der obersten Ebene finden sich die vier Verhaltensgruppen „Kreuzungsverhalten", „Straßenverhalten", „Eigenverhalten" und „Fremdverhalten". Die Gruppe Kreuzungsverhalten umfasst alle Verhalten, die beim Passieren einer Kreuzung auftreten können.

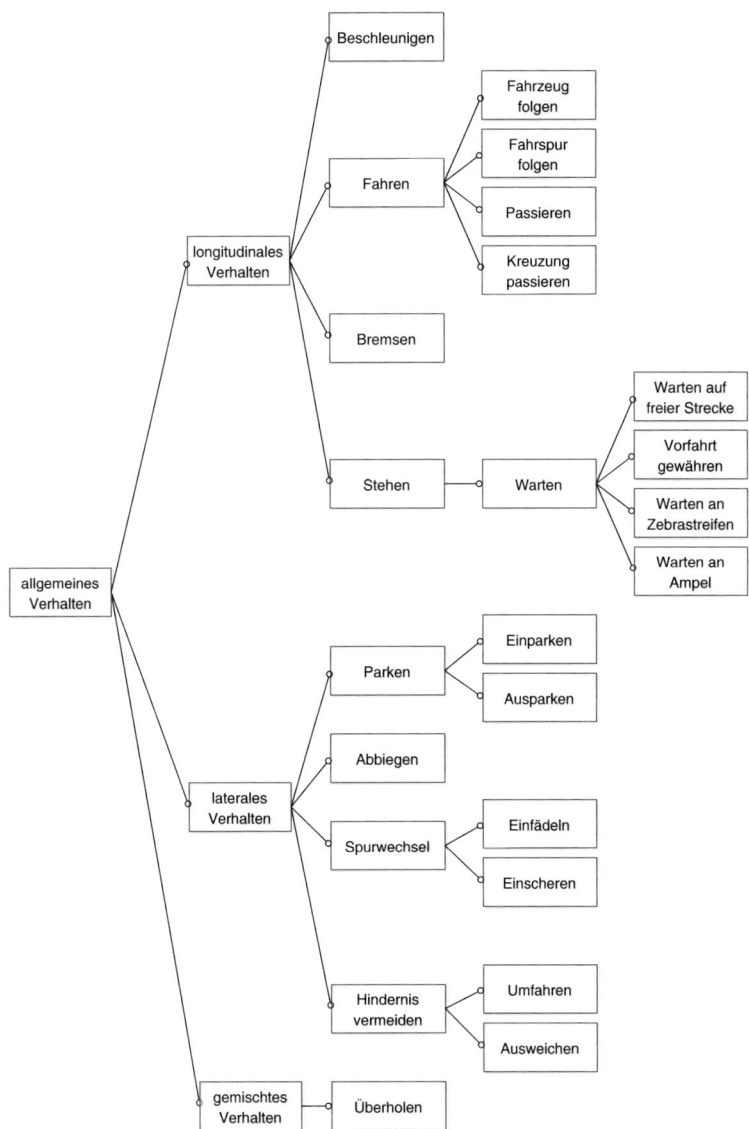

Abbildung 4.6: Hierarchie von Fahrzeugverhalten unterteilt anhand der Bewegungsrichtung.

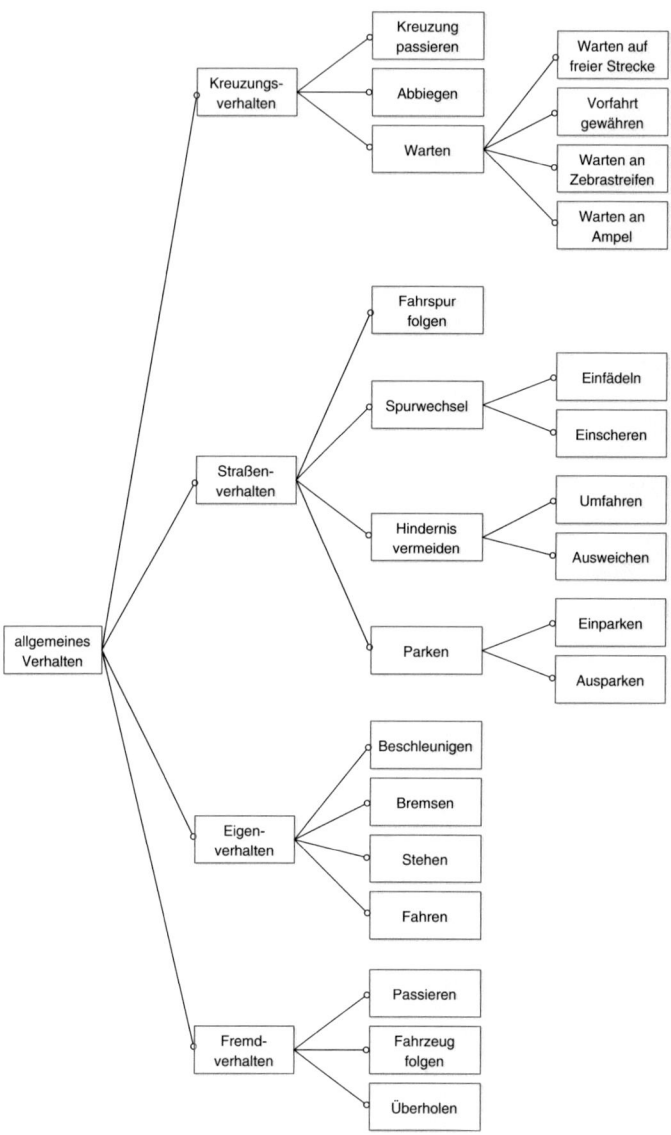

Abbildung 4.7: Kategorisierung von Fahrzeugverhalten gemäß möglicher Alternativen.

Die Gruppe Straßenverhalten beschreibt die Bewegung des Fahrzeugs entlang der Fahrtrichtung. Die Gruppe Eigenverhalten beinhaltet alle die Verhalten, die ohne Bezug auf die Szene sind und stellen auf der ersten Ebene der Alternativen (also Beschleunigen, Bremsen, Stehen, Fahren) lediglich eine grobe Aufteilung dar. Die Gruppe Fremdverhalten beinhaltet Verhalten, die in Beziehung zu mindestens einem anderen Fahrzeug sind. Für die vierte Verhaltensgruppe gilt zusätzlich, dass sie mehrfach ausgeprägt sein kann, sofern unterschiedliche Bezugsrahmen vorliegen. Im konkreten Fall bedeutet das, dass für ein Fahrzeug das Verhalten `folgt_fahrzeug(FzgA)` und gleichzeitig `überholt_fahrzeug(FzgB)` zutreffen kann.

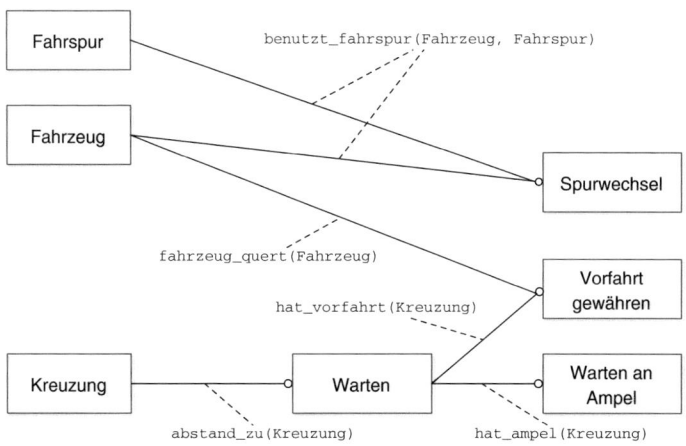

Abbildung 4.8: Auszug aus der Kategorisierung von Fahrzeugverhalten gemäß dem ausgewerteten Bezugsrahmen.

Die dritte Art der Kategorisierung ordnet entsprechend dem ausgewerteten Bezugsrahmen. Mit dem Bezugsrahmen ist in diesem Zusammenhang das Konzept gemeint, das wesentliche Informationen zur Deutung eines Verhaltens hat. Verbindungen zwischen Bezugskonzept und Verhalten repräsentieren die ausgewertete Relation, z.B. `abstand_zu(Kreuzung)` zwischen Bezugsrahmen „Kreuzung" und Verhalten „Warten" in Abbildung 4.8. Eine Spezialisierung von Verhalten bedeutet in dieser Darstellungsart die Aggregation von ausgewerteten Relationen. So ist das Verhalten „Warten an Ampel" eine Spezialisierung von „Warten" und es muss neben der Relation `abstand_zu(Kreuzung)` zusätzlich die Relation `hat_ampel(Kreuzung)` ausgewertet werden. Ein Verhalten kann auch von mehreren Bezugsrahmen abhängen, so wird z.B. für das Verhalten „Vorfahrt gewähren" neben der Kreuzung auch das vorfahrtsberechtigte Fahrzeug durch Auswerten der Relation `hat_vorfahrt(Fahrzeug)` in Betracht gezogen. Der Übersichtlichkeit halber sind in Abbildung 4.8 nicht alle Relationen aufgeführt. So existieren auch Relationen, die sich über mehrere Bezugsrahmen definieren, wie z.B. `gehört_zu(Kreuzung, Fahrspur)`. Des Weiteren

können Relationen auch mehrfach ausgeprägt sein, wie z.b. beim Verhalten „Spurwechsel", das die Relation auf_fahrspur(fahrspur) für beide Fahrspuren auswertet.
Insgesamt erhält man so durch die drei Taxonomien verschiedene Sichten auf die Modellierung der Verhalten von Verkehrsteilnehmern. Diese bilden zusammen eine Teilontologie, die unter dem Konzept FAHRZEUGVERHALTEN eingeordnet ist.

4.2.4 Modellierung der Verkehrsregeln

Die Verkehrsregeln beeinflussen die Auswahl und Parametrierung der Verhalten des kognitiven Automobils. Ein Teil der Verkehrsregeln wird direkt als Attribut den Fahrspuren zugeordnet, wie z.b. die zulässige Höchstgeschwindigkeit oder Überholverbote. Die restlichen Verkehrsregeln werden durch Regeln im Sinne der Aussagenlogik modelliert. Die Prämisse der Regeln wird ausgewertet, um zu überprüfen ob die Regel zur Anwendung kommt, und die Konklusio der Regel wird als neues Wissen in Form einer Relation dem bestehenden Wissen hinzugefügt.
Als Beispiel sei hier die Auswertung der „Rechts-vor-Links"-Regel in Pseudocode angegeben:

```
WENN (ist_ein(Verkehrsteilnehmer, ?obj_1) UND
      ist_ein(Verkehrsteilnehmer, ?obj_2) UND
      ist_ein(Fahrspur, ?fahrspur_1) UND
      ist_ein(Fahrspur, ?fahrspur_2) UND
      gehört_zu(?kreuzung, ?fahrspur_1) UND
      gehört_zu(?kreuzung, ?fahrspur_2) UND
      hat_konflikfläche(?fahrspur_1, ?fahrspur_2) UND
      ist_rechts_von(?fahrspur_1, ?fahrspur_2) UND
      auf_fahrspur(?fahrspur_1, ?obj_1) UND
      auf_fahrspur(?fahrspur_2, ?obj_2) UND
      hat_vorfahrtsregel(RechtsVorLinks, ?kreuzung))
DANN (hat_vorfahrt(wahr, ?obj_1) UND
      hat_vorfahrt(falsch, ?obj_2))
```

Die Lesart des Beispiels ist wie folgt: ?Name bezeichnet eine Menge von Individuen, für die alle gegebenen Restriktionen erfüllt sein müssen. In dieser Regel müssen z.B. alle Relationen, die die Bezeichnung ?obj_1 enthalten, für alle Individuen dieser Menge erfüllt sein. Werden Belegungen für ?obj_1, ?obj_2, ?fahrspur_1, ?fahrspur_2 und ?kreuzung gefunden, so kann den Individuen der Menge ?obj_1 das Attribut hat_vorfahrt mit dem Wert wahr zugewiesen werden. Gleichzeitig wird den Individuen der Menge ?obj_2 das Attribut hat_vorfahrt mit dem Wert falsch zugewiesen.

4.3 Abbildung der Sensordaten

Die Abbildung der Sensordaten generiert in jedem Zeitschritt aus den neu gewonnenen quantitativen Daten der Umfelderfassung eine qualitative Beschreibung der Szene, die dann von der Situationsinterpretation ausgewertet wird.

Die Umfelderfassung liefert die Daten in vorklassifizierter Form, indem die ausgewerteten Sensordaten durch die Konzepte, die durch die Ontologie definiert werden, ausgedrückt werden. Insbesondere werden Beschreibungen von Fahrzeugen, Hindernissen und Fahrspuren geliefert. Der Abbildungsprozess durchläuft die drei Phasen

1. Datenfusion,

2. Abbildung der Sensordaten und

3. regelbasierte Analyse,

um mit den Sensordaten den Szenengraphen zu aktualisieren und an die Situationsinterpretation weiterzureichen. Abbildung 4.9 zeigt die Einbettung des Abbildungsprozesses zwischen Umfelderfassung und Situationsinterpretation.

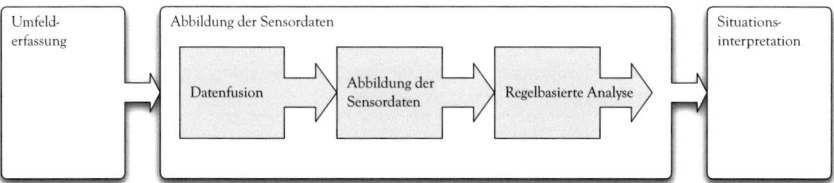

Abbildung 4.9: Einbettung und Ablauf der Abbildung der quantitativen Sensordaten auf die qualitative Szenenbeschreibung.

4.3.1 Datenfusion

Die Datenfusion hat zwei Aufgaben: die Aktualisierung bestehender Knoten und die Generierung neuer Knoten im Szenengraphen.

Existiert für einen wahrgenommenen Datentyp bereits ein Knoten im Szenengraph, so wird dieser Knoten aktualisiert. Dabei werden zum einen die neuen geometrischen Informationen mit den bestehenden Informationen im Knoten fusioniert und zum Anderen die Änderungen im Szenengraphen propagiert, um die damit verknüpften Informationen zu aktualisieren. Eine der wichtigsten Informationen, die von der Wahrnehmung geliefert werden, ist der Verlauf der Fahrspur. Die Wahrnehmung erfasst in jedem Zeitschritt immer nur einen Teil der Fahrspur, und die Datenfusion muss daraus eine kontinuierliche Fahrspur erzeugen (s. Abbildung 4.10). Dazu werden die Bereiche, die sich überlappen, fusioniert und die restlichen Bereiche angehängt. Das Verfahren ist genauer in [Gindele 07] beschrieben.

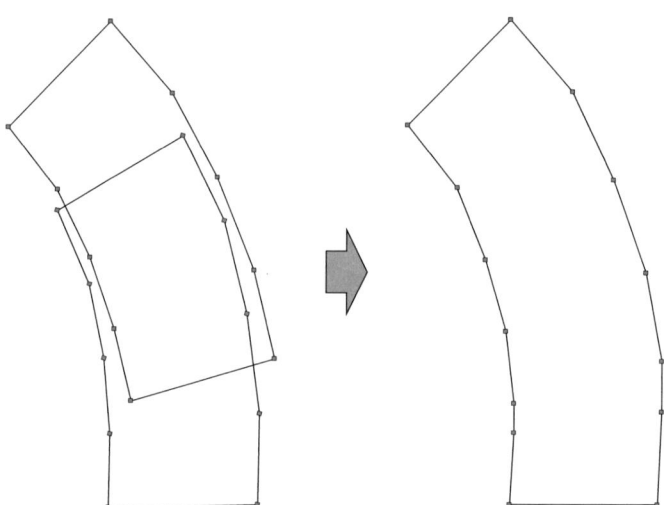

Abbildung 4.10: Erkannte Fahrspuren in zwei aufeinanderfolgenden Zeitschritten und resultierende fusionierte Fahrspur.

4.3.2 Abbildung der Sensordaten

Die Abbildung der Sensordaten generiert die qualitative, begriffliche Beschreibung der Szene. Dazu werden die kontinuierlichen Messwerte in diskretisierte Attribute überführt und zusätzliche Relationen ausgewertet [Lösch 06], um den Szenengraphen zu aktualisieren. Die Geschwindigkeit ist in Intervalle eingeteilt und dementsprechend wird jedem Verkehrsteilnehmer ein Geschwindigkeitsattribut zugewiesen. Zusätzlich wird die Position ausgewertet, indem die Fahrspuren, auf denen sich der Verkehrsteilnehmer befindet, extrahiert und durch die Relation GEHÖRT_ZU(FAHRSPUR) ausgedrückt werden.

Die wichtigsten Relationen, um die Beziehungen zwischen zwei Verkehrsteilnehmern beschreiben zu können, sind der Abstand und die Richtung. Für beide Relationen werden die quantitativen Werte auf symbolische Beschreibungen abgebildet, indem die Intervalle, wie sie in Abbildung 4.11 (a) für den Abstand und in Abbildung 4.11 (b) für die Richtung aufgezeigt sind, ausgewertet werden. Dabei werden beide Relationen in Bezug auf den Verlauf der Fahrspur berechnet.

Die modellierten Verhalten werden durch Klassifikatoren bestimmt. Die Kategorisierung der Verhalten anhand von Alternativen als Teil der Taxonomie der Verhalten dient dazu, die Verhalten in Gruppen einzuteilen. Für jede Gruppe wird ein separater Klassifikator verwendet, der für jedes Verhalten die Wahrscheinlichkeit bestimmt, mit der das Verhalten beobachtet wird. Die Merkmale, die im Klassifikator verwendet werden, ergeben sich aus den jeweiligen Bezugsrahmen der Verhalten, wie sie durch die Taxonomie definiert werden. Um die zeitliche

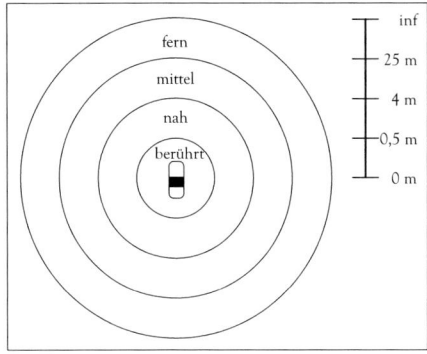 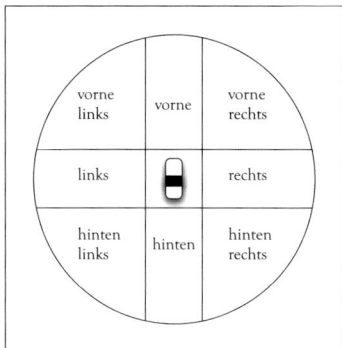

(a) Berechnung der Relation ABSTAND_ZU.   (b) Berechnung der Relation RICHTUNG.

Abbildung 4.11: Berechnung der Relationen ABSTAND_ZU und RICHTUNG.

Entwicklung des Verhaltens zu modellieren, werden neben der aktuellen Beobachtung auch Beobachtungen aus der Vergangenheit mit einbezogen, indem die Werte gewichtet gemittelt werden. Die gewichteten Mittelwerte v berechnen sich durch:

$$v = \frac{5 \cdot v_t + 3 \cdot v_{t-1} + \sum_{i=2}^{9} v_{t-i}}{16} \tag{4.1}$$

Zusätzlich werden die Beobachtungen sowie deren gewichtete Mittelwerte auf das Intervall $[0; 1]$ normiert, um sie in den Klassifikatoren einheitlich verwenden zu können. Dazu werden für jedes Merkmal Minimal- und Maximalwert festgelegt.

Zur Erkennung der Verhalten werden Bayessche Netze und Support Vector Machines (SVM) eingesetzt. Für jede Verhaltensgruppe wird ein eigener Klassifikator verwendet, der jedem Verhalten dieser Gruppe eine Wahrscheinlichkeit zuordnet. Bei beiden Klassifikatoren werden die gleichen Merkmale ausgewertet. Da die Merkmale nicht linear separierbar sind, werden in den SVMs Radial-Basis-Function Kernel verwendet. Mitunter schwanken die Resultate der Klassifikatoren zwischen zwei Zeitschritten, aufgrund der verrauschten Daten, obwohl dasselbe Verhalten für einen längeren Zeitraum ausgeführt wird. Diese Ausreißer können durch Konsistenzprüfungen in einem Regelbasierten Nachklassifikator erkannt und kompensiert werden. Dazu werden für jede Verhaltensgruppe eine Menge von Regeln geprüft, die das erkannte Verhalten mit den vorherigen Erkennungen in Beziehung setzen. So kann z.B. auf das Verhalten „Stehen" nicht direkt das Verhalten „Fahren" folgen, sondern es muss zuvor das Verhalten „Anfahren" auftreten. Das Regelwerk ist in [Adler 07] im Detail aufgeführt.

4.3.3   Regelbasierte Analyse

In der regelbasierten Analyse wird zusätzliches Hintergrundwissen in den Szenengraphen eingebracht. Dieses besteht aus Relationen, die nicht durch rein geometrische Betrachtungen berechnet werden können, sondern Inferenz auf den Daten verlangen. Die wichtigste Information ist die Kenntnis über die geltenden Vorfahrtsregeln. Diese werden durch Auswerten der Regeln, wie sie zu Beschreibung der Vorfahrtsregeln modelliert wurden, abgeleitet.

4.4 Abbildung der Begriffe

Die Modellierung der Wissens zur Beschreibung der Domäne „Straßenverkehr" kann nur dann ihre Mächtigkeit unter Beweis stellen, wenn sie in der Lage ist, aus dem repräsentierten Wissen die Szene zu rekonstruieren. Dazu wurde eine Simulation entwickelt, mit der Straßenverkehrsszenen dreidimensional visualisiert und Fahrzeugverhalten simuliert werden können.

Darüber hinaus wurde die Simulation in das Gesamtsystem des kognitiven Automobils eingebunden und bietet damit die zusätzlichen Vorteile [Vacek 07d]:

1. Die exakte Reproduktion von Verkehrsszenen sowie insbesondere das Nachstellen gefährlicher Situationen[3].

2. Die schnelle Entwicklung von Teilkomponenten.

3. Das Testen von Komponenten im Gesamtsystem.

4. Das Erzeugen künstlich verrauschter Daten bei gleichzeitiger Kenntnis der Grundwahrheit[4].

4.4.1 Rückführung der Begriffe in die Simulation

Die Simulation besteht im Wesentlichen aus den Teilen Visualisierung und Simulation von Fahrzeugverhalten. Die Visualisierung stellt Verkehrsszenen dreidimensional dar, indem die bekannten Fahrspuren und die existierenden Fahrzeuge angezeigt werden. Straßen und Kreuzungen sind implizit durch ihre Fahrspuren gegeben.

Abbildung 4.12 zeigt exemplarisch die Visualisierung einer synthetisierten Verkehrsszene. Die hervorgehobene Fahrspur repräsentiert eine virtuelle Fahrspur einer Kreuzung. Für die Visualisierung von Fahrzeugen wird ein generisches Fahrzeugmodell verwendet.

4.4.2 Anwenden von Verhalten

Die Simulation arbeitet auf einer Diskretisierung von Raum und Zeit, d.h. für jeden Zeitschritt t werden für alle beweglichen Objekte innerhalb der Szene die neue Position und der neue Zustand berechnet.

Für jedes Fahrzeug, das von der Simulation gesteuert wird, muss das aktuelle Verhalten bestimmt werden und dementsprechend die Position und der Zustand abgeleitet werden. Die Anwendung eines Verhaltens resultiert in der Ausführung mehrerer Aktionen, die die

---

[3]Insbesondere können manche Situationen in der Realität nicht nachgestellt werden, da sie entweder hohe Kosten oder sogar Personenschäden nach sich zögen.

[4]engl.: ground truth

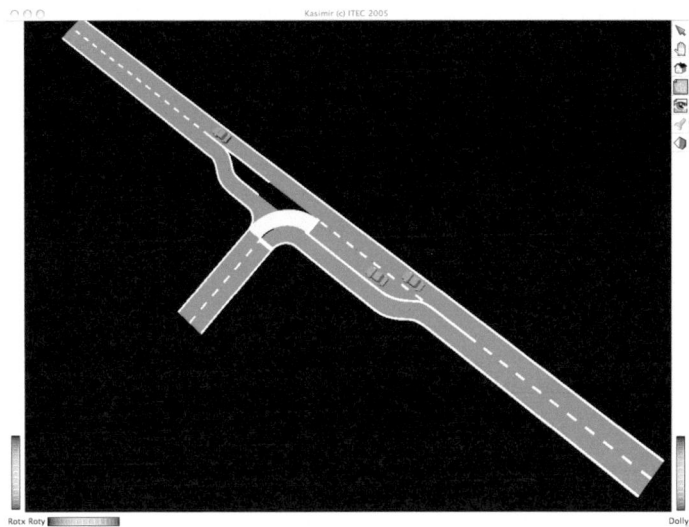

Abbildung 4.12: Visualisierung einer Verkehrsszene in der Simulationsumgebung entsprechend des modellierten Wissens.

Ansteuerung von Gas, Bremse und Lenkung repräsentieren. Zusätzlich wird der Zustand von Blinker und Bremslicht gesetzt. Um die Simulation einfach zu halten, wird die Dynamik des Fahrzeugs lediglich durch ein einfaches Beschleunigungsmodell modelliert. Komplexe Aspekte wie Massenträgheit oder Drift bei zu hohen Kurvengeschwindigkeiten werden nicht berücksichtigt. Algorithmus 1 fasst die einzelnen Schritte zusammen.

Algorithm 1 Aktualisiere Position und Zustand

1: Bestimme neue Simulationszeit
2: **for all** simuliertes Fahrzeug v_i **do**
3:    Bestimme aktuelles Verhalten
4:    Ableiten und Parametrieren der Aktionen
5:    Berechne Beschleunigung, Geschwindigkeit und Richtung
6:    Berechne neue Position
7:    Aktualisiere Position und Zustand
8: **end for**

Aus der Menge der modellierten Verhalten werden die folgenden Verhalten von der Simulation umgesetzt:

- Stehen

- Anfahren

- Fahren

- Bremsen

- Abbiegen

- Kreuzung passieren

- Vorfahrt gewähren

- Fahrzeug folgen.

Die Auswahl des aktuellen Verhaltens wird durch die Auswertung einer Regelbasis getroffen, wie sie in [Pellkofer 03] beschrieben wurde. Anstelle der dort benutzten Situationsaspekte verwendet die Simulation allerdings die Relationen, die in der Kategorisierung der Verhalten gemäß ihres Bezugsrahmens definiert wurden. Diese ist durch die Ontologie der Verhalten gegeben.

Jede Regel innerhalb der Regelbasis stellt ein Verhalten dar. Ein Verhalten wird ausgeführt, wenn die Prämissen gültig sind, d.h. die definierten Vorbedingungen zutreffen. Die Konklusio einer Regel ist ein Satz parametrierter Aktionen. Die Regelbasis garantiert die Einhaltung der Verkehrsregeln und gewährleistet das kollisionsfreie Fahren.

4.5 Zusammenfassung

Die Wissensmodellierung ist die Schnittstelle zwischen Umfelderfassung und Situationsinterpretation. Sie definiert das formale Fundament, auf dem die Situationsinterpretation durchgeführt wird und sorgt für die Abbildung der quantitativen Sensordaten der Wahrnehmung auf die qualitativen Beschreibungen der Wissensmodellierung.

Zur Beschreibung des Wissens wird eine Ontologie aufgebaut, durch die das benötigte Vokabular zur Beschreibung von Verkehrssituationen bereitgestellt wird. Die Ontologie bietet durch den formal-logischen Aufbau den Vorteil, dass die Konsistenz der Begriffswelt durch Beweisverfahren überprüft werden kann. Darüber hinaus ist dadurch die Integration zusätzlicher Begriffe in zukünftigen Systemen unter Beibehaltung der Konsistenz möglich.

Die wichtigsten Kategorien von Begriffen sind aus den Bereichen Objekt, Attribut, Rahmenbedingung und Szenenbeschreibung. Es werden die grundlegenden Begriffe zur Beschreibung von Straßen, Verkehrsteilnehmern und Verkehrsregeln definiert. Zusätzlich werden Verhalten von Verkehrsteilnehmern durch den Aufbau von drei Taxonomien detailliert vorgestellt. Zur rechnerinternen Repräsentation der aktuellen Szene wird ein Szenengraph verwendet, der die Objekte der Szene mit ihren Attributen sowie die Beziehungen zwischen den Objekten beschreibt.

Die Abbildung der Sensordaten durchläuft mehrere Phasen und aktualisiert den Szenengraph. Zuerst wird eine Datenfusion durchgeführt, um die direkt erfassten Wahrnehmungsdaten in den Szenengraph zu integrieren. Anschließend erfolgt die weitergehende Abstraktion der Sensordaten auf qualitativen Begriffe der Wissensmodellierung. Zuletzt wird die regel-basierte Analyse angewendet, um zusätzliche Information, wie z.b. geltende Verkehrsregeln, zu extrahieren.

Die Mächtigkeit der Wissensmodellierung kann gezeigt werden, wenn aus dem vorgehaltenen Wissen wieder eine Verkehrsszene synthetisiert werden kann. Dazu wird eine Simulations-umgebung vorgestellt, die Verkehrsszenen visualisiert und Fahrzeugverhalten nachstellt.

Kapitel 5

Interpretation von Verkehrssituationen

Das Ziel der Interpretation von Verkehrssituationen ist die Auswahl des optimalen Verhaltens für die aktuelle Situation. Dieses ausgewählte Verhalten wird dann der Ausführungseinheit übermittelt, zusammen mit den relevanten Informationen, die zur Ausführung des Verhaltens benötigt werden.

Im folgenden wird ein Konzept vorgestellt, mit dem diese Interpretation durchgeführt werden kann. Als Ausgangslage dient der Szenengraph, wie er von der Wissensmodellierung aus den verarbeiteten Sensordaten erstellt wird. Dieser Szenengraph enthält die Beschreibung auf konzeptueller Ebene und erlaubt eine weitergehende Analyse zur Auswahl des optimalen Verhaltens. Zur Analyse und Auswahl des Verhaltens wird das Paradigma des fallbasierten Schließens angewendet. Zuerst wird der allgemeine Ablauf des Paradigmas vorgestellt (Kapitel 5.1) und anschließend gezeigt, wie das Paradigma auf das Problem der Situationsinterpretation und Verhaltensauswahl für kognitive Automobile übertragen werden kann (Kapitel 5.2).

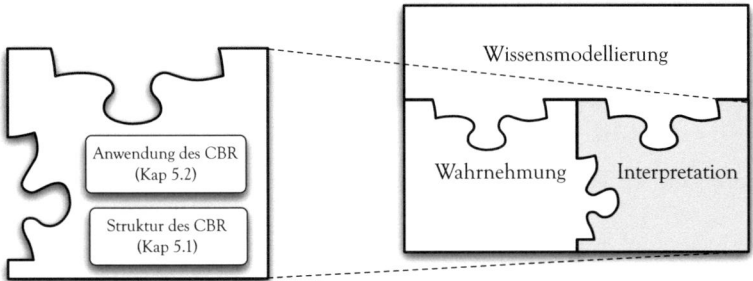

Abbildung 5.1: Einbettung der Situationsinterpretation ins Gesamtsystem.

Abbildung 5.1 symbolisiert noch einmal die Einbettung des letzten Bausteins der Arbeit in das Gesamtsystem.

5.1 Struktur des fallbasierten Schließens

Die grundlegende Idee des fallbasierten Schließens[1] orientiert sich an der Art, wie der Mensch auf Situationen reagiert. Man versucht ein Problem zu lösen, indem man sich an zuvor erlebte Situationen erinnert, die der aktuellen entsprechen, und adaptiert die damals angewandte Lösung auf das aktuelle Problem.

Überträgt man diesen Ansatz auf das kognitive Automobil, so bedeutet das folgendes: Ist eine bestimmte Verkehrssituation gegeben, so stellt sich die Frage, welches Verhalten das angemessene ist und in dieser Situation angewandt werden soll. Dazu werden ähnliche Situationen aus der Vergangenheit gesucht und analysiert, warum und wie ein bestimmtes Verhalten ausgewählt wurde. Anschließend wird diese Lösung auf die aktuelle Situationen übertragen und das Verhalten ausgeführt. Zusätzlich wird das neu gewonnene Problemlösungswissen der bereits bestehenden Erfahrung hinzugefügt, um in zukünftigen, ähnlichen Situationen zu Anwendung zu kommen.

Die Grundlage des fallbasierten Schließens ist der *Fall*, der das zu lösende Problem repräsentiert. Die Gesamtheit der bekannten Fälle ist in der so genannten *Fallbasis* gespeichert. Die Fälle innerhalb der Fallbasis sind indiziert und durch verschiedene Arten miteinander verknüpft, um das Finden von ähnlichen Fällen nach unterschiedlichen Kriterien zu gewährleisten. Diese Fallbasis stellt das extensionalisierte Erfahrungswissen des Systems dar und wird während des fallbasierten Schließens benutzt. Insgesamt besteht das fallbasierte Schließen aus fünf Schritten:

1. *Fall erzeugen*: Die Beschreibung der aktuellen Situation wird zusammen mit der Problemstellung in einen Fall transferiert.

2. *Auffinden der ähnlichsten Fälle*[2]: Mit dem aktuellen Fall wird eine Anfrage an die Fallbasis gestellt, um die zum aktuellen Fall ähnlichsten Fälle zu extrahieren.

3. *Wissenstransfer*[3]: Aus den ähnlichsten Fällen wird das Problemlösungswissen abgeleitet und, unter Ausnutzung von zusätzlichem Hintergrundwissen, auf die aktuelle Problemstellung übertragen.

4. *Überprüfung der Lösung*[4]: Die Anwendbarkeit der gewonnen Lösung wird überprüft und angewendet.

5. *Sammeln von Erfahrungswissen*[5]: Stellt die gefundene Lösung neues Wissen dar, so wird dieses in die Fallbasis hinzugefügt, um in späteren Situationen wiederverwendet werden zu können.

---

[1]engl.: case-based reasoning, CBR
[2]engl.: retrieve
[3]engl.: reuse
[4]engl.: revise
[5]engl.: retain

Aus der Allgemeinheit des Vorgehens wird ersichtlich, dass das fallbasierte Schließen als Paradigma anzusehen ist, das lediglich Hinweise für den generellen Ablauf und strukturelle Ratschläge anbieten kann. Die Schwierigkeit besteht in der Anwendung des Paradigmas auf die konkrete Problemstellung. Ein Überblick über das fallbasierte Schließen ist in [Aamodt 94] gegeben, eine vertiefte Diskussion findet sich in [Kolodner 93].

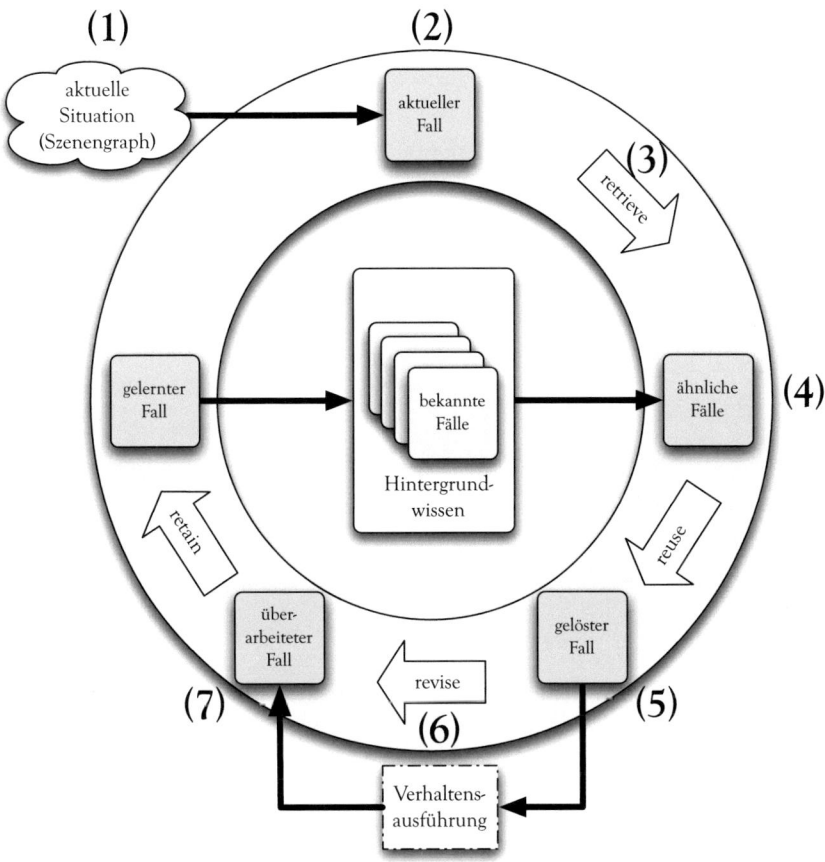

Abbildung 5.2: Ablauf des Fallbasierten Schließens zur Interpretation von Situationen im kognitiven Automobil.

Überträgt man das Paradigma auf die Situationsinterpretation im kognitiven Automobil, so stellt sich der Ablauf wie in Abbildung 5.2 dar. Die Wissensmodellierung hat die Wahrnehmungsdaten in einen Szenengraphen transformiert (1) und übergibt diesen als Eingangsdaten der Situationsinterpretation. Diese generiert daraus im ersten Schritt einen Fall (2) und verwendet diesen zur Anfrage an die Fallbasis (3). Das Ergebnis der Anfrage ist eine Menge von ähnlichen Fällen (4), die als Vor- und Erfahrungswissen vorliegen. Für jede in diesen Fällen repräsentierte Situation wurde bereits eine Verhaltensauswahl getroffen. Mit Hilfe dieser ähnlichen Fälle wird dann das optimale Verhalten für die aktuelle Situation bestimmt (5) und an die Verhaltensausführung übergeben (6). Die Anwendbarkeit des Verhaltens wird von der Verhaltensausführung bewertet und der aktuelle Fall wird als neues Erfahrungswissen in die Fallbasis eingespeist (7). Der letzte Schritt muss nicht während der Laufzeit geschehen, sondern kann auch später in einem Nachbearbeitungsschritt ausgeführt werden.

5.2 Fallbasiertes Schließen zur Interpretation von Verkehrssituationen

Zum Anwenden des fallbasierten Schließens für die Interpretation von Verkehrssituationen und die Auswahl des optimalen Verhaltens werden im Folgenden die Punkte

- Definition eines Falles (Kap. 5.2.1),

- Aufbau der Fallbasis (Kap. 5.2.2),

- Finden der ähnlichen Fälle (Kap. 5.2.3),

- Auswahl des optimalen Verhaltens (Kap. 5.2.4) sowie

- Sammeln von Erfahrungswissen (Kap. 5.2.5)

vorgestellt [Vacek 07b]. Der entscheidende Faktor ist dabei die Indizierung der gespeicherten Fälle, da sie maßgeblich die Effizienz des Findens der ähnlichen Fälle beeinflusst.

5.2.1 Definition eines Falles

Wie bereits erwähnt, ist die Definition eines Falles die Grundlage für das fallbasierte Schließen. Sie beeinflusst auf der einen Seite das Finden ähnlicher Fälle, indem ein Vergleichsschema bereitgestellt wird, und auf der anderen Seite die Extraktion des Problemlösungswissens in Form des ausgewählten Verhaltens.

Die meisten Systeme, die auf dem fallbasierten Schließen aufsetzen, arbeiten mit diskreten, abgeschlossenen Problemen, so dass den einzelnen Problemen direkt ein Fall zugeordnet werden kann. Das kognitive Automobil dagegen befindet sich in einer kontinuierlichen Umgebung und ein Fall kann nur einen Ausschnitt der Szene beschreiben. Dazu wird eine feingranulare Diskretisierung der Szene verwendet, indem ein Fall auf einen Zeitpunkt reduziert wird. Um den zeitlichen Verlauf der Szene modellieren zu können, werden die einzelnen Fälle durch eine zeitliche Verknüpfung miteinander in Beziehung gesetzt. Es findet also eine zeitliche Quantisierung der Szenenentwicklung statt.

Durch die zeitliche Verknüpfung der Fälle kann die Entwicklung der Situation abgeschätzt werden. Abhängig vom ausgeführten Verhalten kann es für jeden Fall mehrere Entwicklungen geben. Um die einzelnen Entwicklungen miteinander vergleichen zu können und daraus das optimale Verhalten abzuleiten, wird jede Situation bewertet und ein Maß berechnet, das angibt, wie erstrebenswert diese Situation ist.

Insgesamt besteht ein Fall aus den Komponenten

- Situationsbeschreibung,

- Situationsbewertung und

- der zeitlichen Verknüpfung der Fälle.

5.2.1.1 Situationsbeschreibung

Die Beschreibung der Situation setzt auf dem Szenengraphen, wie er von der Wissensmodellierung bereitgestellt wird, auf. Der Szenengraph repräsentiert die Szene durch Instanzen der in der Ontologie definierten Konzepte und Attribute. Die ausgewerteten Relationen beschreiben die Beziehungen zwischen diesen Instanzen. Dabei wird eine wichtige Eigenschaft von Ontologien ausgenutzt: die Fähigkeit der Subsumption von konkreten Instanzen auf allgemeinere Konzepte. Damit ist es möglich, Teile der Szene auf einer konzeptuellen Ebene zu vergleichen. So ist es unter Umständen unerheblich, welcher Typ von motorisiertem Fahrzeug eine Fahrspur benutzt solange nur die Information „motorisiertes Fahrzeug" relevant ist.

Zusätzlich zum Szenengraphen wird noch das aktuell ausgeführte Verhalten des kognitiven Automobils sowie die Routenplanung vermerkt. Die Routenplanung wird in Form einer Fahranweisung, z.B. nächste Abzweigung rechts einbiegen, gespeichert.

5.2.1.2 Situationsbewertung

Zur Bewertung der Fälle wird ein Maß definiert, das die Güte der repräsentierten Situation widerspiegelt. Da die Fälle in einer zeitlichen Abfolge betrachtet werden, gibt dieses Maß an, wie erstrebenswert jede Folgesituation ist, und durch den Vergleich mehrerer Nachfolgefälle wird prädiktiv abgeschätzt, welches Verhalten für die aktuelle Situation das optimale ist. Für jeden Fall wird ein Maß $Q \in [0, 1]$ berechnet mit der Bedeutung, dass ein Fall mit dem Gütemaß $Q = 1$ am erstrebenswertesten und ein Fall mit Gütemaß $Q = 0$ unbedingt zu vermeiden ist [Vacek 07c].

Zur Berechnung des Gütemaßes werden verschiedene Aussagen ausgewertet, wie z.B. „Höchstgeschwindigkeit überschritten" oder „Kollision eingetreten". Die Aussagen haben unterschiedlich starken Einfluss auf das Gütemaß und werden in vier Kategorien aufsteigend nach der Gefährdung eingeordnet:

1. *Verletzung der Richtlinien*: Die Aussagen dieser Kategorie bewerten die Ökonomie des Verhaltens, wie z.B. das Nichteinhalten der Richtgeschwindigkeit.

2. *Verletzung von Verkehrsregeln*: Hiermit wird die Missachtung von Verkehrsregeln bewertet, die jedoch noch nicht unmittelbar zu einer Gefährdung führen, wie z.B. das Überfahren einer durchgezogenen Mittellinie.

3. *Kritische Situationen*: Situationen, die eine Gefährdung darstellen und zu einer Kollision führen können, werden durch Aussagen dieser Kategorie bewertet. Darunter fallen z.b. das Überholen bei gleichzeitigem Gegenverkehr oder das Missachten der Vorfahrt.

4. *Unfall*: In der letzten Kategorie werden bereits stattgefundene Unfälle bewertet. Die Aussagen dienen dazu, Situationen zu verhindern, die zu einem Unfall führen. Dabei wird nach der Schwere des Unfalls (Personen- oder Sachschaden) unterschieden. Diese Situationen sollten nicht aus praktischen Erfahrungen, sondern simulativ oder durch den Entwickler vorgegeben werden.

Jeder erfüllten Aussage wird eine Zahl $g \in [0,1]$ zugewiesen. Entsprechend den Kategorien erhalten Aussagen der ersten Kategorie einen Wert aus $[0.75, 1)$, die der zweiten Kategorie aus $[0.5, 0, 75)$, für kritische Situationen aus $[0.25, 0.5)$ und Unfälle aus $[0, 0.25]$. Der Wert $g = 1$ ist optimalen Situationen vorbehalten. Durch diese Einteilung ist gewährleistet, dass kritische Aussagen immer weniger kritische Aussagen überstimmen. Zur Bewertung einer Situation werden alle Aussagen überprüft und das Minimum gewählt:

$$Q = \min\{g(f)|f \in \text{erfüllte Aussage}\}. \tag{5.1}$$

Anschaulich bedeutet das, dass zur Vermeidung eines Unfalls eine Verletzung von Verkehrsregeln in Kauf genommen wird.

5.2.1.3   Zeitliche Verknüpfung der Fälle

Ein Fall stellt einen Zeitpunkt der Szene dar. Um die Entwicklung der Szene abschätzen zu können, werden die Fälle miteinander über die Zeit verknüpft. Zusammen mit der Verknüpfung zweier Fälle wird das Verhalten des kognitiven Automobils gespeichert, das zum Nachfolgefall führt. In jeder Situation können mehrere Verhalten angewendet werden, so dass mehrere Nachfolgefälle existieren. Abbildung 5.3 illustriert die zeitliche Verknüpfung anhand eines Ausschnitts der Menge bekannter Fälle. In diesem Beispiel wird eine abbiegende Vorfahrt betrachtet, bei der das von links kommende kognitive Automobil nach rechts in die Vorfahrtsstraße einbiegen will. Für den Fall (4) gibt es nur ein anwendbares Verhalten, das Einfahren in die Kreuzung, das zum Folgefall (9) führt. Im Fall (7) kreuzt ein Vorfahrtsberechtigtes Fahrzeug und es können zwei Verhalten angewendet werden. Wird die Kreuzung betreten, so kommt es zu einer Kollision, die durch Fall (36) repräsentiert ist. Im anderen Fall (15) wartet das kognitive Automobil an der Kreuzung und lässt das andere Fahrzeug passieren. In diesem Fall lässt sich dann die Weiterentwicklung der Szene auf den schon bekannten Fall (9) zurückführen.

Zusätzlich können für jedes anwendbare Verhalten mehrere Nachfolgefälle existieren, um die Unsicherheit der Abschätzung der Entwicklung der Szene zu modellieren. Dazu werden für alle Nachfolgefälle eines Verhaltens die Auftrittswahrscheinlichkeiten der Fälle mitgeführt. Ein Fall kann auch sich selbst als zeitlichen Nachfolger haben. Abbildung 5.4 zeigt ein Beispiel für einen Fall mit mehreren Nachfolgern. Bei Anwendung von Verhalten *B1* folgen die Fälle 2, 3, 4 mit den Wahrscheinlichkeiten 0.7, 0.2 und 0.1. Bei Anwendung von Verhalten *B2* wurde in 20 % der Fälle in den Fall 4 übergegangen, ansonsten in Fall 5.

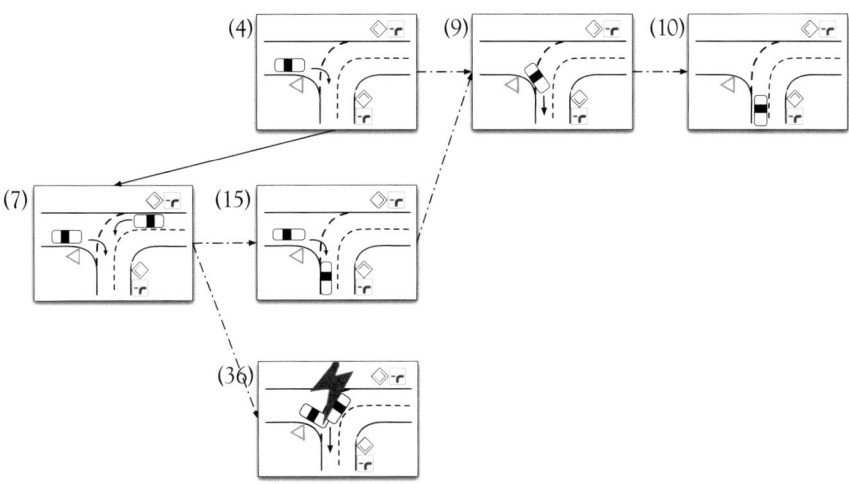

Abbildung 5.3: Zeitliche Gliederung von Fällen zur Modellierung der zeitlichen Entwicklung einer Szene.

Die Auftrittswahrscheinlichkeiten beruhen lediglich auf bisherigen Erfahrungen des Systems und stellen die bedingte Auftrittswahrscheinlichkeit dar $p(Y|X,B)$, dass Fall Y auftritt, wenn Fall X vorlag und Verhalten B ausgeführt wurde. Im gegebenen Beispiel ist also $p(\text{Fall 2}|\text{Fall 1}, \text{Verhalten B1}) = 0.7$.

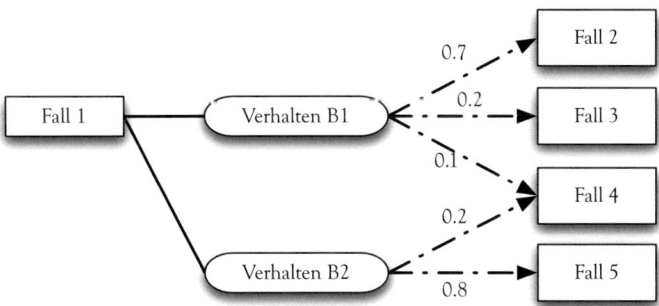

Abbildung 5.4: Nachfolgefälle bei unterschiedlichem Verhalten und zugehörigen Auftrittswahrscheinlichkeiten.

5.2.2 Aufbau der Fallbasis

Die Fallbasis verwaltet die bekannten Fälle und liefert auf Anfrage die zu einem gegebenen Fall ähnlichsten Fälle. Die meisten fallbasierten Systeme verwenden dazu eine Indizierung der Fälle und eine Metrik, um ähnliche Fälle zu finden. In dieser Arbeit werden die Fälle hierarchisch nach ihrem Detaillierungsgrad in der Fallbasis abgelegt. Die Hierarchie ist in einem endlichen, azyklischen, gerichteten Graphen organisiert, dessen Knoten die bekannten Fälle darstellen. Von einem Knoten N_1 führt eine Kante zum Knoten N_2 genau dann, wenn N_2 spezieller als N_1 ist und es keinen weiteren Fall N_x gibt, der spezieller als N_1 und allgemeiner als N_2 ist. Es erfolgt keine explizite Indizierung der Fälle und eine Metrik wird nicht benötigt, da die passenden Fälle durch eine Suche in der Hierarchie gefunden werden.

Damit zwei Fälle bezüglich ihrer Spezialisierung miteinander verglichen werden können, wird die Einbettung von Szenengraphen definiert als:

Definition 5.1 (Einbettung von Szenengraphen) *Ein Szenengraph S_1 lässt sich in einen Szenengraphen S_2 einbetten, in Zeichen $S_1 \preccurlyeq S_2$, genau dann wenn eine injektive Abbildung f existiert, die jeden Knoten N aus S_1 auf einen Knoten $\tilde{N}$ vom gleichen Grundtyp (Objekt, Attribut, oder Relation) aus S_2 und jede Kante E aus S_1 auf eine Kante $\tilde{E}$ aus S_2 abbildet, unter der Bedingung, dass N gleich oder allgemeiner ist[6] als $\tilde{N}$ und die Anfangs- und Endknoten der Kante E auf die entsprechenden Anfangs- und Endknoten der Kante $\tilde{E}$ abgebildet werden. Diese Abbildung f wird im Verlauf als Einbettungsfunktion bezeichnet.*

Mit Hilfe der Definition der Einbettung lässt sich nun eine Halbordnung auf der Fallbasis zum Vergleich von Fällen definieren:

Definition 5.2 (Vergleich von Fällen, „allgemeiner als") *Ein Fall C_1 ist allgemeiner als ein Fall C_2, im Zeichen $C_1 \sqsupseteq C_2$, genau dann wenn für die zugehörigen Szenengraphen S_1 und S_2 gilt: $S_2 \preccurlyeq S_1$*

Definition 5.3 (Vergleich von Fällen, „spezifischer als") *Ein Fall C_1 ist spezifischer als ein Fall C_2, genau dann wenn $C_2 \sqsupseteq C_1$ und gleichzeitig nicht $C_1 \sqsupseteq C_2$ gilt.*

Definition 5.4 (Vergleich von Fällen, „Gleichheit") *Zwei Fälle C_1 und C_2 sind gleich, genau dann wenn $C_1 \sqsupseteq C_2$ und $C_2 \sqsupseteq C_1$ gilt.*

Abbildung 5.5 zeigt einen Ausschnitt aus der Fallbasis. Das Top-Element, das aus einem leeren Szenengraphen besteht und allgemeiner als alle Fälle ist, ist nicht aufgeführt. Die Spezialisierungskante zwischen den Fällen (1) und (2) besteht, da in Fall (2) als zusätzliches Element der kreuzende Fußgänger auf der Kreuzung hinzugekommen ist. Fall (3) lässt sich nicht mit Fall (2) vergleichen, da sie jeweils Elemente besitzen (Fußgänger bzw. Radfahrer), die nicht aufeinander abgebildet werden können. Fall (5) hat mit den Fällen (2) und (3) zwei Verallgemeinerungen, die jeweils einen Teil des Szenengraphen abbilden.

---

[6]Allgemeiner im Sinne der Ontologie, d.h. ist N eine Instanz vom Konzept K_1 und $\tilde{N}$ eine Instanz vom Konzept K_2, so gilt die Vererbungsrelation IST_EIN(K_1, K_2).

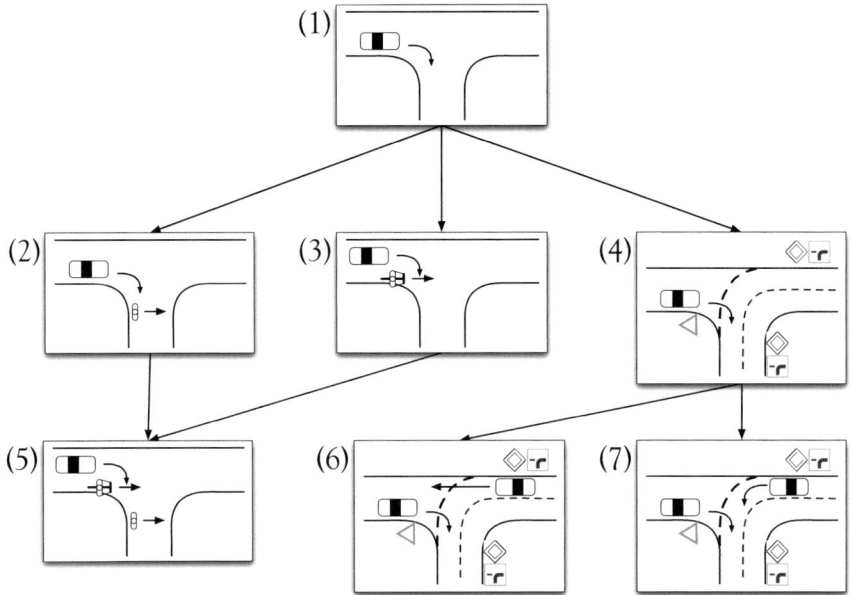

Abbildung 5.5: Aufbau der Fallbasis als Hierarchie der Fälle.

5.2.3   Finden der ähnlichen Fälle

Das Ziel ist es, diejenigen Fälle der Fallbasis zu identifizieren, die die größtmögliche Übereinstimmung mit dem Anfragefall aufweisen. Zur Suche nach den ähnlichen Fällen wird die
aktuelle Situation in einen Fall transformiert und die Fallbasis durchsucht. Dazu wird die
hierarchische Struktur der Fallbasis ausgenutzt, um die Suche effizient zu gestalten. Für die
Suche nach den ähnlichen Fällen wird noch die Definition eines passenden Falls benötigt:

Definition 5.5 (Passender Fall) *Ein Fall C passt zu einem Fall S, genau dann wenn*
$C \ni S$ und es keinen weiteren Fall T gibt für den gilt: $T \ni S$ und $C \ni T$.

Das heißt, der Fall C lässt sich in den Fall S einbetten, und es existiert kein speziellerer Fall
T, in den sich S auch einbetten lässt.
Die Fallbasis wird nun entlang der Hierarchisierungskanten durchlaufen, um die ähnlichen
Fälle zu extrahieren. Dazu kommt ein rekursiver Algorithmus zum Einsatz, der zuerst einen
Knoten testet, ob dieser zum Anfragefall passt. Trifft dies nicht zu, so bricht die Rekursion
an dieser Stelle ab, da auch keiner der Kindknoten ein passender Fall sein kann. Ist der Fall
ein passender Fall, so müssen zunächst die Kindknoten untersucht werden, um festzustellen,
ob es einen spezielleren passenden Fall als den betrachteten gibt. Dazu werden rekursiv
die Kindknoten untersucht, ob es unter ihnen einen passenden Fall gibt. Falls keiner der

Kindknoten eine passender Fall ist, so ist der betrachtete Fall selbst der passende Fall mit
der größtmöglichen Übereinstimmung. Nachfolgend ist der Algorithmus 2 dargestellt.

Algorithm 2 SUCHEPASSENDENFALL(KNOTEN K, ANFRAGEFALL S)

1: $C \leftarrow$ FALL(K)
2: **if** $(C \preccurlyeq S)$ **then**
3:     passender_Fall $\leftarrow$ **false**
4:     **for all** Kinderknoten k_i von Knoten K **do**
5:         passender_Fall $\leftarrow$ passender_Fall $\vee$ SUCHEPASSENDENFALL(k_i, S)
6:     **end for**
7:     **if** !(passender_Fall) **then**
8:         Markiere diesen Knoten als passend.
9:     **end if**
10:    **return true**
11: **else**
12:    **return false**
13: **end if**

5.2.4 Auswahl des optimalen Verhaltens

Die Menge der ähnlichen Fälle wird nun dazu benutzt, um das optimale Verhalten für die
aktuelle Situation auszuwählen. Unter dem optimalen Verhalten wird dasjenige Verhalten
verstanden, welches zu einer Situation mit der maximalen Güte Q im Sinne der Situationsbewertung aus Kapitel 5.2.1.2 führt. Dazu wird die zeitliche Entwicklung der einzelnen Fälle
betrachtet, was einer hypothetischen Ausführung verschiedener Verhalten gleichzusetzen ist.
Zur Vereinfachung der Darstellung wird zunächst davon ausgegangen, dass nur ein ähnlicher
Fall C gefunden wurde. Für diesen Fall werden nun die zeitlichen Nachfolger zusammen
mit den einzelnen Verhalten betrachtet. Für jeden Nachfolgefall C_j ist das Gütemaß Q_j nach
Gleichung (5.1) und die Auftrittswahrscheinlichkeit $p(C_j|C, B_i)$ bekannt. Für jedes Verhalten
wird nun die erwartete Güte E_i bestimmt durch:

$$E_i = \sum_j p(C_j|C, B_i) \cdot Q_j. \tag{5.2}$$

Dabei sind die Fälle C_j die Nachfolgefälle von C wenn das Verhalten B_i ausgeführt wird.
Aus allen Verhalten wird nun dasjenige B_{optimal} ausgewählt, das die höchste erwartete Güte
aller Verhalten hat:

$$B_{\text{optimal}} = \text{argmax}\{E_B| \ B \in \text{Verhalten}\}. \tag{5.3}$$

In Abbildung 5.6 ist ein Beispiel angegeben, bei dem für den ähnlichsten Fall zwei Verhalten
anwendbar sind. Da das Verhalten B_1 die höhere erwartete Güte hat, wird es ausgewählt.
In der Regel wird die Suche nicht nur einen sondern mehrere ähnliche Fälle liefern. Daraus lässt sich ableiten, dass es keinen Fall in der Fallbasis gibt, der die komplette Situation

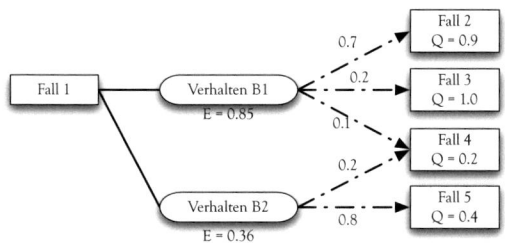

Abbildung 5.6: Auswahl eines Verhaltens bei nur einem ähnlichen Fall.

erfasst; die einzelnen Fälle decken nur Teilaspekte der Situation ab. Um kritische Weiterentwicklungen stärker in der Analyse zu berücksichtigen, muss das Verfahren zur Auswahl des optimalen Verhaltens angepasst werden. Für jedes Verhalten wird das Minimum der erwarteten Güte über alle ähnlichen Fälle gebildet und dasjenige Verhalten ausgewählt, dessen minimaler Wert maximal ist:

$$B_{\text{optimal}} = \text{argmax}\{\min\{E_{B_C} | C \in \text{ähnliche Fälle}\} | \; B \in \text{Verhalten}\}. \qquad (5.4)$$

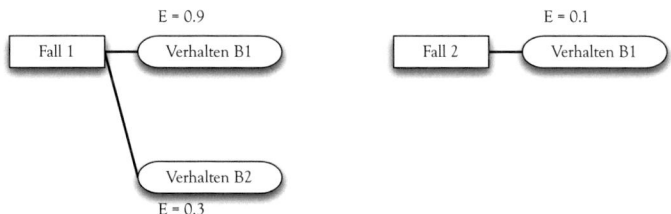

Abbildung 5.7: Auswahl eines Verhaltens bei mehreren ähnlichen Fällen.

Im Beispiel in Abbildung 5.7 sind zwei Fälle gefunden worden, in denen jeweils das Verhalten B_1 im zeitlichen Verlauf auftaucht. Wählte man nun einfach das Verhalten mit der maximalen erwarteten Güte, so gewönne Verhalten B_1, obwohl es im Fall (2) eine schlechte Bewertung hat. Stattdessen wird Verhalten B_2 gewählt, das nur in Fall (1) zur Anwendung kommt und insgesamt über alle Fälle betrachtet die bessere erwartete Güte aufweist.

Um in der Auswertung nicht nur den zeitlich nächsten Fall zu betrachten und somit eine größere zeitliche Vorhersage zu ermöglichen, kann das Verfahren erweitert werden, indem die Bewertungen entlang der Kanten aufgesammelt werden und darüber das Minimum gebildet wird. Dadurch werden zukünftige, schlechte Entwicklungen vorzeitig mit in Betracht gezogen. Die Erwartungswerte lassen sich im voraus berechnen und in den Fällen mit abspeichern. Somit muss zur Laufzeit nur noch eine Minimum- und Maximumauswertung erfolgen.

5.2.5   Sammeln von Erfahrungswissen

Das Paradigma des fallbasierten Schließens bietet den Vorteil, dass neues Wissen zum bereits bestehenden hinzugefügt und dass bestehendes Wissen aktualisiert werden kann. Dazu werden neue Fälle in die Fallbasis integriert und bestehende Informationen über Auftrittswahrscheinlichkeiten und erwartete Gütemaße aktualisiert. Neues Wissen kann entweder künstlich durch den Entwickler oder eine Simulation generiert werden oder es entsteht durch erlebte Situationen des Fahrzeugs. Die Integration des neuen Wissens muss nicht notwendigerweise zur Laufzeit des Systems geschehen, sondern kann auch, u.U. überwacht, in einem Nachbearbeitungsschritt durchgeführt werden.

Die Ausgangslage ist der Fall, der die aktuelle Situation repräsentiert und als Suchanfrage an die Fallbasis verwendet wurde. Existierte dieser Fall bereits in der Fallbasis, so werden lediglich die Auftrittswahrscheinlichkeiten aktualisiert. Stellt der Fall neues Erfahrungswissen dar, so wird die Bewertung Q berechnet und die Schritte

1. Einfügen des Falles in die Fallhierarchie,

2. Generalisieren neuer Fälle und

3. Erstellen der zeitlichen Verknüpfungen

durchgeführt.

5.2.5.1   Einfügen in die Fallhierarchie

Die Einfügestelle des neuen Falles ergibt sich aus den extrahierten ähnlichen Fällen. Der neue Fall ist eine Spezialisierung der ähnlichsten Fälle und wird entsprechend in die Fallbasis eingefügt. Für alle Spezialisierungen der ähnlichsten Fälle muss nun noch geprüft werden, wie der neue Fall dazu eingeordnet werden muss. Ist die Spezialisierung eines ähnlichsten Falles eine direkte Spezialisierung des neuen Falles, so wird die alte Verknüpfung gelöscht und durch eine Verbindung von neuem Fall zu dieser Spezialisierung ersetzt. Im anderen Fall werden Spezialisierungskanten vom neuen Fall zu allen Spezialisierungen der ähnlichsten Fälle gezogen, sofern diese eine Spezialisierung des Falles sind.

Abbildung 5.8 zeigt, wo ein neuer Fall eingefügt wird und welche Verbindungen gezogen werden. Die Fälle (2) und (3) sind die ähnlichsten Fälle, und es wird eine Verbindung zum neuen Fall gezogen. Zusätzlich werden Verbindung vom neuen Fall zu den Fällen (9) und (6) aufgrund der direkten Spezialisierung vom neuen Fall gezogen. Die alte Verbindung zwischen den Fällen (3) und (6) wird gelöscht.

5.2.5.2   Generalisieren neuer Fälle

Aus dem bestehenden Wissen können Verallgemeinerungen abgeleitet werden, indem einzelne Aspekte der Situation ausgelassen oder auf allgemeinere Konzepte abgebildet werden. Dazu müssen nur der neu eingefügte Fall und dessen Vorgänger und Nachfolger betrachtet werden.

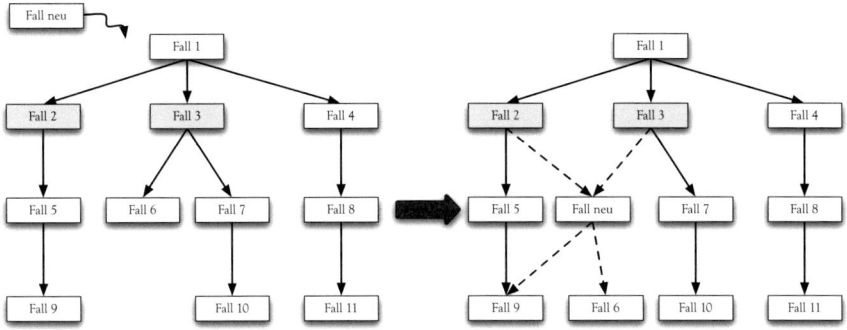

Abbildung 5.8: Einfügen eines neuen Falles in die Fallbasis, die ähnlichsten Fälle sind grau unterlegt, die neu eingetragenen Verbindungen sind als gestrichelte Linien dargestellt.

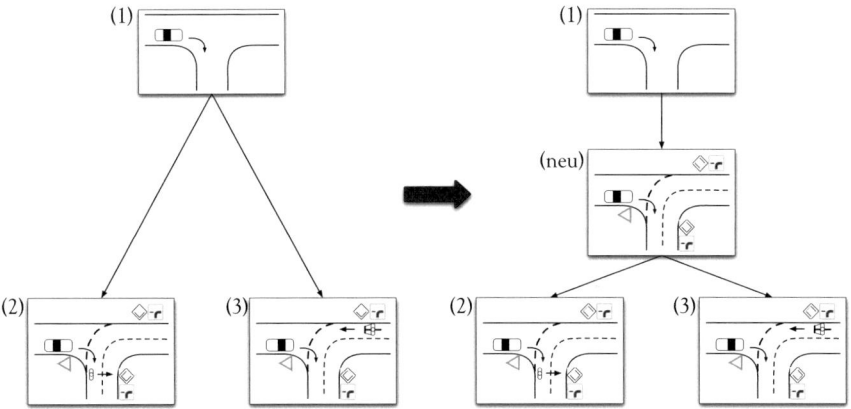

Abbildung 5.9: Generalisieren aus bestehenden Fällen.

Die Generalisierung durch Auslassen von Aspekten ist Abbildung 5.9 exemplarisch dargestellt. Aus den Fällen (2) und (3) wird der generalisierte Fall erzeugt und in die Hierarchie eingefügt.

5.2.5.3   Zeitliche Verknüpfungen

Wurde nach einem Fall (1) durch Ausführen des Verhaltens B der Fall (2) erreicht, so wird die entsprechende zeitliche Verknüpfung im Fall (1) gesetzt oder aktualisiert, falls sie schon existierte. Wurden generalisierte Fälle erzeugt, so müssen auch für diese Fälle die zeitlichen Verknüpfungen gesetzt werden. Dazu wird ein neuer Fall erzeugt, der aus dem Fall (2) hervorgeht, indem die Änderungen, die zur Generalisierung von Fall (1) führten, zur Generalisierung von Fall (2) angewendet. Auch dieser neue Fall wird in die Fallbasis eingefügt.

5.2.5.4 Größe der Fallbasis

Die Anzahl der möglichen Fälle in der Fallbasis ist beschränkt durch die Anzahl der verwendeten Konzepte und Relationen der in Kapitel 4 vorgeschlagenen Ontologie und durch die Anzahl der auftretenden Entitäten in einer Szene. Dabei ist jedoch zu beachten, dass in der Realität nicht alle Kombinationen von Relationen und Konzepten auftreten können. Der Aufwand zur Suche der ähnlichen Fälle ergibt sich durch die Anzahl zu vergleichender Fälle. Da die Fallbasis als Hierarchie von Fällen organisiert ist, wird immer nur ein Teil der vorhandenen Fälle zum Vergleich herangezogen. Der Suchaufwand ist somit direkt abhängig vom Verzweigungsgrad und der Tiefe der Fallhierarchie.

5.3 Zusammenfassung

In diesem Kapitel wurde ein Konzept vorgestellt, wie die Interpretation von Verkehrssituationen für kognitive Automobile durchgeführt werden kann. Es wird auf das Paradigma des fallbasierten Schließens zurückgegriffen, da dieses die Nachvollziehbarkeit der Interpretation gewährleistet und das Sammeln von Erfahrungswissen bietet. Zur Umsetzung des Paradigmas wird der Aufbau eines Falles definiert und die Struktur der Fallbasis vorgestellt. Zum Auffinden der ähnlichen Fälle wird ein Vergleichsoperator vorgestellt, der auf der Hierarchie der Fälle eine Halbordnung definiert. Die zeitliche Verknüpfung der Fälle zusammen mit dem Schema zur Bewertung der Güte eines Falles erlaubt die Abschätzung der Entwicklung der aktuellen Situation bei der Ausführung eines bestimmten Verhaltens. Durch das Gegenüberstellen verschiedener Verhalten kann das optimale Verhalten gewählt werden. Durch das Einordnen von neu gewonnenem Problemlösungswissen kann das System sein Erfahrungswissen erweitern.

Der Vorschlag bleibt auf der rein konzeptionellen Ebene und stellt einen Ansatz dar, wie die Komponenten Umfelderfassung, Wissensmodellierung und Situationsinterpretation miteinander interagieren.

Kapitel 6

Experimente und Evaluation

6.1   Experimentierplattform und Datenmaterial

Zur Evaluation der Ansätze wurde das autonome Fahrzeug „Smart Roadster", dargestellt in Abbildung 6.1, verwendet, das am Institut für Technische Informatik aufgebaut wurde. Das Fahrzeug ist für fahrerloses Fahren umgerüstet worden und erlaubt die Ansteuerung von Gas, Bremse und Lenkung [Schröder 06]. Zur Erfassung des Umfeldes wurden der Kamerakopf sowie die PMD-Kamera, die beide in Kapitel 3.1 vorgestellt wurden, eingesetzt. Zusätzlich verfügt das Fahrzeug über Inertial- und Radsensoren, um eine relative Lokalisation durchzuführen und die Regelung mit Daten zu versorgen.

Abbildung 6.1: Experimentierplattform „Smart Roadster".

Wie aus Abbildung 6.2 ersichtlich ist, besteht das Fahrzeugsystem aus den fünf logischen Hauptkomponenten Wahrnehmung, Situationsinterpretation, Verhaltensausführung, Bahnplanung und Regelung sowie der Realzeitdatenbank. Die Realzeitdatenbank [Goebl 07] ist die zentrale Einheit zum Austausch von Daten zwischen den angeschlossenen Komponenten und der Synchronisation dieser Komponenten. Der Informationsfluss beginnt bei der Wahrnehmung, die die Kameras ausliest und deren Daten entsprechend Kapitel 3 auswertet. Diese Daten werden an die Situationsinterpretation übermittelt, die daraus das Gesamtbild der Situation herstellt und das optimale Verhalten zusammen mit den relevanten Information ableitet, so wie es in den Kapiteln 4 und 5 ausgeführt ist. Die Verhaltensausführung generiert auf dieser Basis mit Hilfe eines Verhaltensnetzwerks [Schröder 07] einen so genannten Fahrkorridor, der den zulässigen Parameterbereich für die Bahnplanung vorgibt. Zuletzt wird im Fahrkorridor eine Bahn geplant und damit das Fahrzeug gesteuert. Die Komponenten Realzeitdatenbank, Verhaltensausführung und Bahnplanung und Regelung sind nicht Teil dieser Arbeit; auf sie wird nur zurückgegriffen.

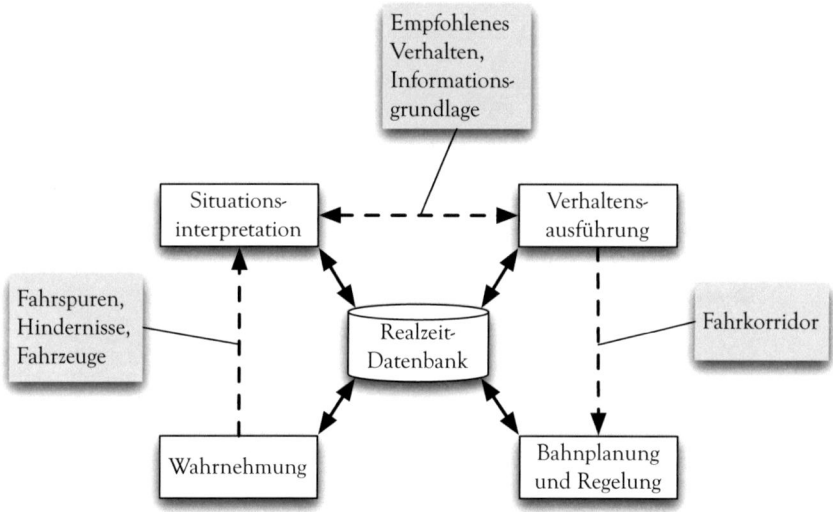

Abbildung 6.2: Systemkomponenten der Experimentierplattform „Smart Roadster". Der Informationsfluss ist durch gestrichelte Pfeile gekennzeichnet, die realen Datenflüsse mit durchgezogenen Pfeilen.

Als Testumgebung diente das ehemalige Gelände der Mackensen-Kaserne in Karlsruhe. Es besteht aus mehreren gepflasterten Straßen ohne Markierung sowie ausschließlich rechtwinkligen Kreuzungen. In dieser Umgebung wurden die Erkennung von nichtmarkierten Straßen und Kreuzungen, die Hinderniserkennung sowie die Interpretation von Verkehrssituationen evaluiert.

Da das Fahrzeug keine Straßenzulassung besitzt, wurden zusätzliche Messfahrten auf öffentlichen Straßen durchgeführt. Dazu wurde eine Standardvideokamera am Innenspiegel angebracht und ein Navigationsgerät vom Typ „Indianapolis" der Firma Harman/Becker Automotive Systems benutzt. Auf mehreren Überlandfahrten wurden insgesamt ca. 2 1/2 Stunden Videomaterial in mehreren Sequenzen gesammelt und offline verarbeitet. Die Sequenzen enthalten sowohl Autobahn- als auch Überlandstraßen, die immer Fahrbahnmarkierungen aufweisen. Zur detaillierten Auswertung pro Bild wurden zwei Teilsequenzen mit jeweils 30 Sekunden Länge herausgegriffen. Dabei handelt es sich beide Male um Überlandstraßen mit jeweils einer Kreuzung.

6.2 Detektion von Fahrspuren

Wie bereits in Kapitel 3.3 beschrieben, ist die Detektion der Fahrspuren die erste Fähigkeit zur Erfassung des Umfeldes und stellt eine der wichtigsten Informationsgrundlagen dar. Dabei wird zunächst von Straßen mit Markierung ausgegangen. Zusätzlich wird zuerst mit einem geraden Straßenmodell von 40m Länge gearbeitet. Auf Autobahnen und Überlandstraßen kommt es damit zu keinen Problemen, da keine starken Krümmungen auftreten und die Straße immer als stückweise eben angesehen werden kann.

Zur Schätzung der Modellparameter wird für jede Fahrspur ein Partikelfilter verwendet. Eine ausreichende Diskretisierung des vierdimensionalen Zustandsraums wird bereits mit 500 Partikeln erreicht, eine Erhöhung der Partikelanzahl bringt keine Verbesserung der Schätzungen. Jedes Partikel wird nun anhand von sechs so genannten Hinweisen bewertet, und das Produkt der einzelnen Bewertungen ergibt die Gesamtbewertung. Abbildung 6.3 zeigt die Bewertung der einzelnen Hinweise auf einer zweispurigen Straße für ein gegebenes Fahrspurmodell in Abhängigkeit vom lateralen Versatz zur Position des Fahrzeugs. Dabei sind drei wesentliche Beobachtungen festzustellen. Zum ersten entspricht die Verteilung der bildbasierten Hinweise (Markierung, Straßenkante, Straßenfarbe und Nichtstraßenfarbe) keiner Gaußschen Normalverteilung. Zum zweiten gibt es keinen einzelnen Hinweis, der signifikant die richtige Lage der Fahrspur beschreibt, vielmehr ergibt sie sich erst durch die Kombination der Hinweise. Und zum dritten erkennt man an den beiden Ausschlägen bei $-2,6m$ und bei $0m$ die Lage der beiden Fahrspuren.

Bei der Weiterentwicklung der Partikelmenge ist zu beachten, dass die Menge im Laufe der Zeit auf einen Punkt im Parameterraum degeneriert. Deshalb werden in jedem Durchgang die 10 % Partikel mit der schlechtesten Bewertung zufällig neu verteilt. Zur besseren Veranschaulichung ist in Abbildung 6.4 der Parameter „Seitlicher Versatz" herausgegriffen worden, um die Entwicklung der Partikelmenge im Laufe der Verfolgung zu illustrieren. Dabei soll die Größe der Kreise die Anzahl der Partikel für den jeweiligen Parameterwert anzeigen. Zu Beginn sind die Partikel gleichmäßig über den Parameterbereich verteilt, und in den ersten Schritten entstehen mehrere Ballungen. Bereits nach fünf Schritten kristallisiert sich das Maximum heraus, an dem sich die meisten Partikel befinden. Die einzelnen Partikel außerhalb des Maximums sind durch die Neuverteilung entstanden.

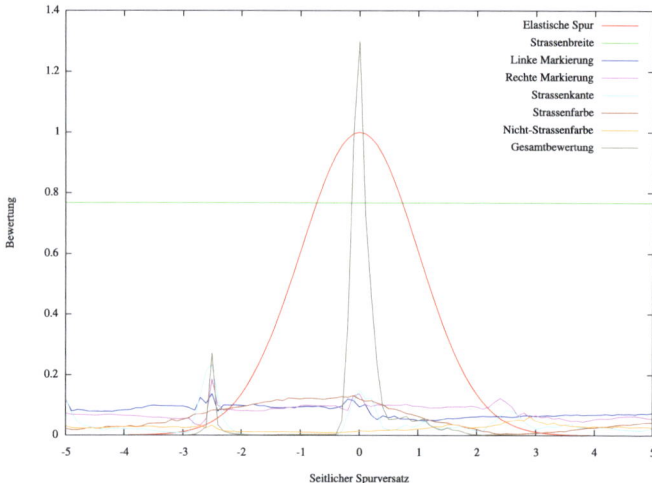

Abbildung 6.3: Bewertung der einzelnen Hinweise in Abhängigkeit vom seitlichen Versatz der Fahrspur.

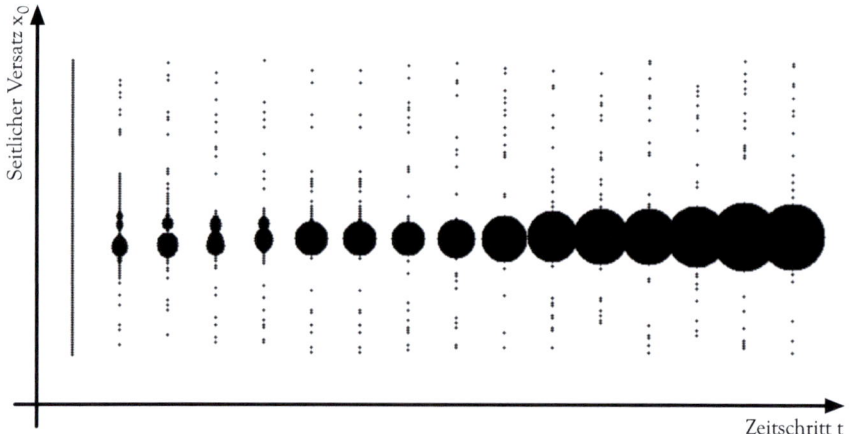

Abbildung 6.4: Entwicklung der Partikelverteilung anhand des Parameters „Seitlicher Versatz".

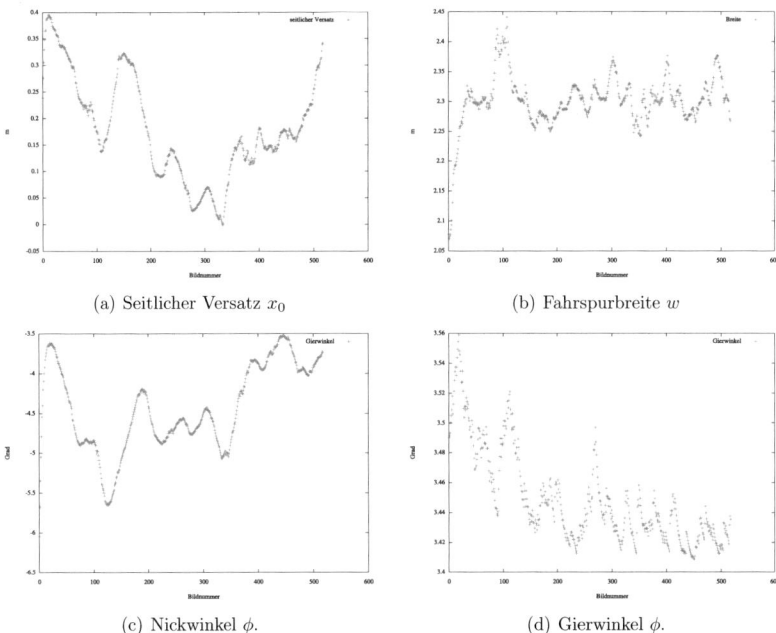

(a) Seitlicher Versatz x_0 (b) Fahrspurbreite w

(c) Nickwinkel ϕ.   (d) Gierwinkel ϕ.

Abbildung 6.5: Entwicklung der einzelnen Parameter im Verlauf der Testsequenz.

Die Abbildungen 6.5 (a)-(d) zeigen schließlich die geschätzten Parameter des Fahrspurmodells über die komplette Sequenz.

Zur Detektion des Straßenverlaufs wird für jede vorkommende Fahrspur ein eigenes Partikel-Filter verwendet. Der Zustand jedes Partikel-Filters wird durch einen endlichen Automaten überwacht, der in Kapitel 3.3.5 vorgestellt wurde. Zur Demonstration der Vorgehensweise sind in den Abbildungen 6.6 (a) - (h) die typischen Fälle im Verlauf der Verfolgung von Fahrspuren aufgezeigt. Die Güte der Schätzung ist farblich kodiert, dabei kennzeichnet grün eine sehr gute Schätzung, gelb eine mittelgute Schätzung und rot eine schlechte bzw. abgelehnte Schätzung.

Zu Beginn der Verfolgung (Abbildung 6.6 (a)) existiert nur ein Schätzer für die eigene Fahrspur. Dieser stellt noch eine schlechte Schätzung dar, da das Modell noch nicht exakt in die Fahrspur eingepasst wurde. Innerhalb der nächsten Zeitschritte durchläuft der Zustandsautomat die Zustände „Erkenner gestartet", „keine Fahrspur" und „Fahrspur gefunden" und geht schließlich in die gesicherte Detektion durch den Übergang in den Zustand „Verfolgung" über. Dabei werden gleichzeitig rechts und links der Fahrspur neue Partikel-Filter gestartet, die nach benachbarten Spuren suchen. Abbildung 6.6 (b) zeigt die beiden neuen Schätzer. Rechts der eigenen Fahrspur kann keine weitere Fahrspur gefunden werden, woraufhin dieser Erkenner wieder gestoppt wird. Demgegenüber kann aber auf der linken Seite einer neuer Schätzer etabliert werden, der die benachbarte Spur zuverlässig verfolgt (Abbildung 6.6

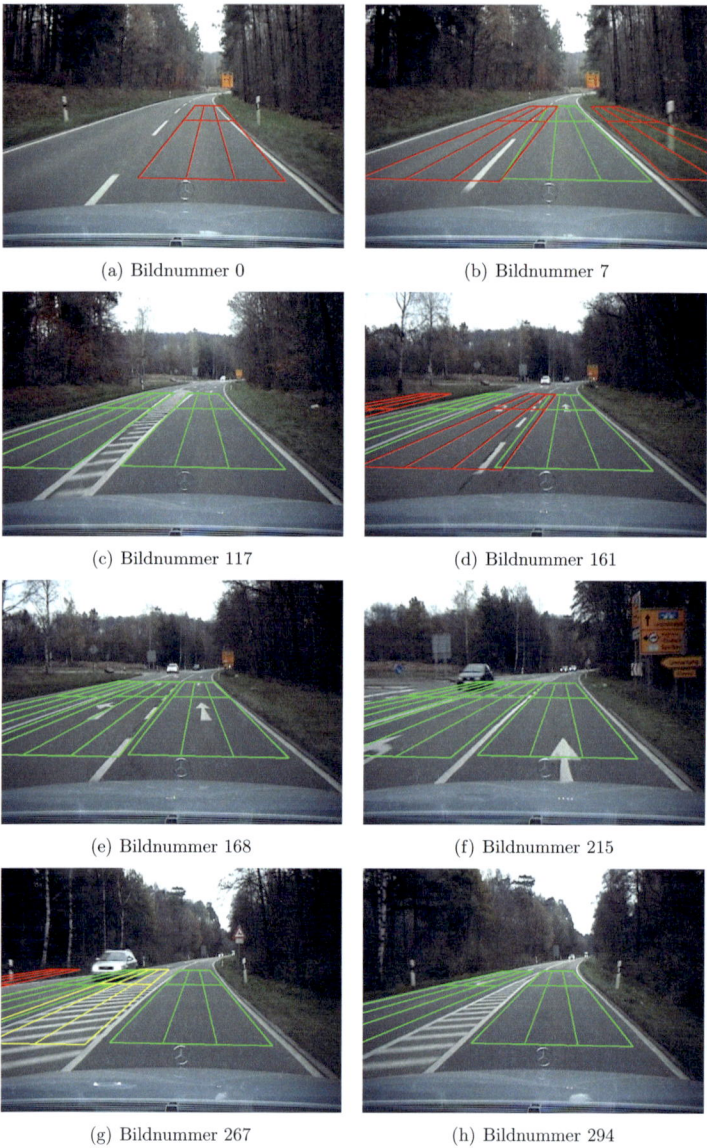

(a) Bildnummer 0   (b) Bildnummer 7

(c) Bildnummer 117   (d) Bildnummer 161

(e) Bildnummer 168   (f) Bildnummer 215

(g) Bildnummer 267   (h) Bildnummer 294

Abbildung 6.6: Darstellung der Ergebnisse der Verfolgung aller Fahrspuren.

(c)). Da sich das Fahrzeug einer Kreuzung mit separater, mittlerer Abbiegespur nähert, sind die beiden Fahrspuren auseinander gelaufen. Es wird ein weiterer Schätzer zwischen diesen beiden Spuren gestartet (Abbildung 6.6 (d)), und die Abbiegespur wird zuverlässig erkannt (Abbildung 6.6 (e), (f)). Am Ende der Kreuzung laufen die beiden äußeren Fahrspuren wieder zusammen und die dazwischen eingebettete Fahrspur verjüngt sich, so dass die Güte der Schätzung kontinuierlich abnimmt (angezeigt durch die gelbe Einfärbung in Abbildung 6.6 (g)) bis der Schätzer schließlich beendet wird (Abbildung 6.6 (h)) und nur noch die verbliebenen beiden Fahrspuren detektiert werden.

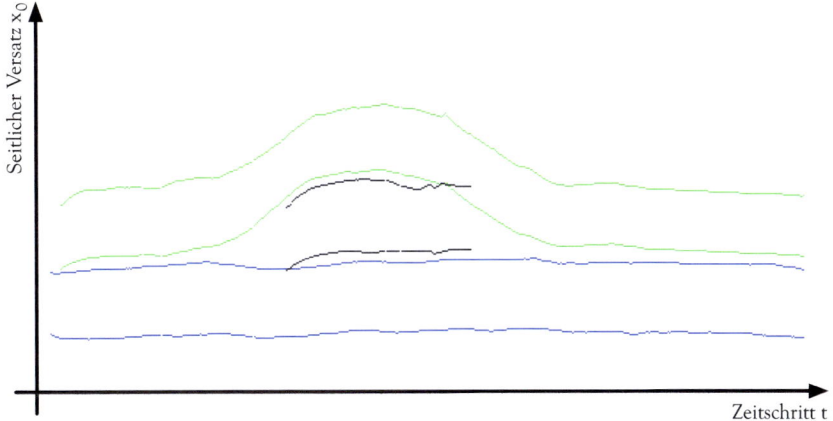

Abbildung 6.7: Geschätzer Verlauf der erkannten Fahrspuren.

Das Ergebnis der Detektion ist in Abbildung 6.7 verkürzt dargestellt. Die x-Achse gibt den zeitlichen Verlauf der Sequenz wieder. Auf der y-Achse sind die Positionen der einzelnen Fahrspuren in Bezug auf das Fahrzeugkoordinatensystem aufgetragen. Für jede Fahrspur ist der Beginn des rechten und linken Markierungsrands ausgewertet worden. Die blaue Fahrspur kennzeichnet die eigene Fahrspur. Sie verläuft erwartungsgemäß gerade, da sich das Fahrzeug immer auf dieser Fahrspur befindet. Die Gegenspur ist in grün aufgetragen, und man erkennt zum einen, dass die Verfolgung erst startet, nachdem der Schätzer der eigenen Fahrspur etabliert wurde, und zum Anderen wie sich die Gegenspur vor der Kreuzung nach links (bzw. in der Abbildung nach oben) verschiebt und nach der Kreuzung wieder zurück. Im Bereich der Kreuzung ist die Position der zusätzlich vorliegenden Abbiegespur in schwarz dargestellt.

Die Detektion des Straßenverlaufs wird durch die Rekonstruktion der einmündenden und querenden Straßen komplettiert. Dazu werden die Daten des Navigationsgeräts, der Abstand zur nächsten Kreuzung durch Auswerten der digitalen Karte und die Lokalisation in der Karte durch das GPS-System, ausgewertet, um das Partikel-Filter zur Einmündungsschätzung zu

(a) Rekonstruierter Verlauf der querenden (b) Eingeblendeter Richtungspfeil zur Visua-
Straße   lisierung der geplanten Route

Abbildung 6.8: Rekonstruierter Verlauf der querenden Straße zusammen mit dem eingeblendeten Pfeil zur Visualisierung der geplanten Route.

parametrieren und anschließend mit den Navigationssystemdaten zu fusionieren. Abbildung
6.8 (a) zeigt die rekonstruierten Fahrspuren bei der Annäherung an eine querende Straße.
Eine mögliche Anwendung besteht dann in der Visualisierung der geplanten Route, die im
gegebenen Beispiel als eingeblendeter Pfeil den weiteren Routenverlauf darstellen (Abbildung
6.8 (b)).

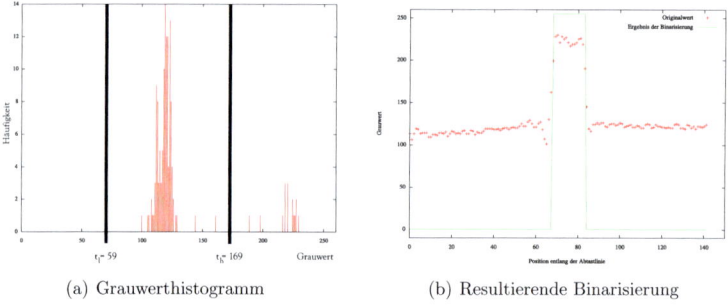

(a) Grauwerthistogramm   (b) Resultierende Binarisierung

Abbildung 6.9: Adaptive Binarisierung entlang einer Abtastlinie.

Die Schätzung der Fahrspurgeometrien alleine liefert noch nicht den kompletten Informationsgehalt über die vorliegende Straße. Um den einzelnen Fahrspuren eine Bedeutung zuweisen zu können, werden deshalb die aufgebrachten Markierungen in Form vom Längsmarkierungen und Richtungspfeilen analysiert. Damit ist es dann möglich, den einzelnen Spuren
die Vorzugsrichtung zuzuweisen und die Erlaubnis zum Spurwechsel festzustellen.
Zur Analyse der Längsmarkierungen werden Abtastlinien verwendet, die sich orthogonal
zur erwarteten Markierung befinden. Die Abtastlinie wird binarisiert, indem mit Hilfe des
k-Mittelwerte-Verfahrens der optimale Schwellwert der Markierung auf dieser Abtastlinie

ermittelt wird. Abbildung 6.9 (a) zeigt das Histogramm der Grauwerte entlang einer Abtastlinie. In der Regel terminiert das k-Mittelwerte-Verfahren nach 3 – 4 Iterationen und liefert die beiden Schwellwerte t_l und t_h. Alle Grauwerte oberhalb des größeren Schwellwertes t_h werden als zur Markierung gehörend betrachtet. Damit ergibt sich eine Binarisierung wie sie in Abbildung 6.9 (b) dargestellt ist.

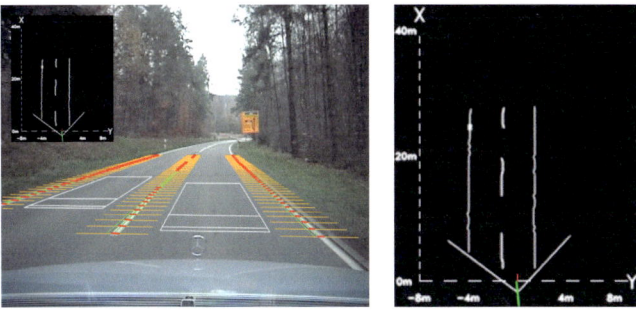

Abbildung 6.10: Ergebnis der Linienklassifikation auf einer normalen Landstraße.

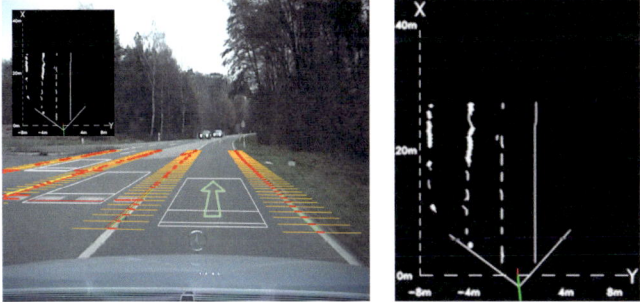

Abbildung 6.11: Ergebnis der Linienklassifikation innerhalb des Kreuzungsbereichs.

Für jede Abtastlinie werden zuerst die Anzahl der Markierungen ermittelt und die einzelnen Markierungen als schmal oder breit klassifiziert. Existieren mehr als zwei Markierungen, wird die Abtastlinie verworfen, um im Kreuzungsbereich bei Sperrflächen Fehldetektionen zu vermeiden. In der Analysephase werden dann alle Abtastlinien entlang einer Markierung betrachtet und die Linienart und -länge mit Hilfe von regulären Ausdrücken klassifiziert. In Abbildung 6.10 ist eine typische Überlandstraße mit zwei Fahrstreifen dargestellt. Die Abtastlinien sind durch orangen Linien angezeigt, die roten inneren Bereiche einer Abtastlinie kennzeichnen die extrahierte Markierung. Die äußeren Begrenzungen sind durch durchge-zogene Linien gegeben, der Übergang zwischen den beiden Fahrspuren ist eine normale, gestrichelte Linie, die einen Spurwechsel erlaubt.

Bei der Klassifikation der Markierungsbreite ergeben sich Probleme bei weit entfernten Mar-kierungen, da die beiden Breiten aufgrund der Kameraauflösung nicht zu unterscheiden sind. So werden in Abbildung 6.11 die Begrenzungen der am weitesten links liegenden Spur als breit klassifiziert. Des Weiteren ist in Abbildung 6.11 das Klassifikationsergebnis der Längsmar-kierungen innerhalb einer Kreuzung dargestellt. Man erkennt, dass die Markierung zwischen der eigenen und der benachbarten Fahrspur durch kurze Linien mit hoher Frequenz gegeben ist, weshalb diese Markierung als Leitlinie im engeren Knotenpunktbereich klassifiziert wird.

Richtungspfeile stellen die zweite Informationsart dar, die aus den aufgebrachten Straßen-markierungen extrahiert werden kann. Diese liefern zusätzliche Hinweise über die Vorzugs-richtungen der einzelnen Fahrspuren im Kreuzungsbereich. Aus dem Wissen über die Lage der Fahrspuren wird eine Suchregion definiert, in der die Pfeile erwartet werden. Die Re-gionen werden extrahiert und mit Hilfe der inversen perspektivischen Abbildung in die Vo-gelperspektive transformiert, so dass die einzelnen Regionen unabhängig von der Lage zum Fahrzeug normalisiert sind. Abbildung 6.12 zeigt exemplarisch die Vogelperspektive für eine komplette Aufnahme.

Die Regionen werden extrahiert und durch Anwenden des k-Mittelwerteverfahrens, das auch zur Linienanalyse verwendet wurde, binarisiert. Abbildung 6.13 (a) zeigt eine Verkehrsszene in der der untersuchte Pfeil gekennzeichnet ist. Abbildung 6.13 (b) zeigt den resultierenden Pfeil wie er nach Anwendung der inversen perspektivischen Transformation vorliegt und Abbildung 6.13 (c) das Ergebnis der Binarisierung.

Jede binarisierte Region wird abschließend als Muster zum Vergleich mit vorliegenden Scha-blonen verwendet. Abbildung 6.14 zeigt das Klassifikationsergebnis für die entgegenkommen-de Spur. Zur Evaluation der Klassifikation von Pfeilen wurden drei Sequenzen mit jeweils einer Kreuzung analysiert. Darin treten insgesamt 36 Pfeile sowie 10 andere, in der Mitte der Fahrspur aufgebrachte Markierungen, auf. Tabelle 6.1 listet die einzelnen Klassifikati-onsergebnisse auf. Insgesamt zeigt sich ein sehr gutes Klassifikationsergebnis mit einer Er-kennungsrate von 91,3%. Die Fehler resultieren in 2 von 46 Fällen aus einer fehlerhaften Extraktion der Pfeilregion und in 4 von 46 Fällen in einer fehlerhaften Klassifikation.

Zur Evaluation der Detektion von Straßen ohne Markierung wurden mehrere Fahrten mit dem autonomen Fahrzeug „Smart Roadster" durchgeführt. Im ersten Experiment wurde das Fahrzeug auf einer markierten, geraden Straße bewusst in Schlangenlinien gesteuert, um die Erkennung der Straßenränder zu demonstrieren. Der Graph im linken Teil der Abbildung 6.15 zeigt die gefahrene Strecke des Fahrzeugs sowie die geschätzten linken und rechten Begrenzungen der Fahrspur.

Im zweiten Experiment wurde das Fahrzeug auf einer Straße ohne Markierungen gesteu-ert. Im linken Teil der Abbildung 6.16 sieht man wiederum die gefahrene Strecke und den

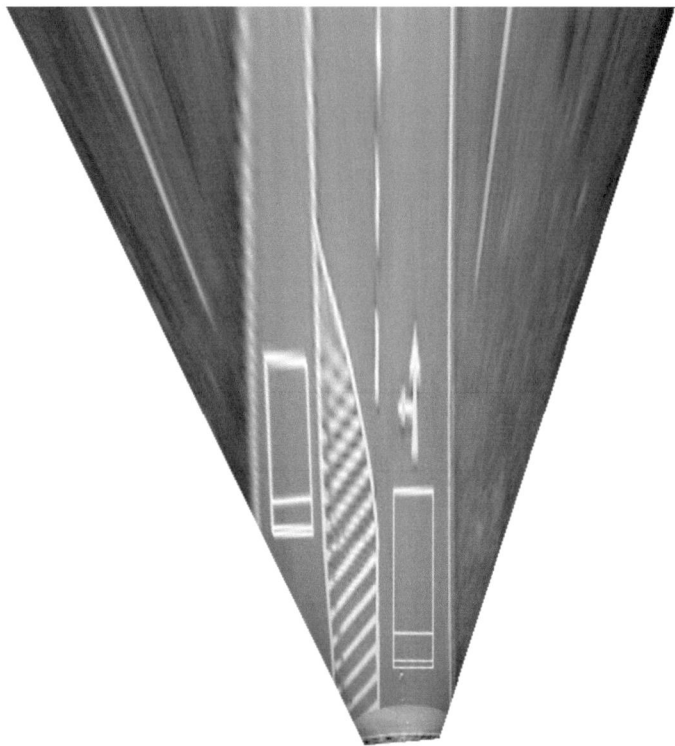

Abbildung 6.12: Rekonstruierte Vogelperspektive einer Szene durch Anwenden der perspektivischen Transformation.

geschätzten Verlauf der Fahrspur. Die vier Einzelbilder zeigen Ausschnitte der befahrenen Straße mit dem überlagerten geschätzten Fahrspurverlauf.

Die Zuverlässigkeit der Verfahrens zeigt sich bei ungünstigen Wetterverhältnissen. Wie die Beispiele in Abbildung 6.17 erkennen lassen, würde jedes Merkmal für sich alleine genommen die Fahrspur nicht schätzen können. Durch die Merkmalsfusion im Partikelfilter ist es aber möglich sowohl bei Regen als auch bei Sonnenschein und starkem Schattenwurf die Fahrspur sicher zu detektieren.

Die abschließende Abbildung 6.18 zeigt das Ergebnis der Detektion von Kreuzungen auf Straßen ohne Markierung. Der linke Teil (a) zeigt die rekonstruierte Kreuzung sowie den geschätzten Straßenverlauf. Im rechten Teil (b) ist das Kamerabild mit der geschätzten Kreuzung überlagert.

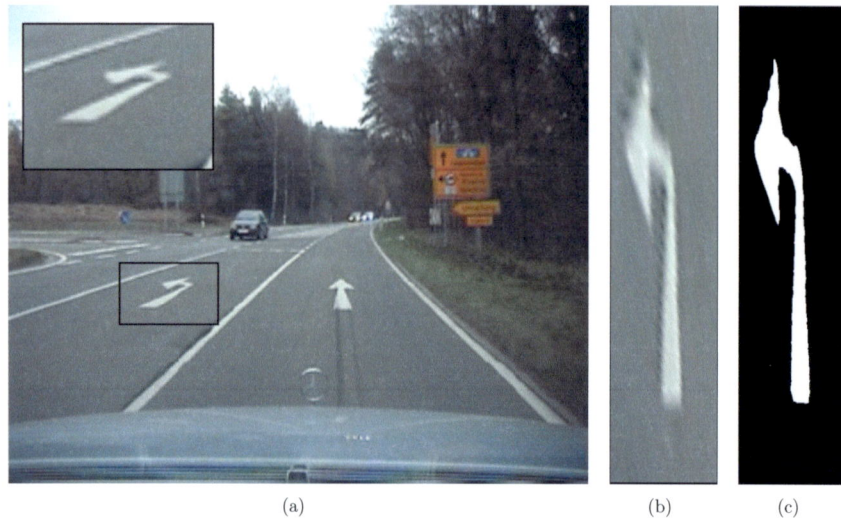

(a)   (b)   (c)

Abbildung 6.13: Extrahierte Region mit resultierendem Pfeil und Binarisierungsergebnis.

Abbildung 6.14: Klassifikationsergebnis des Richtungspfeils auf der entgegenkommenden Spur.

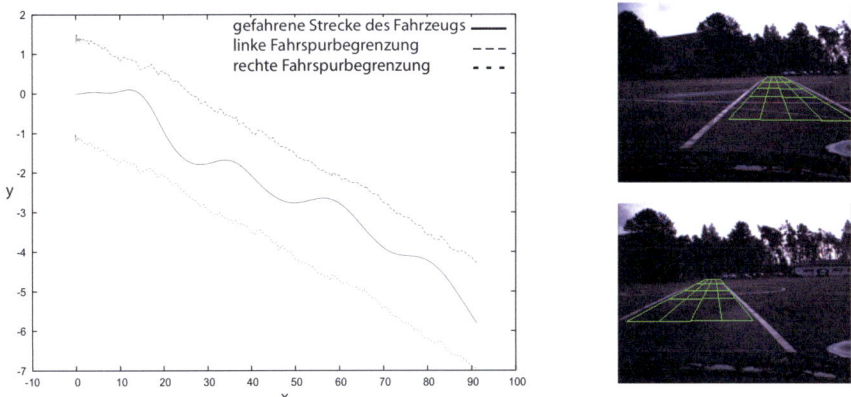

Abbildung 6.15: Schätzung der markierten Fahrspur bei Schlangenlinienfahrt.

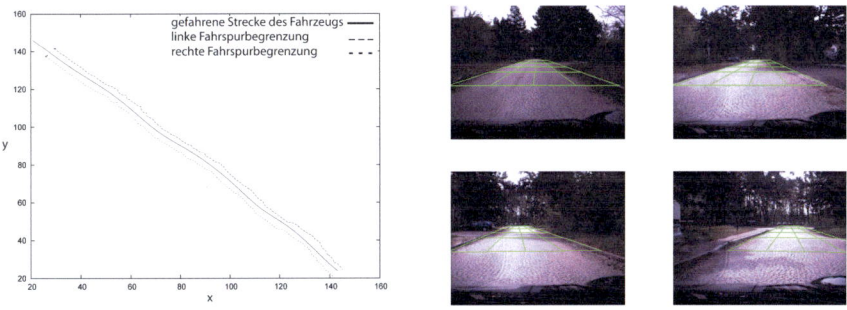

Abbildung 6.16: Schätzung nicht-markierter Fahrspuren

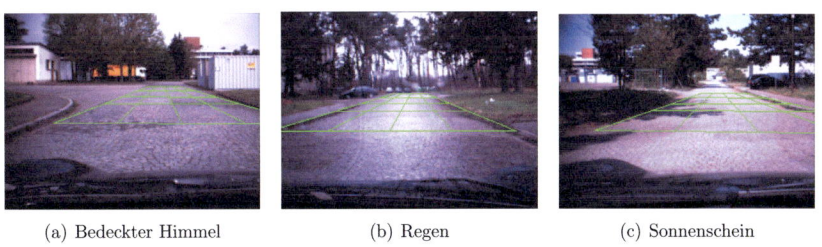

(a) Bedeckter Himmel   (b) Regen   (c) Sonnenschein

Abbildung 6.17: Detektion der Fahrspur bei unterschiedlichen Wetterverhältnissen.

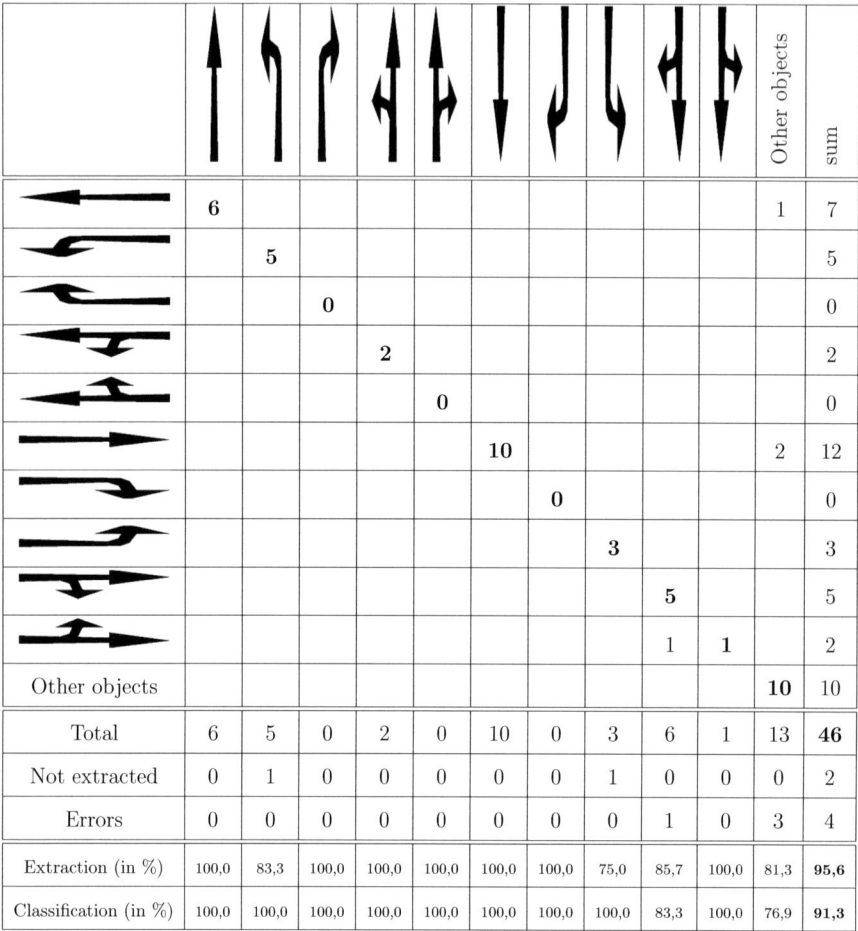

											Other objects	sum
	6										1	7
		5										5
			0									0
				2								2
					0							0
						10					2	12
							0					0
								3				3
									5			5
									1	1		2
Other objects											10	10
Total	6	5	0	2	0	10	0	3	6	1	13	46
Not extracted	0	1	0	0	0	0	0	1	0	0	0	2
Errors	0	0	0	0	0	0	0	0	1	0	3	4
Extraction (in %)	100,0	83,3	100,0	100,0	100,0	100,0	100,0	75,0	85,7	100,0	81,3	95,6
Classification (in %)	100,0	100,0	100,0	100,0	100,0	100,0	100,0	100,0	83,3	100,0	76,9	91,3

Tabelle 6.1: Klassifikationsergebnisse der Analyse von Richtungspfeilen.

6.3 Hinderniserkennung

Wie in Kapitel 3.4 aufgeführt ist, stellt die Erkennung von Hindernissen die zweite Fähigkeit dar, um aus den Sensordaten Informationen über das Fahrzeugumfeld zu gewinnen. Die Datenerfassung zur Hinderniserkennung erfolgt mit Hilfe der PMD-Kamera, die ein 64x16 Punkte großes Tiefenbild der Umgebung durch Lichtlaufzeitmessungen erzeugt. Die Charakteristik dieses Sensors ist detailliert in Anhang A beschrieben.

Die Hinderniserkennung erwartet keinen bestimmten Objekttyp und kann deshalb keine Annahmen über Aussehen und Art der Bewegung der Objekte treffen. Es wird deshalb alles,

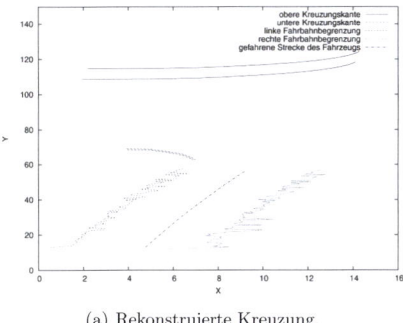

(a) Rekonstruierte Kreuzung.   (b) Szene mit überlagerter Kreuzungsschätzung.

Abbildung 6.18: Detektion von Kreuzungen auf Straßen ohne Markierung.

was aus der Straßenebene herausragt, als Hindernis betrachtet. Zur Detektion werden die Tiefendaten durch ein Regionenwachstumsverfahren segmentiert und die Objekte durch ein Kalman-Filter verfolgt. Zur Evaluation des Ansatzes werden im Folgenden zwei Experimente vorgestellt und analysiert, die mit dem Testfahrzeug „Smart Roadster" auf dem Testgelände durchgeführt wurden. Dazu werden die Hindernisse im Umfeld des Fahrzeugs erkannt und im zentralen Datenspeicher abgelegt, so dass die Verhaltensausführung darauf zugreifen und das Fahrzeug steuern kann.

Im ersten Experiment wird das Ausweichen an einem Hindernis demonstriert. Dieses Szenario wird im zweiten Experiment dergestalt abgewandelt, dass die geplante Fahrspur von einem Fußgänger gekreuzt wird, so dass das Verhalten entsprechend angepasst werden muss.

Das erste Experiment dient dazu, die Fähigkeit „Hinderniserkennung" an einem statischen Hindernis zu demonstrieren. Dazu befindet sich ein anderes Fahrzeug in der zu fahrenden Fahrspur, und das autonome Fahrzeug ist so parametriert, dass es das andere Fahrzeug auf der linken Seite passiert. Der initiale Hindernisabstand beträgt $26m$ und ab $15m$ Entfernung wird das Ausweichmanöver eingeleitet.

In Abbildung 6.19 (a) ist dazu die Kamerasicht des Testfahrzeugs zu Beginn des Experiments zu sehen. Abbildung 6.19 (b) zeigt in der oberen Hälfte das grauwertkodierte Amplituden- bild der PMD-Kamera und in der unteren Hälfte das mit Falschfarben kodierte, gefilterte Tiefenbild. Die dreidimensionale Ansicht in Abbildung 6.19 (c) stellt die Tiefenpunkte der PMD-Kamera räumlich dar. Das erkannte Hindernis ist durch den umschließenden Quader hervorgehoben.

Die Abbildungen 6.20–6.22 zeigen den weiteren Ablauf des Fahrmanövers. Bis zum Zeitpunkt $t = 3s$ (Abbildung 6.20) bleibt das Fahrzeug auf der eigenen Fahrspur und leitet dann das Ausweichmanöver ein. Während des Ausscherens zum Zeitpunkt $t = 4s$ (Abbildung 6.21) wandert das Hindernis langsam nach rechts aus dem Erfassungsbereich der Kamera bis das Fahrzeug nach $t = 5s$ (Abbildung 6.22) neben dem Hindernis ist. Das Hindernis wird ab

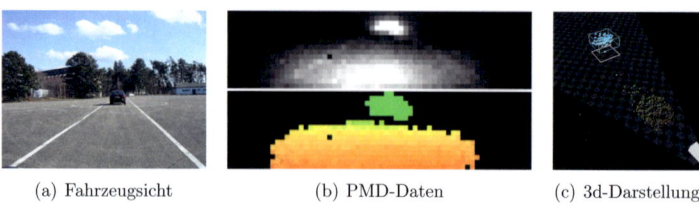

(a) Fahrzeugsicht   (b) PMD-Daten   (c) 3d-Darstellung

Abbildung 6.19: Ausweichen an einem Hindernis zum Zeitpunkt $t = 1s$.

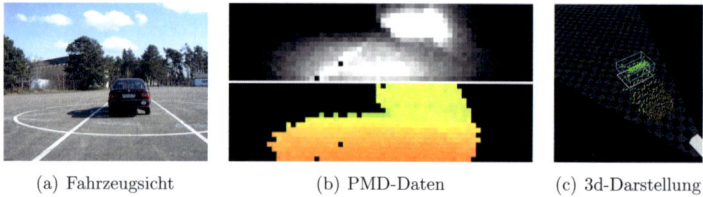

(a) Fahrzeugsicht   (b) PMD-Daten   (c) 3d-Darstellung

Abbildung 6.20: Ausweichen an einem Hindernis zum Zeitpunkt $t = 3s$.

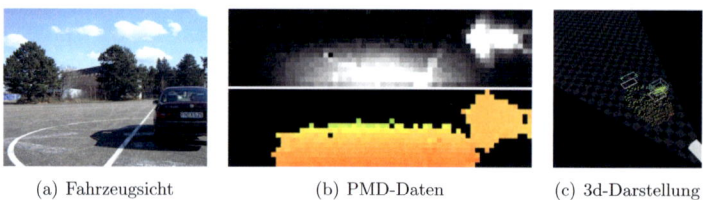

(a) Fahrzeugsicht   (b) PMD-Daten   (c) 3d-Darstellung

Abbildung 6.21: Ausweichen an einem Hindernis zum Zeitpunkt $t = 4s$.

diesem Zeitpunkt nicht mehr erfasst.

Die Bewegung des Fahrzeugs relativ zum Hindernis lässt sich anhand Abbildung 6.23 nach-
vollziehen. In der Annäherungsphase bewegt sich das Fahrzeug direkt auf das Hindernis zu,
bis bei einem Abstand von $15m$ das Ausweichmanöver eingeleitet wird. Dieses lässt sich
daran ablesen, dass ab dieser Entfernung der seitliche Versatz des Hindernisses stetig größer
wird, bis das Hindernis bei einem Versatz von ca. $3,5m$ und einer Entfernung von $7m$ aus
dem Erfassungsbereich verschwindet.

Im zweiten Experiment soll gezeigt werden, dass die Hinderniserkennung für beliebige Ob-
jekttypen eingesetzt werden kann. Exemplifiziert wird die Fähigkeit durch einen Fußgänger,
der die eigene Fahrspur quert während sich das Fahrzeug auf ihn zubewegt. Sobald der
Fußgänger erkannt wird, sinkt die Geschwindigkeit, um eine Kollision zu vermeiden. Hat der
Fußgänger die Fahrspur passiert, steigt die Geschwindigkeit wieder.

Wie in Abbildung 6.24 zu sehen, wird der Fußgänger erstmals nach $t = 8s$ von der PMD-
Kamera erfasst. Nach $t = 12s$ (Abbildung 6.25) befindet sich der Fußgänger auf der Fahrspur
und das Fahrzeug beginnt abzubremsen bis der Fußgänger schließlich die Fahrspur nach

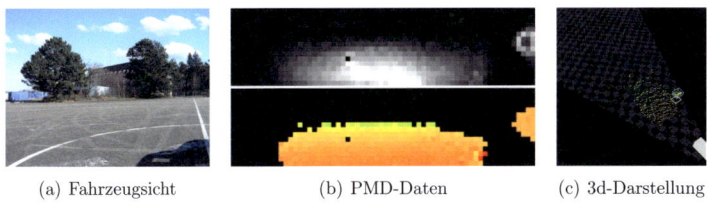

(a) Fahrzeugsicht   (b) PMD-Daten   (c) 3d-Darstellung

Abbildung 6.22: Ausweichen an einem Hindernis zum Zeitpunkt $t = 5s$.

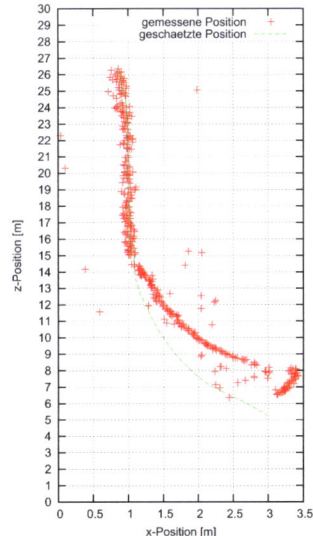

Abbildung 6.23: Verlauf der Position des Hindernisses während des Ausweichens.

$t = 15s$ (Abbildung 6.26) verlassen hast und das Fahrzeug wieder beschleunigen kann.

Der Verlauf der gemessenen und geschätzten Position der Person ist im oberen Teil von Abbildung 6.27 aufgezeigt. Es fällt auf, dass ab einem seitlichen Versatz von $x = 2m$ die Messungen stärker rauschen, obwohl sich die Person näher zum Fahrzeug befindet. Dies liegt darin begründet, dass die Reflektion der Straßenoberfläche zunimmt und in der Segmentierung der Tiefendaten teilweise mit der Person verschmilzt.

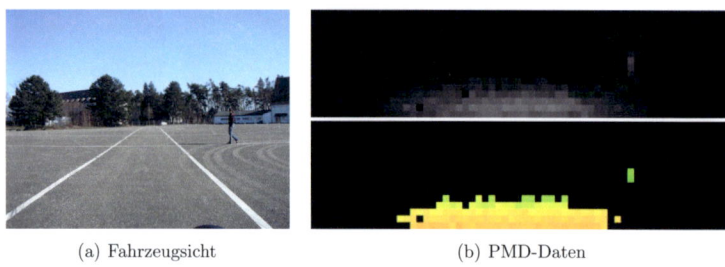

(a) Fahrzeugsicht   (b) PMD-Daten

Abbildung 6.24: Detektion der Person zum Zeitpunkt $t = 8s$ mit einem Abstand von $17m$.

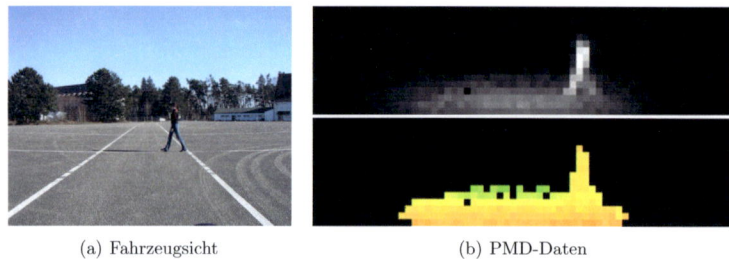

(a) Fahrzeugsicht   (b) PMD-Daten

Abbildung 6.25: Detektion der Person zum Zeitpunkt $t = 12s$ mit einem Abstand von $10m$.

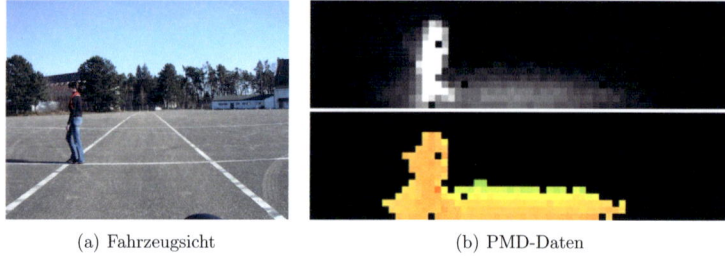

(a) Fahrzeugsicht   (b) PMD-Daten

Abbildung 6.26: Detektion der Person zum Zeitpunkt $t = 15s$ mit einem Abstand von $8m$.

6.4   Fahrzeugerkennung

Die dritte Fähigkeit zur Extraktion von Informationen aus dem Fahrzeugumfeld ist die Erkennung von Fahrzeugen, die im Gegensatz zur Hinderniserkennung Vorwissen über Aussehen und Lage ausnutzt. Wie in Kapitel 3.5 ausgeführt ist, werden im Kamerabild Schattenregionen extrahiert und die Schattenregionen durch Auswerten der Symmetrie als mögliche
Fahrzeughypothesen verifiziert. Die Position der Hypothesen in der Welt kann unter der An-

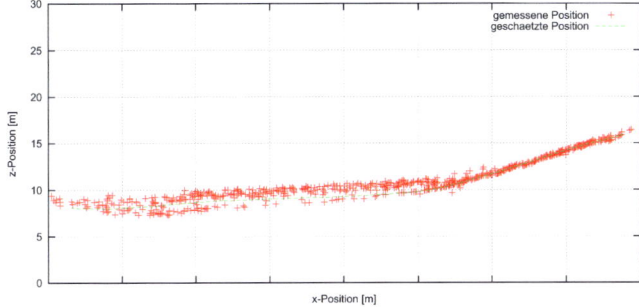

Abbildung 6.27: Verlauf der Position der Person während des Annäherns.

(a) Extrahierte Kandidaten   (b) Resultierende Verfolgung

Abbildung 6.28: Detektion von Fahrzeugen, Bildnummer 82.

(a) Extrahierte Kandidaten   (b) Resultierende Verfolgung

Abbildung 6.29: Detektion von Fahrzeugen, Bildnummer 100.

(a) Extrahierte Kandidaten   (b) Resultierende Verfolgung

Abbildung 6.30: Detektion von Fahrzeugen, Bildnummer 314.

nahme bestimmt werden, dass sich das Fahrzeug in Höhe $z = 0m$ auf der Fahrbahn befindet. Zur Verfolgung des Fahrzeugs wird dann das gleiche Kalman-Filter wie zur Verfolgung von Hindernissen verwendet.

In den Abbildungen 6.28 bis 6.30 sind Ausschnitte aus einer Sequenz dargestellt. In Abbildung 6.28 (a) ist zu sehen, dass einige Kandidaten falsch extrahiert wurden, die aber nicht in die Verfolgung mit einbezogen werden, da sie nur kurzfristig auftreten und somit nicht als gültige Hypothese aufgefasst werden (Abbildung 6.28 (b)). Im zweiten Ausschnitt in Abbildung 6.29 (a) erkennt man, dass für das linke Fahrzeug keine Merkmale extrahiert wurden. Durch die Kalman-Vorhersage kann aber trotzdem eine Fahrzeugposition in Abbildung 6.29 (b) extrahiert werden.

Insgesamt muss aber konstatiert werden, dass die Fahrzeugverfolgung nicht zufriedenstellende Ergebnisse liefert. So werden in Abbildung 6.30 (a) trotz der Verifikation mit Hilfe der Symmetrie viele falsche Kandidaten extrahiert und gleichzeitig wird aufgrund der starken Annahmen das Motorrad nicht gefunden. Des Weiteren kann es vorkommen, dass auch Nicht-Fahrzeugregionen als gültige Fahrzeughypothesen verfolgt werden, wie in Abbildung 6.30 (b) an der links eingezeichneten Hypothese zu sehen ist.

Ein weiteres Problem ist die große Unsicherheit der Schätzungen durch das starke Rauschen der extrahierten Merkmale. Die rekonstruierte Position eines Fahrzeugs hängt stark von der Lage der extrahierten Schattenregion ab, wodurch insbesondere bei weiter entfernten Fahrzeugen minimale Unterschiede im Bild in großen Schwankungen in der Entfernungsschätzung resultieren. In Abbildung 6.31 sind die prädizierte, die gemessene und die durch das Kalman-Filter korrigierte Entfernung des rechten Fahrzeugs aus der Sequenz in Abbildung 6.28 bis 6.30 aufgetragen. Im Nachbereich bis zu $40m$ Entfernung ist die Schätzung stabil wohingegen bei größerer Entfernung starke Schwankungen auftreten.

Bei Fahrzeugen in größeren Entfernungen tritt mitunter das Problem auf, dass die Verfolgung kurzzeitig aussetzt und als neue Hypothese später weiterverfolgt wird. In Abbildung 6.32 sind dazu die Entfernungsschätzungen der beiden Fahrzeuge aufgetragen. Die Entfernung des ersten Fahrzeugs wird über die 100 Bilder der Sequenz zuverlässig geschätzt. Allerdings

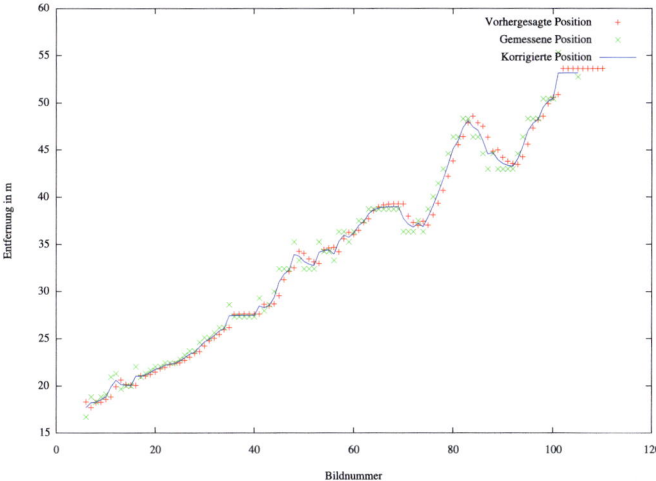

Abbildung 6.31: Auswirkung des Kalman-Filters bei der Schätzung der Entfernung eines verfolgten Fahrzeugs.

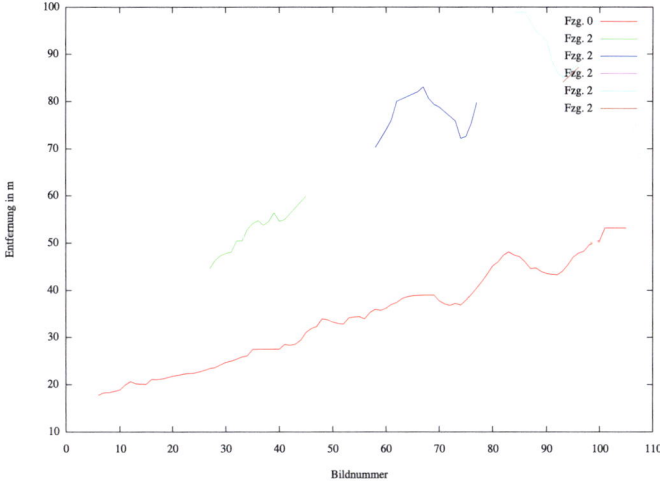

Abbildung 6.32: Entwicklung der Entfernung der verfolgten Fahrzeuge.

wird das zweite Fahrzeug auf Grund der größeren Entfernung zweimal verloren und jeweils als neue Hypothese weiterverfolgt.

6.5 Wissensmodellierung

Die Wissensmodellierung bildet die Schnittstelle zwischen Umfelderfassung und Situations-interpretation. Mit Hilfe einer Ontologie werden die Begriffe definiert, durch die eine Verkehrsszene formal abstrahiert werden kann. Zusätzlich leistet die Wissensmodellierung die Abbildung der quantitativen Sensordaten auf die quantitative Beschreibung des definierten Vokabulars. Im folgenden werden dazu die Erkennung von Fahrzeugverhalten und der Aufbau und die Aktualisierung des Szenengraphen vorgestellt.

6.5.1 Verhaltenserkennung

Gemäß der in Kapitel 4.2.3 vorgeschlagenen Taxonomie zur Einteilung von Fahrzeugverhalten werden die hier betrachteten Verhalten anhand der Bewegungsrichtung[1] in die drei Gruppen

1. Longitudinale Verhalten, mit

   - Stehen auf freier Strecke,
   - Fahren mit konstanter Geschwindigkeit,
   - Beschleunigen,
   - Bremsen,
   - Warten an einer Kreuzung,

2. Laterale Verhalten, mit

   - Links Abbiegen,
   - Rechts Abbiegen,
   - Fahren ohne Abbiegen,

   und

3. Gemischte Verhalten

   - Freies Fahren sowie
   - Fahrzeug folgen

eingeteilt. Zur Erkennung der Verhalten wird für jede Verhaltensgruppe ein Satz von Merkmalen ausgewertet, wie sie durch den Bezugsrahmen[2] gegeben sind. Im einzelnen werden für die longitudinalen Verhalten die Merkmale

---

[1]siehe auch Abbildung 4.6 auf Seite 123
[2]siehe Abbildung 4.8 auf Seite 125

- aktuelle Geschwindigkeit,

- aktuelle Beschleunigung,

- Geschwindigkeitsdifferenz zum vorherigen Zeitschritt,

- Verhältnis aus aktueller Geschwindigkeit und zulässiger Höchstgeschwindigkeit,

- Entfernung zur nächsten Kreuzung,

- Status des Bremslichts,

- Mittelwert der Geschwindigkeit über die letzten Zeitschritte, sowie

- Mittelwert der Beschleunigung über die letzten Zeitschritte

ausgewertet.
Für die lateralen Verhalten werden die gleichen Merkmale wie bei den longitudinalen Verhalten und zusätzlich

- der Spurversatz,

- der Status des Blinkers,

- der Mittelwert der Geschwindigkeitsdifferenzen,

- der Mittelwert der relativen Geschwindigkeiten zum Vorausfahrenden,

- der Mittelwert der Verhältnisse aus aktueller Geschwindigkeit und zulässiger Höchstgeschwindigkeit, sowie

- der Mittelwert der Spurversätze

herangezogen.
Für die gemischten Verhalten werden nur die beiden Merkmale

- relative Geschwindigkeit zum Vorausfahrenden und

- Entfernung zum Vorausfahrenden

betrachtet.
Zur Klassifikation der Verhalten werden sowohl Bayessche Netze als auch Support-Vector-Machines (SVM) verwendet. Für jede Verhaltensgruppe wird ein eigener Klassifikator eingesetzt, der das wahrscheinlichste Verhalten innerhalb dieser Gruppe identifiziert.
Zum Trainieren wurden für die Bayesschen Netze 28.000 Merkmalstupel verwendet, für die SVM 20.000. Zur Evaluation der Klassifikatoren wurden 4.000 Datensätze verwendet. Sowohl die Datengenerierung als auch die Evaluation wurden in der Simulation durchgeführt, da somit die Grundwahrheit bekannt ist.

	Anhalten	Fahren	Beschl.	Bremsen	Warten an Kreuzung
Anhalten	**99,02**	0	0	0,98	0
Fahren	0	**97,39**	0,70	1,91	0
Beschleunigen	0	12,59	**82,59**	1,08	3,73
Bremsen	0	0	0	**100**	0
Warten an Kreuzung	0	0	0	0	**100**

Tabelle 6.2: Erkennungsraten (in Prozent) der longitudinalen Verhalten mit dem Bayesschen Netz.

	Anhalten	Fahren	Beschl.	Bremsen	Warten an Kreuzung
Anhalten	**88,76**	0,10	3,06	0,10	7,99
Fahren	0	**94,44**	4,13	1,43	0
Beschl.	0	2,02	**97,6**	0	0,38
Bremsen	0	4,21	0,56	**93,82**	1,40
Warten an Kreuzung	1,96	0	0	10,22	**87,82**

Tabelle 6.3: Erkennungsraten (in Prozent) der longitudinalen Verhalten mit SVM.

In den Tabellen 6.2 und 6.3 sind für die Gruppe der longitudinalen Verhalten die Klassifikationsraten der Bayesschen Netze und SVM, respektive aufgeführt. Insgesamt werden von beiden Klassifikatoren sehr gute Erkennungsraten von bis 100% erreicht. Problematisch ist insbesondere die Erkennung des Verhaltens „Beschleunigen", da geringe Beschleunigungen durch das Rauschen verfälscht und als konstantes Fahren erkannt wird. Beide Klassifikatoren liefern ähnlich gute Werte und es kann keine eindeutige Präferenz gegeben werden. Das gleiche Bild ergibt sich auch für die beiden anderen Verhaltensgruppen, deren Erkennungsraten in den Tabellen 6.4 und 6.5 aufgeführt sind.

	Links Abbiegen	Rechts Abbiegen	Ohne Abbiegen
Links Abbiegen	**96,64 (97,86)**	0 (0)	2,37 (2,14)
Rechts Abbiegen	1,82 (2,46)	**95,65 (96,84)**	2,52 (0,70)
Ohne Abbiegen	2,08 (0,35)	1,18 (1,63)	**96,74 (98,01)**

Tabelle 6.4: Erkennungsraten (in Prozent) der lateralen Verhalten mit dem Bayesschen Netz (Werte der SVM in Klammern).

	Fahrzeug Folgen	Freies Fahren
Fahrzeug Folgen	**100 (98,61)**	0,00 (1,39)
Freies Fahren	5,27 (1,25)	**94,73 (98,75)**

Tabelle 6.5: Erkennungsraten (in Prozent) der gemischten Verhalten mit dem Bayesschen Netz (Werte der SVM in Klammern).

Arbeitet man direkt auf den ungefilterten Klassifikationsergebnissen, so springen im zeitlichen Verlauf die erkannten Verhalten. Deshalb wird ein Nachklassifikator verwendet, um das Ergebnis zu glätten und unmögliche Verhaltensfolgen auszuschließen, wie zum Beispiel das Verhalten „Fahren" nicht direkt auf das Verhalten „Stehen" folgen kann. In Abbildung 6.33 ist dazu das Ergebnis des Nachklassifikators für das Verhalten „Fahrzeug Folgen" über den zeitlichen Verlauf aufgetragen. Man erkennt, wie die Sprünge zwischen unterschiedlichen Verhalten gemindert werden. Insgesamt verschlechtert der Nachklassifikator die Erkennungsraten nur unwesentlich. In Tabelle 6.6 sind die Ergebnisse mit und ohne Nachklassifikator (in Klammern) für die Klassifikation der longitudinalen Verhalten mit SVM aufgeführt. Für die Verhalten „Fahren", „Beschleunigen" und „Bremsen" verschlechtern sich die Werte, bleiben aber immer noch auf einem hohen Niveau zwischen 88% und 92%. Im Fall des Anhaltens oder Wartens an einer Kreuzung verbessern sich die Klassifikationsraten sogar.

6.5.2 Aufbau und Aktualisierung des Szenengraphen

Der Szenengraph ist die rechnerinterne Repräsentation der Szene, der in der Interpretation der Verkehrssituation ausgewertet wird. Im Szenengraph werden die Objekte mit ihren Attributen sowie die Relationen zwischen den Objekten vorgehalten. Aus der Umfelderfassung werden die grundlegenden Informationen über die Fahrspuren und die vorhandenen Hindernisse und Fahrzeuge geliefert. Diese Informationen werden auf die entsprechenden Begriffe der Ontologie abgebildet und der Szenengraph daraus aufgebaut. Anschließend werden zusätzliche Attribute und Relationen ausgewertet und in den Szenengraphen eingefügt. Zur vollständigen Beschreibung einer Kreuzung werden zusätzlich die logischen Fahrspuren

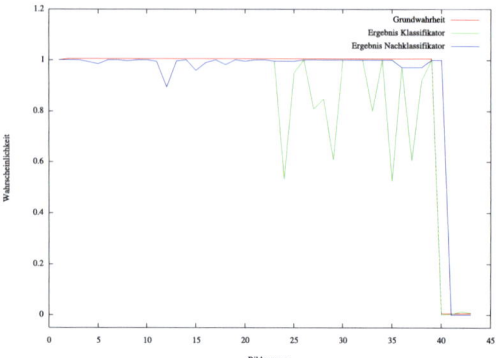

Abbildung 6.33: Auswirkung des Nachklassifikators bei der Erkennung des Verhaltens „Fahrzeug Folgen".

berechnet, die die jeweiligen Zu- und Abfahrtsspuren der Kreuzung miteinander verbinden und nicht direkt von der Wahrnehmung beobachtet werden können.

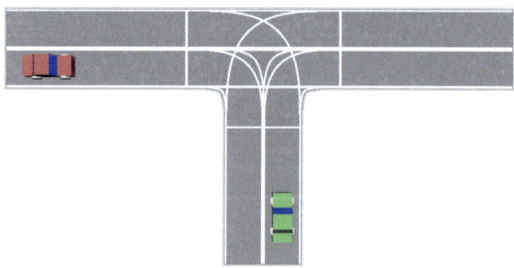

Abbildung 6.34: Beispiel einer T-Kreuzung mit zwei Fahrzeugen.

In Abbildung 6.34 ist eine T-Kreuzung mit Rechts-vor-Links Regelung und zwei Fahrzeugen dargestellt. Der daraus resultierende Szenengraph ist auszugsweise in Abbildung 6.35 angegeben. Dabei ist der Übersichtlichkeit halber nur die Topologie der Fahrspuren zueinander sowie die Position der Fahrzeuge angegeben. Zusätzliche Attribute und Relationen, um die geltenden Verkehrsregeln zu beschreiben, sind weggelassen. Die Szene besteht aus insgesamt 12 Fahrspuren, deren Lage zueinander durch die Relationen SUCC (Nachfolgerfahrspur), PREV (Vorgängerfahrspur) und OPPOSITE (Gegenfahrspur) beschrieben wird. Jede Relation ist dabei in Pfeilrichtung zu lesen, so gilt z.B. SUCC(FAHRSPUR_1, FAHRSPUR_3), d.h. FAHRSPUR_3 ist Nachfolgerfahrspur von FAHRSPUR_1. Das Fahrzeug links in Abbildung 6.34 ist mit FAHRZEUG_1 bezeichnet und ist durch die Relation IST_AUF(FAHRZEUG_1,

	Anhalten	Fahren	Beschl.	Bremsen	Warten an Kreuzung
Anhalten	**99,31** **(88,76)**	0 (0,10)	0,39 (3,06)	1,96 (0,10)	0 (7,99)
Fahren	0 (0)	**90,62** **(94,44)**	6,84 (4,13)	2,54 (1,43)	0 (0)
Beschl.	0 (0)	5,17 (2,02)	**88,15** **(97,60)**	0,76 (0)	5,93 (0,38)
Bremsen	0 (0)	4,49 (4,21)	2,25 (0,56)	**92,42** **(93,82)**	0,84 (1,4)
Warten an Kreuzung	0 (1,96)	0 (0)	0 (0)	0,79 (10,22)	**99,21** **(87,82)**

Tabelle 6.6: Auswirkungen des Nachklassifikators auf die Erkennungsraten beim Verwenden der SVM.

FAHRSPUR_1) der FAHRSPUR_1 zugeordnet. Analog gilt für das Fahrzeug unten in derselben Abbildung die Relation IST_AUF(FAHRZEUG_2, FAHRSPUR_7).
Für die beiden Fahrzeuge werden im ersten Schritt nur die direkt beobachteten Eigenschaften beschrieben. Anschließend werden die quantitativen Daten qualifiziert, um sie durch die Begriffe der Ontologie darzustellen. Im letzten Schritt werden schließlich noch zusätzliche Relationen ausgewertet, wie die Lage der Fahrzeuge zueinander oder die geltenden Verkehrsregeln, so dass insgesamt eine Modellierung wie in Abbildung 6.36 entsteht.
Der Szenengraph wird nicht in jedem Zeitschritt neu aufgebaut, sondern es werden nur die Teile aktualisiert, die sich in der Szene geändert haben. Die Aktualisierung umschließt das Hinzufügen neuer Knoten, das Löschen von Knoten, die nicht mehr länger existieren, sowie das Aktualisieren bestehender Knoten.
Zur Illustration dient das Beispiel in Abbildung 6.37. Zu Beginn (Schritt 1) nähern sich beide Fahrzeug der Rechts-Vor-Links Kreuzung und für die beiden Fahrzeuge gilt die Beschreibung aus Abbildung 6.36. Im zweiten Schritt hat sich die Situation dahingehend geändert, dass zum einen das linke Fahrzeug auf Grund der Vorfahrtsregel angehalten hat und zum anderen das rechte Fahrzeug die Kreuzung bereits passiert. Somit hat sich das Verhalten des linken Fahrzeugs in WARTEN_AN_KREUZUNG und die Position des rechten relativ zum linken Fahrzeug in IST_VORNE geändert, so dass sich die Beschreibung in Abbildung 6.38 ergibt.
Im dritten Schritt hat schließlich das rechte Fahrzeug die Kreuzung verlassen und das linke Fahrzeug ist in die Kreuzung eingefahren. Damit wechselt das Verhalten des rechten Fahrzeugs nach FREIES_FAHREN und die Vorfahrtsregel wird gelöscht, da die beiden Fahrzeuge nicht länger vorfahrtsrechtlich in Beziehung stehen. Diese, sowie die anderen geänderten

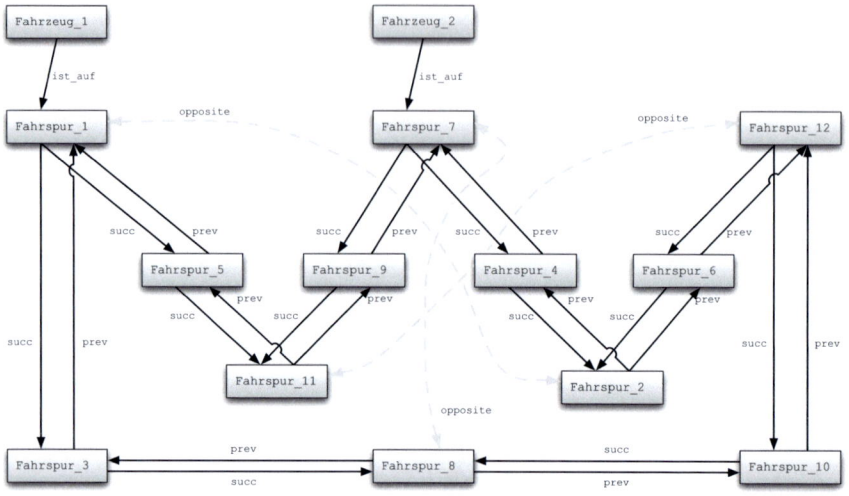

Abbildung 6.35: Resultierender Szenengraph für die in Abbildung 6.34 dargestellten Szene.

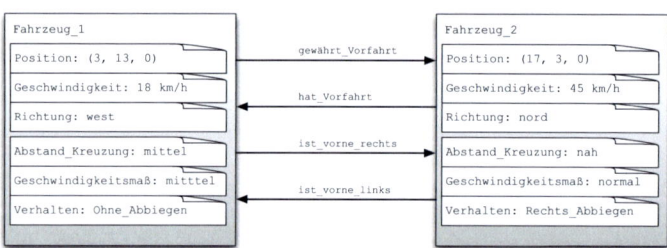

Abbildung 6.36: Resultierende Beschreibung der beiden Fahrzeuge nach dem Auswerten aller Relationen.

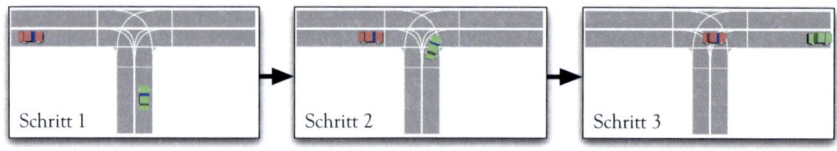

Abbildung 6.37: Beispielhaftes Passieren einer Kreuzung zur Demonstration der Aktualisierung des Szenengraphen.

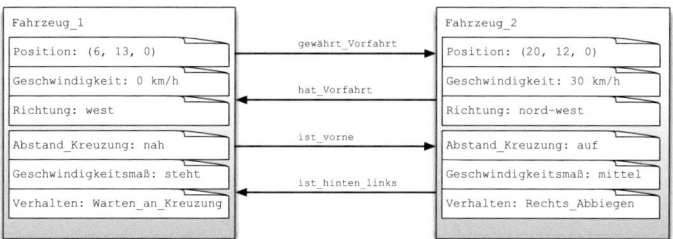

Abbildung 6.38: Resultierende Beschreibung der Fahrzeuge nach dem zweiten Zeitschritt aus dem Beispiel in Abbildung 6.37.

Beschreibungen sind in Abbildung 6.39 dargestellt.

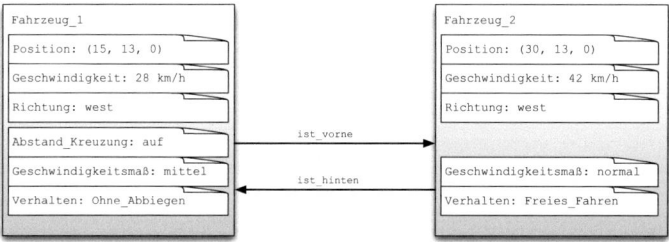

Abbildung 6.39: Resultierende Beschreibung der Fahrzeuge nach dem dritten Zeitschritt aus dem Beispiel in Abbildung 6.37.

6.6 Interpretation von Verkehrssituationen

Die Interpretation von Verkehrssituationen hat die Aufgabe, die Informationen über die aktuelle Situation zu analysieren und daraus das optimale Verhalten abzuleiten, das dann in der Verhaltensausführung zur Anwendung kommt, um das Fahrzeug zu steuern. Wie in Kapitel 5 beschrieben ist, greift die Interpretation dazu auf den Szenengraphen aus der Wissensmodellierung zurück und verwendet das Paradigma des Fallbasierten Schließens, um die aktuelle Situation zu bewerten und das optimale Verhalten zu bestimmen.

Dazu wird die Beschreibung der aktuellen Situation in einen Fall transformiert und mit den bereits bekannten Fällen der Fallbasis verglichen. Die ähnlichsten Fälle liefern dann eine Auswahl einsetzbarer Verhalten, und durch die Bewertung der Entwicklung der Situation

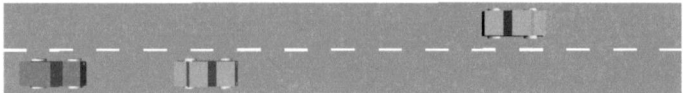

Abbildung 6.40: Beispielszene zur Demonstration der Situationsinterpretation mittels Fall-basiertem Schließen.

unter Anwendung eines bestimmten Verhaltens werden die Konsequenzen abgeschätzt und das optimale Verhalten ausgewählt.
Zur Analyse des Ansatzes dient das Beispiel in Abbildung 6.40. Das Fahrzeug befindet sich auf einer geraden Straße und nähert sich einem langsameren Vorausfahrenden. Zusätzlich kommt auf der Gegenspur ein Fahrzeug entgegen, so dass ein Überholen nicht möglich sein sollte. Als Problemlösungs- und Erfahrungswissen dient die Fallbasis, in der verschiedene bekannte Fälle zusammen mit dem angewendeten Verhalten und seinen Konsequenzen gespeichert ist. Abbildung 6.41 zeigt einen Ausschnitt dieser Fallbasis, dabei ist das Gros der gespeicherten Fälle aus Gründen der Übersichtlichkeit nicht angezeigt.

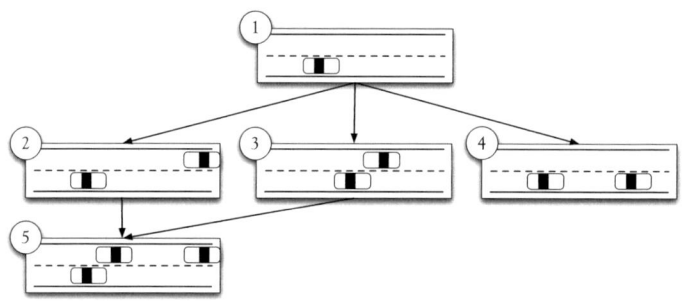

Abbildung 6.41: Hierarchische Gliederung der bekannten Fälle in der Fallbasis.

Im ersten Schritt wird nun aus der Beschreibung der aktuellen Situation ein Fall generiert und an die Fallbasis übergeben, die dazu die ähnlichsten Fälle extrahiert. Im gegebenen Beispiel werden die Fälle 2 und 4 zurückgeliefert, da sie Teile der Situation widerspiegeln. Fall 1 kann wird nicht ausgewählt, da es spezialisiertere und somit passendere Fälle gibt. Die Fälle 3 und 5 werden nicht ausgewählt, da sie Teile enthalten, die im Anfragefall nicht enthalten sind. Im Fall 3 ist das entgegenkommende Fahrzeug zu nah am Eigenfahrzeug, so dass die Relationen AUF_GEGENSPUR(FZG) und IST_LINKS(FZG) nicht gleichzeitig erfüllt

Abbildung 6.42: Anfrage an die Fallbasis zur Ermittlung der ähnlichsten Fälle.

sind. Im Fall 5 ist ein zusätzliches Fahrzeug auf der Gegenspur, welches im Anfragefall nicht existiert.

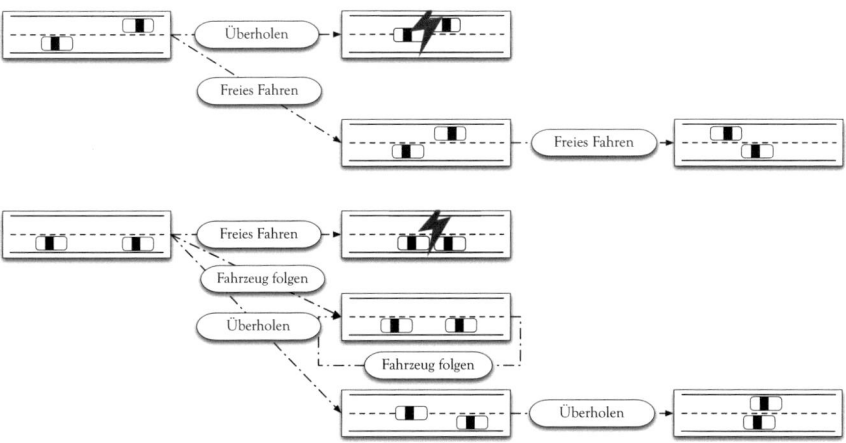

Abbildung 6.43: Abschätzung der Konsequenzen eines Verhaltens durch Überprüfung der zeitlichen Entwicklung der Situation.

Zur Auswahl des optimalen Verhaltens werden nun die extrahierten Fälle betrachtet. Dazu ist in Abbildung 6.43 die zeitliche Entwicklung der Fälle auszugsweise dargestellt. Im ersten Fall sind die beiden Verhalten ÜBERHOLEN und FREIES_FAHREN anwendbar, das Überholen führte jedoch zu einer Kollision, was durch die hohe Bewertungszahl $Q = 0,9$ angezeigt ist. Somit bleibt nur das Verhalten FREIES_FAHREN mit der Bewertung $Q = 0,1$. Im zweiten Fall sind die drei Verhalten FREIES_FAHREN, FAHRZEUG_FOLGEN und ÜBERHOLEN anwendbar. Hier erhält das Verhalten FREIES_FAHREN die hohe Bewertungszahl $Q = 0,9$, da es ohne Bremseingriff zur Kollision käme. Die anderen beiden Verhalten sind unkritisch, jedoch erhält ÜBERHOLEN eine bessere Bewertung von $Q = 0,15$ im Gegensatz zum FAHRZEUG_FOLGEN

Verhalten	Fall	Bewertung	Maximum	Minimum	Auswahl
Überholen	Fall 2	0,9	0,9		
	Fall 4	0,15			
Freies Fahren	Fall 2	0,1	0,9		
	Fall 4	0,9			
Fahrzeug Folgen	Fall 2	N/A	0,2	0,2	$Q = 0,2$
	Fall 4	0,2			

Tabelle 6.7: Bewertung der Verhaltensalternativen zur Auswahl des optimalen Verhaltens.

mit $Q = 0,2$, da das vorausfahrende Fahrzeug das Eigenfahrzeug abbremst und somit das Eigenfahrzeug nicht seine Wunschgeschwindigkeit einnehmen kann. Zur Gesamtbewertung werden nun alle Verhalten in allen extrahierten Fällen gegeneinander abgewogen. Für jedes anwendbare Verhalten wird das Maximum über alle extrahierten Fälle gebildet, um die schlechtest mögliche Entwicklung zu erkennen. Anschließend wird über die Maxima aller Verhalten das Minimum gebildet, um das insgesamt beste Verhalten zu bestimmen. Für das gegebene Beispiel ergeben sich dafür die Werte in Tabelle 6.7. Die beste Einzelbewertung erhält das Verhalten FREIES_FAHREN im Fall 2. Allerdings führt dieses zu einer schlechten Bewertung im Fall 4, so dass insgesamt das Verhalten FAHRZEUG_FOLGEN mit der Gesamtbewertung $Q = 0,2$.

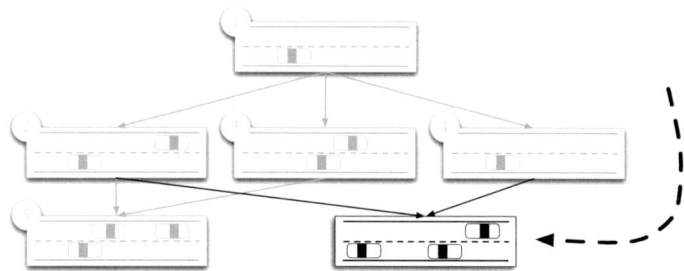

Abbildung 6.44: Integration des neuen Fall in die Fallbasis.

Im letzten Schritt wird schließlich das neu gewonnene Problemlösungswissen zum bestehenden hinzugefügt. Dazu wird der Fall, der die aktuelle Situation repräsentiert, in die Fallbasis eingefügt. Im vorliegenden Beispiel stellt der neue Fall eine Spezialisierung der Fälle 2 und 4 dar. Deshalb wird der neue Fall unterhalb dieser Fälle in der Fallbasis eingefügt, wie es in Abbildung 6.44 dargestellt ist. Zusätzlich werden noch die anderen Fälle auf der gleichen

Hierarchieebene wie die Fälle 2 und 4 mit dem aktuellen Fall verglichen. In diesem Beispiel gibt es keine weiteren Fälle, die eine Generalisierung des vorliegendes Falles sind und es werden keine zusätzlichen Hierarchisierungskanten eingefügt.

Abbildung 6.45: Beispielszene zur Untersuchung der Größe der Fallbasis.

Abschließend soll noch die Größe der Fallbasis diskutiert werden. Dazu werden insgesamt 10 Arten von Relationen zur Beschreibung der Szene verwendet. Es wird von der Szene in Abbildung 6.45 ausgegangen, die aus einer Straße mit zwei Fahrspuren und drei Fahrzeugen besteht. Das weiße Fahrzeug stellt das Eigenfahrzeug dar, das die Szene beobachtet. Zur Beschreibung der Infrastruktur werden 13 Relation benötigt, die sich im Verlauf der Beobachtung nicht ändert. Zur Beschreibung des Verhaltens des Eigenfahrzeugs werden zwei Relationen mit einer Partitionierung von 4 bzw. 5 Werten verwendet, so dass sich insgesamt 20 mögliche Fälle ergeben, die nur das Eigenfahrzeugs enthalten. In einem Simulationslauf, der nur das Eigenfahrzeug enthielt, wurden 6.000 Zeitschritte aufgezeichnet und in die anfänglich leere Fallbasis eingefügt. Insgesamt wurden nur sieben verschiedene Fälle registriert. Zur Beschreibung eines weiteren Fahrzeugs werden drei Relationen verwendet. Zwei Relationen sind eine Partitionierung von 4 Werten und eine Relation ist eine Partitionierung von 5 Werten, so dass sich insgesamt 80 Möglichkeiten zur Beschreibung eines anderen Fahrzeugs ergeben. Insgesamt können in der Szene die Situationen auftreten, dass

- nur das Eigenfahrzeug,

- das Eigenfahrzeug und ein Fahrzeug auf der gleichen Spur,

- das Eigenfahrzeug und ein Fahrzeug auf der Gegenspur oder

- alle drei Fahrzeuge

beschrieben werden. Somit ergibt sich für die Gesamtzahl F_{max} der möglichen Fälle:

$$F_{max} = 20 + 20 * 80 + 20 * 80 + 20 * 80 * 80 = 129620. \tag{6.1}$$

In einem weiteren Simulationslauf wurde die Szene aus Abbildung 6.45 erneut 6.000 Zeit-schritte lang beobachtet und die entstandenen Fälle in eine anfänglich leere Fallbasis inte-griert. Insgesamt wurden 41 verschiedene Fälle beobachtet, was um mehrere Größenordnun-gen unter der theoretisch möglichen Anzahl von Fällen liegt.

6.7 Zusammenfassung

In diesem Kapitel sind die Experimente beschrieben, die zur Analyse der entwickelten Kon-zepte durchgeführt wurden, und die Ergebnisse diskutiert. Zu Beginn wurden die Experi-mentierplattform „Smart Roadster" sowie die verwendeten Daten vorgestellt.

Aus dem Bereich der Umfelderfassung wurden Experimente zur Fahrspurerkennung, Hindernis- und Fahrzeugdetektion präsentiert. Während die Fahrspurerkennung sowohl auf Straßen mit Markierung als auch auf Straßen ohne Markierung sehr gute Ergebnisse zeigt und auch die Qualität der Hindernisdetektion überzeugt, müssen bei der Fahrzeugdetektion Abstriche in Kauf genommen werden. Zum einen wird die Verfolgung oftmals unterbrochen auf Grund fehlender Merkmale und zum anderen ist die Rekonstruktion der Lage der Fahr-zeuge in größerem Abstand ungenau, so dass auch die Schätzung der Fahrzeugbewegung stark rauscht.

Zur Demonstration der Wissensmodellierung wird die Abbildung von Sensordaten auf Begrif-fe der Wissensmodellierung anhand der Verhaltenserkennung analysiert. Sowohl Bayessche Netze als auch Support-Vector-Machines zeigen sehr gute Erkennungsraten von über 90 %. Der Aufbau des Szenengraphen wird veranschaulicht und die Aktualisierung des Szenengra-phen am Beispiel des Passierens einer Kreuzung demonstriert.

Das fallbasierte Schließen zur Interpretation von Verkehrssituationen wird anhand einer ein-fachen „Fahrzeug folgen"-Situation dargestellt. Es wird gezeigt, wie aus den ähnlichen Fällen das optimale Verhalten abgeleitet und das neue Wissen der Fallbasis hinzugefügt wird.

Kapitel 7

Zusammenfassung und Ausblick

Zukünftige Fahrerassistenzsysteme sollen nicht nur in bestimmten, einfach strukturierten Umgebungen wie Autobahnen Anwendung finden, sondern in allgemeinen Situationen einsetzbar sein, um die Sicherheit im Straßenverkehr weiter zu erhöhen. Dazu ist ein umfassendes Szenenverständnis nötig, um die aktuelle Situation zu erfassen und die Konsequenzen des Handelns abzuschätzen.

Das Ziel der Arbeit ist das Verständnis der aktuellen Situation und setzt sich aus drei Aufgaben zusammen. Die erste ist die Gewinnung von Umfeldinformationen aus den Sensordaten. Die zweite Aufgabe dient der Abstraktion der Daten und der Auswertung von Beziehungen zwischen diesen abstrahierten Daten, zur Identifikation der relevanten Daten. Die dritte Aufgabe besteht darin, auf Basis der identifizierten Daten das optimale Verhalten für die gegebene Situation zu bestimmen. Zur Lösung der Teilaufgaben wird das vorgeschlagene Konzept in die drei Teile Umfelderfassung, Wissensmodellierung und Situationsinterpretation aufgegliedert.

Die Umfelderfassung extrahiert die grundlegenden Informationen über die Umgebung des Fahrzeugs. Eine Farbkamera und eine PMD-Kamera dienen dabei als Sensoren. Die Basis für die Sensordatenverarbeitung bildet das Rahmenwerk, das aus Modulen auf zwei unterschiedlichen Granularitätsebenen besteht und die Kommunikation zwischen den Modulen kapselt. Die grundlegenden Informationen über das Fahrzeugumfeld bestehen aus der Kenntnis über den Verlauf der Fahrspuren sowie der vorhandenen Fahrzeuge und Hindernisse.

Zur Erkennung der Fahrspuren werden verschiedene Hinweise ausgewertet und mit Hilfe eines Partikel-Filters fusioniert. Dabei werden sowohl die eigene als auch alle benachbarten Fahrspuren erkannt. Zusätzlich werden Einmündungen geschätzt. Das System arbeitet sowohl auf Straßen mit Markierung als auch auf Straßen ohne Markierung. Sind Markierungen vorhanden, so werden diese analysiert, um zusätzliche Informationen über die Bedeutung der einzelnen Fahrspuren zu gewinnen. Zur Detektion und Verfolgung von Hindernissen wird die PMD-Tiefenbildkamera eingesetzt. Dabei werden keine Annahmen bezüglich der Art und des Aussehens der Hindernisse getroffen. Die Tiefendaten werden durch ein Bereichswachstumsverfahren gruppiert und jede Hindernishypothese durch ein Kalman-Filter geschätzt. Zur Detektion von Fahrzeugen werden im Kamerabild Schatten- und Symmetrieregionen extrahiert, um Kandidaten für Fahrzeuge zu erhalten. Die Position der Fahrzeuge in der Welt wird rekonstruiert und durch das gleiche Kalman-Filter wie bei der Hindernisdetektion geschätzt.

Die Wissensmodellierung stellt die Schnittstelle zwischen Umfelderfassung und Situations-interpretation dar. Die Aufgabe der Wissensmodellierung besteht darin, die notwendigen Begriffe zur Beschreibung von Verkehrssituationen zur Verfügung zu stellen und die Abbildung der quantitativen Daten der Umfelderfassung auf diese qualitativen Begriffe zu leisten. Zur Festlegung des Vokabulars wird eine Ontologie vorgestellt, die die wesentliche Begriffe zur Beschreibung von Situationen definiert. Ein wichtiger Teil des Abbildungsprozesses ist die Klassifikation der Verhalten anderer Verkehrsteilnehmer. Zur Klassifikation werden Bayessche Netze und Support-Vector-Machines verwendet. Die Einteilung der Verhalten in Verhaltensgruppen und die ausgewerteten Merkmale zur Klassifikation werden durch die Teilontologie zur Beschreibung von Verhalten vorgegeben. Eine Simulationsumgebung demonstriert die Mächtigkeit der Begriffsdefinition. Sie ist in der Lage, eine Situation, die durch die Begriffe der Ontologie beschrieben ist, zu rekonstruieren.

Die Interpretation von Verkehrssituationen dient dazu, die relevanten Daten der Situation zu identifizieren und das optimale Verhalten auszuwählen. Dazu wird das Paradigma des fallbasierten Schließens vorgeschlagen und die grundlegenden Strukturen vorgestellt, die zur Anwendung des fallbasierten Schließens notwendig sind.

7.1   Diskussion

Die Arbeit stellt die grundlegenden Konzepte zur Erfassung des Fahrzeugumfeldes und zur Interpretation von Verkehrssituationen bereit. Aus Gründen der Realisierbarkeit innerhalb dieser Arbeit unterliegt das System gewissen Einschränkungen und getroffenen Annahmen, die im Folgenden skizziert werden.

- Die grundlegende Motivation der Arbeit ist eine holistische Betrachtung der Komponenten „Umfelderfassung", „Wissensmodellierung" und „Situationsinterpretation". Demgegenüber muss die Darstellung der Ansätze inkrementell von der Umfelderfassung über die Wissensmodellierung zur Interpretation erfolgen.

- Obwohl zur Umfelderfassung mittlerweile eine umfangreiche Auswahl an Sensoren existiert, wie z.B. Laser, Radar oder Lidar, werden in dieser Arbeit lediglich Farbkameras, eine PMD-Kamera sowie die internen Fahrzeugsensoren verwendet. Es wird angenommen, dass die internen Kalibrierparameter der Kameras und die Lage der Kameras im Fahrzeug bekannt sind.

- Die einzelnen Wahrnehmungsfähigkeiten werden separat betrachtet und interagieren bisher auf der Wahrnehmungsebene nicht miteinander. Die Fusion der einzelnen Daten erfolgt erst auf der Ebene der Wissensmodellierung. Es ist klar, dass eine Fusion auf der Wahrnehmungsebene einen zusätzlichen Gewinn brächte, indem z.B. in der Fahrspurerkennung die Lage der erkannten Hindernisse und Fahrzeuge ausgenutzt würde, um die verdeckten Bereiche der Fahrbahn bei der Rekonstruktion der Fahrspuren zu berücksichtigen.

- Die Auswahl und Definition der Begriffe zur Wissensmodellierung erfolgte manuell und orientiert sich stark an den untersuchten Szenarien. Im Hinblick auf die Implementierbarkeit im gegebenen Zeitrahmen beschränkt sich das Vokabular auf die notwendigen

Grundlagen und erhebt nicht Anspruch, alle benötigten Begriffe für beliebige Szenarien zu modellieren.

- Die vorgestellten Konzepte konzentrieren sich auf den deutschen Verkehrsraum. So werden insbesondere die Richtlinien zum Bau deutscher Straßen in der Fahrspurerkennung ausgenutzt und nur die deutschen Verkehrsregeln auszugsweise in der Wissensmodellierung abgebildet.

- Das Schlussfolgerungssystem durch Anwendung des fallbasierten Schließens wird nur konzeptionell skizziert, um die prinzipielle Einsetzbarkeit des Systems zur Interpretation von Verkehrssituationen zu demonstrieren und die Hauptschwierigkeiten und Herausforderungen einer Umsetzung herauszuarbeiten.

Die aufgelisteten Annahmen und Einschränkungen geben direkt Hinweise darauf, welche Wege für zukünftige Entwicklungen eingeschlagen werden können. Abschließend sollen die wichtigsten Pfade aufgezeigt werden.

7.2 Ausblick

Auch wenn der vorgestellte Ansatz die Herausforderungen der Umfelderfassung zur Interpretation von Verkehrssituationen grundsätzlich löst, so ist dennoch Raum für zukünftige Weiterentwicklungen. Aus den Einschränkungen und getroffenen Annahmen des vorgestellten Ansatzes lassen sich drei wesentliche Stoßrichtungen für weitere Forschungsarbeiten identifizieren. Diese sind die Weiterentwicklung der Umfelderfassung, die Vertiefung der Wissensmodellierung sowie der Ausbau des fallbasierten Schließens.

Für die Umfelderfassung ergeben sich vielfältige Möglichkeiten zur Weiterentwicklung. Die wichtigsten Möglichkeiten sind der Einsatz zusätzlicher Sensoren und die verstärkte Ausnutzung von Methoden zur Sensordatenfusion. Mittlerweile sind viele Sensorsysteme mit unterschiedlichen Charakteristiken verfügbar. Daraus kann ein System mit komplementärer Sensorik aufgebaut werden, dass die Nachteile der einzelnen Sensoren aufwiegt. Zusätzlich können auch die einzelnen Systeme weiter ausgereizt werden. So sind zum Beispiel die Möglichkeiten der PMD-Kamera bei weitem noch nicht ausgereizt. Denkbar ist dabei eine Segmentierung der Fahrbahnebene, um eine bessere Separierung der segmentierten Regionen zu erreichen. Auch die Sensordatenfusion besitzt großes Potential für weitere Entwicklungen. Die Fusion kann dabei sowohl auf Sensorebene, z.B. durch eine Fusion von 2D und 3D Informationen, als auch auf subsymbolischer Ebene stattfinden. Es bietet sich an, die Ergebnisse der Hindernisdetektion für die Fahrzeugdetektion im Nahbereich einzusetzen und so die Erkennungsleistung zu erhöhen. Zusätzlich ist denkbar, die PMD-Kamera zur Schätzung der Straßenebene zu nutzen und diese Informationen in die Fahrspurerkennung mit einfließen zu lassen. Des weiteren können die Ergebnisse der Fahrspurdetektion in die Fahrzeugerkennung fließen, um den Suchbereich für Fahrzeuge vorzugeben.

Die Wissensmodellierung ist dahingehend zu vertiefen, dass zusätzliche Begriffe in die Ontologie integriert werden, so dass Situationen durch einen größeren Detaillierungsgrad genauer beschrieben werden können. Ein bislang ungelöstes Problem ist die Fragestellung, wie die Unsicherheit der Messdaten innerhalb einer Ontologie repräsentiert werden kann. Zusätzlich liegt es nahe, die Erkenntnisse über die aktuelle Situation, die innerhalb der Wissensmodellierung gewonnen werden, wieder in die Umfelderfassung zurückfließen zu lassen. Dadurch kann eine größere Robustheit der Sensorverarbeitung erreicht werden. Eine Möglichkeit ist zum Beispiel das Ausnutzen der erkannten Fahrzeugverhalten, indem aus diesen Verhalten ein genaueres Systemmodell abgeleitet und im Kalman-Filter zur Verfolgung von Fahrzeugen verwendet wird. Darüber hinaus lassen sich partielle räumliche und zeitliche Verdeckungen handhaben, indem ausgenutzt wird, dass Objekte (sowohl Hindernisse als auch Fahrzeuge) nicht einfach verschwinden können, sondern die Szene nur an definierten Stellen (am Rand des Erfassungsbereichs eines Sensors) verlassen können.

Das fallbasierte Schließen ist auszubauen und in größerem Umfang zu untersuchen. Dabei wird sich zeigen, ob die Konzepte sowohl mit einer deutlich größeren Fallbasis als auch mit gestiegener Szenenkomplexität weiterhin einsetzbar sind. Problematisch kann dabei insbesondere die Einbettungsfunktion sein, die den Szenengraphen in einen Fall einbettet, da die Anzahl der möglichen Funktionen exponentiell mit der Anzahl der Instanzen wächst. Zu Beobachten ist auch die Effizienz der Fallsuche, die vom Verzweigungsgrad der Fallhierarchie und deren Tiefe abhängt. Eventuell ist es nötig, ein Verfahren zu entwickeln, das die Fallbasis reorganisiert und die Effizienz der Suche gewährleistet.

Die Auswertung von Daten auf einer abstrakten Ebene ist ein vielversprechender Ansatz, um mit Problemen der Umfelderfassung umgehen zu können, die mit reiner Sensorverarbeitung nicht lösbar sind. Die vorliegende Arbeit gibt dabei einen Vorgeschmack auf das innewohnende Potential und die Auswirkungen auf zukünftige Entwicklungen.

Der Weg zum kognitiven Automobil ist noch weit, aber die ersten Schritte sind gemacht.

Anhang A

Messcharakteristik der PMD-Kamera

In der vorliegenden Arbeit wird zur Detektion und Verfolgung von Hindernissen eine Tiefenbildkamera eingesetzt, die die Entfernung der Bildpunkte durch die Messung der Phasenverschiebung des ausgesendeten Lichts bestimmt. Die verwendete PMD-Kamera ist ein PMD [vision]® A2 Muster mit einer Auflösung von 64×16 Pixel[1]. Die Kamera hat einen Öffnungswinkel von $53° \times 18°$, und die Beleuchtungseinheit hat einen Abstrahlbereich von $20° \times 20°$.

Die Messgenauigkeit hängt von der Stärke des aufgefangenen, reflektierten Lichts und der Hintergrundbeleuchtung ab. Besonders in den Randbereichen fällt auf Grund des geringen Abstrahlbereiches der Beleuchtungseinheit nur wenig moduliertes Licht in die Kamera zurück. Zur Quantifizierung des Messfehlers wurden 700 Aufnahmen einer Wand mit einem festen Abstand von $7m$ durchgeführt und das Ergebnis der mittleren Kamerazeile ist in Abbildung A.1 dargestellt. Im oberen Teil des Bildes ist die Stärke des reflektierten Lichts logarithmisch aufgetragen. Man erkennt, wie die Beleuchtungsstärke zum Rand hin abfällt und für die äußeren 5 Pixel faktisch nicht vorhanden ist. Dieser Effekt ist im unteren Teil der Abbildung direkt aus der Varianz der Tiefenwerte wiederzuerkennen. Im mittleren Bereich von Pixelpositionen 11 bis 49 ist die Varianz gering und steigt zum Rand hin auf bis zu einen Meter an. Soll das Messrauschen einen bestimmten Wert nicht überschreiten, so wird die Gültigkeit eines Messpunktes anhand der Reflektionsstärke festgestellt. In der vorliegenden Arbeit wurde das Rauschen auf $25cm$ begrenzt, was einer Reflektionsstärke von 100 im vorliegenden Beispiel entspricht.

In einer zweiten Messreihe wird das Messverhalten der PMD-Kamera mit einem SICK-Laserscanner verglichen. Zur Evaluation wird die Szene in Abbildung A.2(a) verwendet. Abbildung A.2(b) zeigt das zugehörige grauwertkodierte Amplitudenbild und Abbildung A.2(c) das grauwertkodierte Tiefenbild. Dabei entsprechen die hellen Werte einer geringen Reflektionsstärke bzw. einer geringen Tiefe.

Die gemessenen Tiefenwerte der mittleren Zeile der PMD-Kamera für zwei Messungen sind in Abbildung A.3 als durchgezogene Linie dargestellt, die Tiefenwerte des SICK-Laserscanners als Kreuze. Auch in dieser Messung bestätigt sich die zuvor gemachte Beobachtung. Im

---

[1]s. auch Abbildung 3.3 auf Seite 55

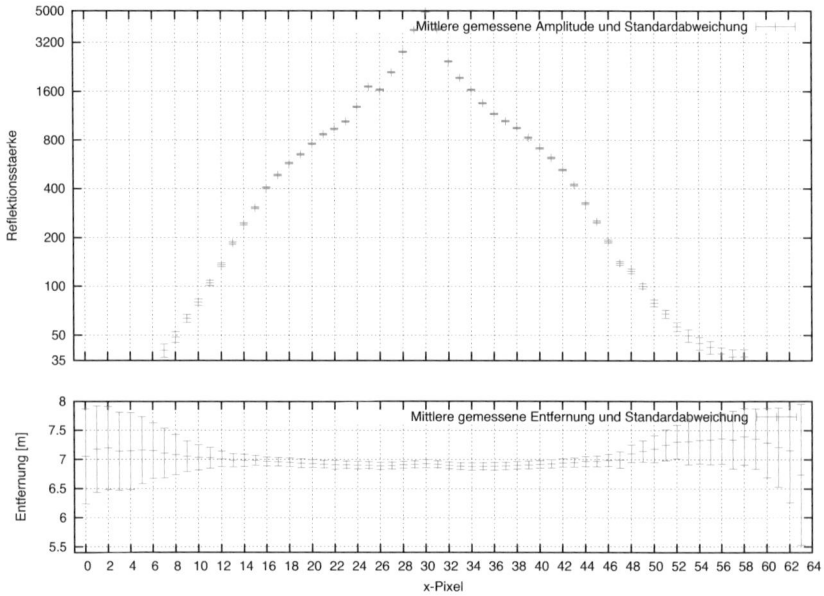

Abbildung A.1: Rauschverhalten der Tiefenmessung mit der PMD-Kamera in Abhängigkeit von der Beleuchtungsstärke.

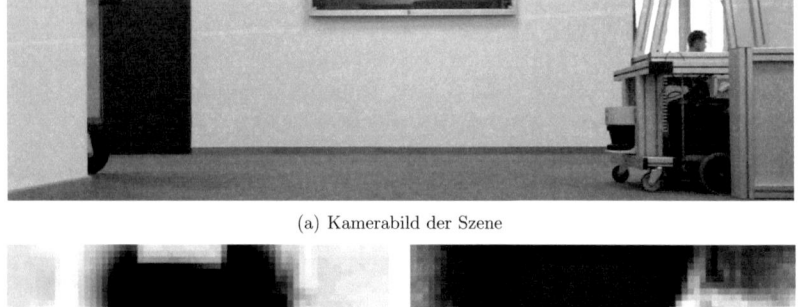

(a) Kamerabild der Szene

(b) Grauwertkodiertes Amplitudenbild der PMD-Kamera

(c) Grauwertkodiertes Tiefenbild der PMD-Kamera

Abbildung A.2: Beispielszene zur Evaluation der Tiefengenauigkeit.

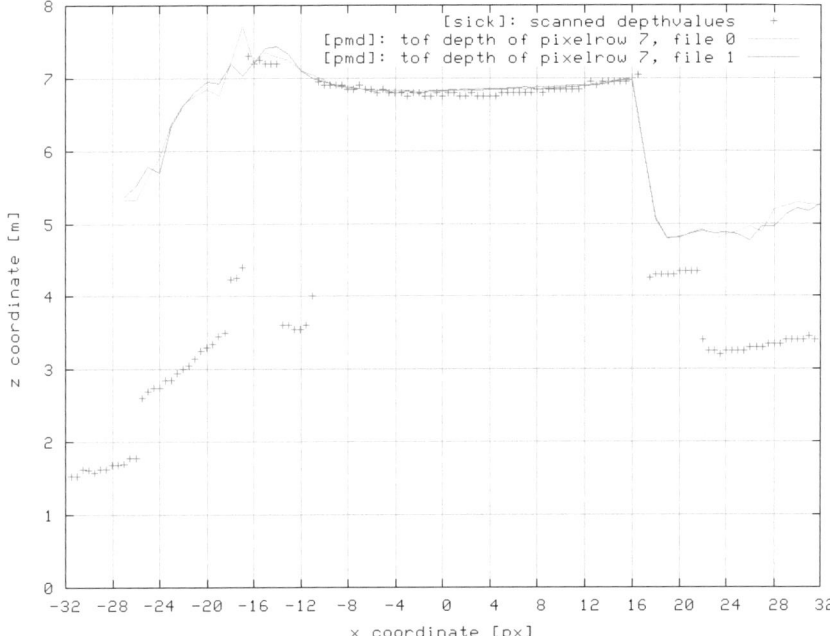

Abbildung A.3: Gemessene Tiefe der Beispielszene mit SICK-Laserscanner und PMD-Kamera.

mittleren Bereich [-12;16], der den PMD-Pixeln [15;43] entspricht, ist die Ausleuchtung der Szene gut, so dass die Messungen sehr gut den Werten des SICK-Laserscanners entsprechen. Im Randbereich hingegen sind die Messungen stark verfälscht.

Abbildungsverzeichnis

1.1 Einordnung der verschiedenen existierenden Fahrerassistenzsysteme nach dem Grad der Autonomie und dem Grad des erforderlichen Verständnisses des Fahrzeugumfeldes. 2

1.2 Die drei grundlegenden Fragen beim Führen eines kognitiven Automobils. . . 5

1.3 Die wesentlichen Komponenten zum Führen eines kognitiven Automobils. . . 6

1.4 Die Verzahnung der entwickelten Komponenten Wahrnehmung, Wissensmodellierung und Interpretation als Versinnbildlichung der holistischen Betrachtung des Gesamtsystems. 8

2.1 Forschungsfahrzeug *VaMP* der Universität der Bundeswehr in München. . . 15

2.2 Forschungsfahrzeug *Darvin* des Fraunhofer-Instituts für Informations- und Datenverarbeitung, Karlsruhe. 16

2.3 Forschungsfahrzeug *ARGO* der Universitá di Parma. 17

2.4 Forschungsfahrzeug *Junior* der Stanford University. 18

2.5 Forschungsfahrzeug *Boss* der Carnegie Mellon University. 18

2.6 3D-Laserscanner verschiedener Hersteller. 21

2.7 Allgemeine Struktur und Ablauf der Fahrspurdetektion. 25

2.8 Zusammenspiel von Destillationsalgorithmus und Partikel-Filter zur Fahrspurdetektion (aus [Apostoloff 03]). 32

2.9 Visualisierung ausgewählter Konzepte zur Beschreibung von Kreuzungskonfigurationen (aus: [Hummel 07b]). 34

2.10 Ergebnis der Hypothesenverifikation für einen Teil der in Abbildung 2.9 dargestellten Kreuzung (aus [Hummel 07b]). 34

2.11 Allgemeine Struktur der Hindernisdetektion und -verfolgung. 36

2.12 Allgemeine Struktur und Ablauf der Fahrzeugdetektion. 38

2.13 Die Einteilung der Zeitspannen vor einer Kollision. Die Wahrscheinlichkeit einer Kollision trennt die einzelnen Phasen voneinander. In jeder Phase ist eine bestimmte Art von Eingriff des Fahrerassistenzsystems vorgegeben (Quelle: [Walessa 07]). 45

2.14 Die quantitative Einteilung der Zeitspannen vor einer Kollision zusammen mit den jeweils einzuleitenden Sicherheitsmaßnahmen (Quelle: [Walessa 07]). Man beachte die logarithmische Zeitskala bis zur Kollision (*TTC* bezeichnet die *time to contact*). 46

2.15 Der Ablauf der Risikobewertung im Teilprojekt *INTERSAFE*. Nach der Bestimmung aller möglicher Pfade und ihrer Kollisionspunkte (a) werden in situ die Objekte erkannt und deren *mögliche* Bahnen abgeleitet (b). Abschließend folgt eine Bewertung der *wahrscheinlichen* Pfade mit den zugehörigen Kollisionen (c). (Quelle: [Fürstenberg 07]). 46

2.16 Situationsinterpretation durch Auswertung von Situationsaspekten als Teil der Verhaltensentscheidung (aus [Pellkofer 03]). 47

2.17 Situationsinterpretation am Beispiel einer Kreuzung durch Abarbeiten eines Situationsgraphenbaumes (aus [Arens 02]). 49

3.1 Aufgaben der Wahrnehmungskomponente und Einbettung ins Gesamtsystem. 53

3.2 Entwickelte Kameraplattform zur Erfassung des Fahrzeugumfelds. 55

3.3 Verwendete PMD-Kamera zur Extraktion der Tiefeninformationen. 55

3.4 Systemaufbau des Bildverarbeitungssystems in drei Schichten. 58

3.5 Die Verknüpfung der Menge der intelligenten Sensoren als vollvermaschter Graph zusammen mit zwei überlagerten Pfaden als Beispiel. Die virtuellen (ergo unbenutzten) Kanten sind grau unterlegt. 60

3.6 Symbolische Darstellung zweier Pakete auf unterschiedlichen Pfaden innerhalb des Graphen der intelligenten Sensoren. 61

3.7 Synchronisation der Datenauslieferung nach dem Entwurfsmuster „Barriere". 62

3.8 Aufgliederung der einzelnen Schritte zur Abarbeitung eines Messauftrags innerhalb einer Fähigkeit und Interaktion der Fähigkeit mit den intelligenten Sensoren. 63

3.9 Koordination verschiedener Sensoren und Fähigkeiten innerhalb der zentralen Verwaltungseinheit durch ein Petrinetz. 64

3.10 Konzept zur vereinfachten Fahrspurdetektion. 69

3.11 Geradenmodell zur Modellierung der Fahrspur durch die vier Parameter Breite, Versatz, Gier- und Nickwinkel. 70

3.12 Projiziertes Fahrspurmodell mit eingezeichneten Regionen zur Auswertung einzelner Hinweise. 71

3.13 Das mit einem horizontalen Laplacian-of-Gaussian gefilterte Bild zur Hervorhebung der Straßenmarkierungen und die ausgewertete Region zur Bestimmung des Straßenmarkierungshinweises. 72

3.14 Falsch detektierte Fahrspuren bei gemeinsamer Bewertung von rechter und linker Markierung. 73

3.15 Die Region zur Bestimmung des Hinweises „Straßenkante" und das zugehörige gefilterte Bild. 73

3.16 Die Region zur Bestimmung des Hinweises „Straßenfarbe" und das zugehörige segmentierte Bild. 74

3.17 Ausgewertete Regionen zur Bewertung des Hinweises „Nicht-Straßenfarbe". . 75

3.18 Auswahl der intelligenten Sensoren zur Detektion markierter Fahrspuren. . . 77
3.19 Endlicher Automat zur Administration eines Fahrspurerkenners. 79
3.20 Struktureller Zusammenhang der Erweiterungen der Fahrspurerkennung. . . 81
3.21 Darstellung des Ergebnisses der Krümmungsschätzung als eingeblendete Klothoide. 82
3.22 Ausgehend von der eigenen Fahrspur werden neue Fahrspurerkenner rechts und links daneben gestartet. 83
3.23 Überlagerung zweier Fahrspuren am Ende einer Kreuzung. 84
3.24 Auseinanderlaufende Fahrspuren und resultierender neuer Fahrspurerkenner zwischen diesen beiden Fahrspuren. 85
3.25 Modell einer Einmündung. 85
3.26 Die Auswirkungen des Laplacian-of-Gaussian Filters bei unterschiedlich gedrehten Filtermasken. 86
3.27 Anordnung der Abtastlinien zur Klassifikation des Linientyps. 88
3.28 Bestimmung des optimalen Schwellwerts zur Extraktion der Markierung. . . 89
3.29 Lage der Abtastpunkte $A, ..., D$ zur Klassifikation der Breite einer Markierung. 90
3.30 Verbindung von Abtastlinien aufgrund der relativen Position der Übergänge. 90
3.31 Ableiten des Symbols durch Betrachtung der vorhergehenden und nachfolgenden Abtastlinie. 91
3.32 Generierung der Symbolfolge der Abtastlinien am Beispiel einer gestrichelten Markierung. 92
3.33 Suchregionen zur Extraktion der Richtungspfeile. 93
3.34 Zu klassifizierender Pfeil und verwendete Vergleichsmuster. 94
3.35 Auswahl der intelligenten Sensoren zur Analyse der Markierungen. 95
3.36 Histogramme der Kantenstärken des Gesamtbildes und des Bereichs vor dem Fahrzeug. 96
3.37 Straßensegmentierung anhand der Textur auf nichtmarkierten Straßen. . . . 96
3.38 Modellierung der Kreuzungen und Hypothesenbildung durch Ballung der Schätzungen. 97
3.39 Kreuzungsmodell und segmentierte Kreuzung 98
3.40 Auswahl der intelligenten Sensoren zur Detektion nichtmarkierter Fahrspuren. 98
3.41 Koordination der einzelnen Messaufträge zur Detektion von Fahrspuren. . . 99
3.42 Konzept zur Hindernisdetektion und -verfolgung. 100
3.43 Originalszene mit zugehörigen Aufnahmen der PMD-Kamera. 101
3.44 Effekt des zeitlichen Medianfilters zur Rauschunterdrückung im PMD-Tiefenbild. 102
3.45 Effekt des Amplitudenfilters zur Demaskierung ungültiger Messwerte. 102
3.46 Auswahl der intelligenten Sensoren zur Detektion von Hindernissen. 104
3.47 Konzept zur Detektion von Fahrzeugen. 107
3.48 Ablauf der Extraktion von Schattenregionen zur Detektion von Fahrzeugen. . 108
3.49 Ausgewertete Region zur Bestimmung des optimalen Schwellwerts. 108
3.50 Schattenfreie Abtastungen und resultierende Grauwertverteilungen innerhalb der ausgewerteten Region. 112
3.51 Ergebnis der Binarisierung mit dem ermittelten Schwellwert. 113

3.52 Extrahierte Schattenregionen von Fahrzeugen (invertierte Darstellung). . . . 113
3.53 Resultierende Fahrzeughypothesen durch Extraktion von Schattenregionen. . 113
3.54 Ausgewertete Symmetrien zur Bestimmung der optimalen Symmetrieachse. . 114
3.55 Auswahl der intelligenten Sensoren zur Detektion von Fahrzeugen. 114

4.1 Komponenten der Wissensmodellierung und Einbettung ins Gesamtsystem. . 115
4.2 Überblick über die Hauptkonzepte der Ontologie zur Beschreibung der
     Domäne „Straßenverkehr". 117
4.3 Darstellung des Szenengraphen zur Beschreibung einer Szene. 118
4.4 Veranschaulichung des Konzepts KREUZUNG mit den LOGISCHEN FAHRSPU-
     REN für eine Zufahrt. 120
4.5 Veranschaulichung des Konzepts KONFLIKTFLÄCHE. 121
4.6 Hierarchie von Fahrzeugverhalten unterteilt anhand der Bewegungsrichtung. 123
4.7 Kategorisierung von Fahrzeugverhalten gemäß möglicher Alternativen. 124
4.8 Auszug aus der Kategorisierung von Fahrzeugverhalten gemäß dem ausgewer-
     teten Bezugsrahmen. 125
4.9 Einbettung und Ablauf der Abbildung der quantitativen Sensordaten auf die
     qualitative Szenenbeschreibung. 127
4.10 Erkannte Fahrspuren in zwei aufeinanderfolgenden Zeitschritten und resultie-
     rende fusionierte Fahrspur. 128
4.11 Berechnung der Relationen ABSTAND_ZU und RICHTUNG. 129
4.12 Visualisierung einer Verkehrsszene in der Simulationsumgebung entsprechend
     des modellierten Wissens. 131

5.1 Einbettung der Situationsinterpretation ins Gesamtsystem. 135
5.2 Ablauf des Fallbasierten Schließens zur Interpretation von Situationen im ko-
     gnitiven Automobil. 137
5.3 Zeitliche Gliederung von Fällen zur Modellierung der zeitlichen Entwicklung
     einer Szene. 141
5.4 Nachfolgefälle bei unterschiedlichem Verhalten und zugehörigen Auftritts-
     wahrscheinlichkeiten. 141
5.5 Aufbau der Fallbasis als Hierarchie der Fälle. 143
5.6 Auswahl eines Verhaltens bei nur einem ähnlichen Fall. 145
5.7 Auswahl eines Verhaltens bei mehreren ähnlichen Fällen. 145
5.8 Einfügen eines neuen Falles in die Fallbasis, die ähnlichsten Fälle sind grau
     unterlegt, die neu eingetragenen Verbindungen sind als gestrichelte Linien
     dargestellt. 147
5.9 Generalisieren aus bestehenden Fällen. 147

6.1 Experimentierplattform „Smart Roadster". 149
6.2 Systemkomponenten der Experimentierplattform „Smart Roadster". Der In-
     formationsfluss ist durch gestrichelte Pfeile gekennzeichnet, die realen Daten-
     flüsse mit durchgezogenen Pfeilen. 150
6.3 Bewertung der einzelnen Hinweise in Abhängigkeit vom seitlichen Versatz der
     Fahrspur. 152

6.4   Entwicklung der Partikelverteilung anhand des Parameters „Seitlicher Versatz".152

6.5   Entwicklung der einzelnen Parameter im Verlauf der Testsequenz. 153

6.6   Darstellung der Ergebnisse der Verfolgung aller Fahrspuren. 154

6.7   Geschätzer Verlauf der erkannten Fahrspuren. 155

6.8   Rekonstruierter Verlauf der querenden Straße zusammen mit dem eingeblendeten Pfeil zur Visualisierung der geplanten Route. 156

6.9   Adaptive Binarisierung entlang einer Abtastlinie. 156

6.10 Ergebnis der Linienklassifikation auf einer normalen Landstraße. 157

6.11 Ergebnis der Linienklassifikation innerhalb des Kreuzungsbereichs. 157

6.12 Rekonstruierte Vogelperspektive einer Szene durch Anwenden der perspektivischen Transformation. 159

6.13 Extrahierte Region mit resultierendem Pfeil und Binarisierungsergebnis. . . . 160

6.14 Klassifikationsergebnis des Richtungspfeils auf der entgegenkommenden Spur. 160

6.15 Schätzung der markierten Fahrspur bei Schlangenlinienfahrt. 161

6.16 Schätzung nicht-markierter Fahrspuren. 161

6.17 Detektion der Fahrspur bei unterschiedlichen Wetterverhältnissen. 161

6.18 Detektion von Kreuzungen auf Straßen ohne Markierung. 163

6.19 Ausweichen an einem Hindernis zum Zeitpunkt $t = 1s$. 164

6.20 Ausweichen an einem Hindernis zum Zeitpunkt $t = 3s$. 164

6.21 Ausweichen an einem Hindernis zum Zeitpunkt $t = 4s$. 164

6.22 Ausweichen an einem Hindernis zum Zeitpunkt $t = 5s$. 165

6.23 Verlauf der Position des Hindernisses während des Ausweichens. 165

6.24 Detektion der Person zum Zeitpunkt $t = 8s$ mit einem Abstand von $17m$. . . 166

6.25 Detektion der Person zum Zeitpunkt $t = 12s$ mit einem Abstand von $10m$. . 166

6.26 Detektion der Person zum Zeitpunkt $t = 15s$ mit einem Abstand von $8m$. . . 166

6.27 Verlauf der Position der Person während des Annäherns. 167

6.28 Detektion von Fahrzeugen, Bildnummer 82. 167

6.29 Detektion von Fahrzeugen, Bildnummer 100. 167

6.30 Detektion von Fahrzeugen, Bildnummer 314. 168

6.31 Auswirkung des Kalman-Filters bei der Schätzung der Entfernung eines verfolgten Fahrzeugs. 169

6.32 Entwicklung der Entfernung der verfolgten Fahrzeuge. 169

6.33 Auswirkung des Nachklassifikators bei der Erkennung des Verhaltens „Fahrzeug Folgen". 174

6.34 Beispiel einer T-Kreuzung mit zwei Fahrzeugen. 174

6.35 Resultierender Szenengraph für die in Abbildung 6.34 dargestellten Szene. . 176

6.36 Resultierende Beschreibung der beiden Fahrzeuge nach dem Auswerten aller Relationen. 176

6.37 Beispielhaftes Passieren einer Kreuzung zur Demonstration der Aktualisierung des Szenengraphen. 176

6.38 Resultierende Beschreibung der Fahrzeuge nach dem zweiten Zeitschritt aus dem Beispiel in Abbildung 6.37. 177

6.39 Resultierende Beschreibung der Fahrzeuge nach dem dritten Zeitschritt aus dem Beispiel in Abbildung 6.37. 177

6.40 Beispielszene zur Demonstration der Situationsinterpretation mittels Fallbasiertem Schließen. 178
6.41 Hierarchische Gliederung der bekannten Fälle in der Fallbasis. 178
6.42 Anfrage an die Fallbasis zur Ermittlung der ähnlichsten Fälle. 179
6.43 Abschätzung der Konsequenzen eines Verhaltens durch Überprüfung der zeitlichen Entwicklung der Situation. 179
6.44 Integration des neuen Fall in die Fallbasis. 180
6.45 Beispielszene zur Untersuchung der Größe der Fallbasis. 181

A.1 Rauschverhalten der Tiefenmessung mit der PMD-Kamera in Abhängigkeit
von der Beleuchtungsstärke. 188
A.2 Beispielszene zur Evaluation der Tiefengenauigkeit. 188
A.3 Gemessene Tiefe der Beispielszene mit SICK-Laserscanner und PMD-Kamera. 189

Tabellenverzeichnis

2.1 Vergleich verschiedener 3D-Kameras. 21
2.2 Gegenüberstellung verschiedener Sensoren für den Einsatz in Fahrerassistenzsystemen und Bewertung der Einsatzfähigkeit in den verschiedenen Anwendungen. 23
2.3 Vergleich der wesentlichen Merkmale der Arbeiten von Prof. Dickmanns und
Prof. Nagel mit den Ansätzen dieser Arbeit. 51

3.1 Verwendete Zeitintervalle im Zustandsautomaten zur regelbasierten Verfolgung einer Fahrspur. 80
3.2 Linienarten zur Markierung von Fahrspuren und korrespondierende Muster
im regulären Ausdruck. 92

6.1 Klassifikationsergebnisse der Analyse von Richtungspfeilen. 162
6.2 Erkennungsraten (in Prozent) der longitudinalen Verhalten mit dem Bayesschen Netz. 172
6.3 Erkennungsraten (in Prozent) der longitudinalen Verhalten mit SVM. 172
6.4 Erkennungsraten (in Prozent) der lateralen Verhalten mit dem Bayesschen
Netz (Werte der SVM in Klammern). 173
6.5 Erkennungsraten (in Prozent) der gemischten Verhalten mit dem Bayesschen
Netz (Werte der SVM in Klammern). 173
6.6 Auswirkungen des Nachklassifikators auf die Erkennungsraten beim Verwenden der SVM. 175
6.7 Bewertung der Verhaltensalternativen zur Auswahl des optimalen Verhaltens. 180

Literaturverzeichnis

[Aamodt 94] Agnar Aamodt, Enric Plaza. Case-Based Reasoning: Foundational Issues, Methodological Variations, and System Approaches. *AI Communications*, 7:1:39–59, 1994.

[Adams 94] R. Adams, L. Bischof. Seeded region growing. *IEEE Transaction on Pattern Analysis and Machine Intelligence*, 16(6):641–647, 1994.

[Adler 07] Christian Adler. Vergleich von bayesschen Klassifikatoren und Support Vector Machines zur Schätzung von Verhalten von Verkehrsteilnehmern. Diplomarbeit, Institut für Technische Informatik, Universität Karlsruhe (TH), 2007.

[Alefs 05] Bram Alefs, David Schreiber, Markus Clabian. Hypothesis based vehicle detection for increased simplicity in multi sensor ACC. Tagungsband: *Proc. of the IEEE Intelligent Vehicles Symposium (IV'05)*, Seiten 261–266, Las Vegas, Nevada, USA, 6.-8. Juni 2005.

[Apostoloff 03] N. E. Apostoloff, A. Zelinsky. Robust vision based lane tracking using multiple cues and particle filtering. Tagungsband: *Proc. of the IEEE Intelligent Vehicles Symposium (IV'03)*, Seiten 558–563, Columbus, Ohio, USA, 9.-11. Juni 2003.

[Apostoloff 05] Nicholas Apostoloff. *Vision based lane tracking using multiple cues and particle filtering*. Dissertation, Department of Systems Engineering, Research School of Information Science and Engineering, Australian National University, 2005.

[Arens 02] Michael Arens, Hans-Hellmut Nagel. Representation of Behavioral Knowledge for Planning and Plan-Recognition in a Cognitive Vision System. Tagungsband: *Proc. of the 25th German Conference on Artificial Intelligence (KI-2002)*, Seiten 268–282, Aachen, Germany, September 16-20 2002.

[Arens 03] Michael Arens, Hans-Hellmut Nagel. Behavioral Knowledge Representation for the Understanding and Creation of Video Sequences. Tagungsband: *Proc. of the 26th German Conference on Artificial Intelligence (KI-2003)*, Seiten 149–163, Hamburg, 15.-18. September 2003. Springer-Verlag, Berlin Heidelberg.

[ARGO 07] ARGO Home Page [online]. Erreichbar unter: `http://www.argo.ce.unipr.it/ARGO/english/index.html`. Februar 2007, *Zuletzt besucht am:* 1. Februar 2007.

[Arulampalam 02] M. S. Arulampalam, S. Maskell, N. Gordon, T. Clapp. A tutorial on particle filters for online nonlinear/non-Gaussian Bayesian tracking. Tagungsband: *IEEE Transactions on Signal Processing*, Seiten 174 – 188, 2002.

[Aufrère 00] Romuald Aufrère, Roland Chapuis, Frederic Chausse. A fast and robust vision based road following algorithm. Tagungsband: *Proc. of the IEEE Intelligent Vehicles Symposium (IV'00)*, Band IV, Seiten 192–197, Dearborn, MI, USA, October 3-5 2000.

[Aufrère 04] R. Aufrère, V. Marion, J. Laneurit, C. Lewandowski, J. Morillon, R. Chapuis. Road sides recognition in non-structured environments by vision. Tagungsband: *Proc. of the IEEE Intelligent Vehicles Symposium (IV'04)*, Seiten 329–334, Parma, Italien, 14.-17. Juni 2004.

[Bai 08] Li Bai, Yan Wang. Fusing Image, GPS and GIS for Road Tracking Using Multiple Condensation Particle Filters. Tagungsband: *Proc. of the IEEE Intelligent Vehicles Symposium (IV'08)*, Seiten 162–167, Eindhoven, Niederlande, 4.-6. Juni 2008.

[Baker 04] Simon Baker, Iain Matthews. Lucas-Kanade 20 Years On: A Unifying Framework. *International Journal of Computer Vision*, 56(3):221–255, 2004.

[Bar-Shalom 00] Yaakov Bar-Shalom. *Multitarget-Multisensor-Tracking: Applications and Advances*. Boston Artech House, 2000. Stimmt der Titel?

[Bar-Shalom 88] Yaakov Bar-Shalom, T. E. Fortmann. *Tracking and Data Association*. Academic Press, San Diega, USA, 1988.

[Behringer 92] R. Behringer, V. v. Holt, E. D. Dickmanns. Road and Relative Ego-State Recognition. Tagungsband: *Proc. of the IEEE Intelligent Vehicles Symposium (IV'92)*, Seiten 385–390, 1992.

[Bertozzi 00a] M. Bertozzi, A. Broggi, A. Fascioli. Vision-based intelligent vehicles: State of the art and perspectives. *Robotics and Autonomous Systems*, 32:1–16, Juni 2000.

[Bertozzi 00b] M. Bertozzi, A. Broggi, A. Fascioli, S. Nichele. Stereo Vision-based Vehicle Detection. Tagungsband: *Proc. of the IEEE Intelligent Vehicles Symposium (IV'00)*, Seiten 39–44, Dearborn, MI, USA, October 3-5 2000.

[Bertozzi 96] Massimo Bertozzi, Alberto Broggi. Real-Time Lane and Obstacle Detection on the GOLD System. Tagungsband: *Proc. of the IEEE Intelligent Vehicles Symposium (IV'96)*, 1996.

[Beucher 91] S. Beucher. The watershed transformation applied to image segmentation. Tagungsband: *Conference on Signal and Image Processing in Microscopy and Microanalysis*, Seiten 299–314, September 1991.

[Beyerer 05] Jürgen Beyerer. Automatische Sichtprüfung und Bildverarbeitung. Unterlagen zur gleichnamigen Vorlesung an der Universität Karlsruhe (TH), 2005.

[Blackmann 04] S. S. Blackmann. Multiple hypothesis tracking for multiple target tracking. *Aerospace and Electronic Systems Magazine*, 19(1):5–18, Januar 2004.

[Bocksch 05] Gerhard Bocksch. Ein Komponenten-basiertes Rahmenwerk zur intelligenten Verknüpfung von Bildverarbeitungsroutinen. Diplomarbeit, Institut für Technische Informatik, Universität Karlsruhe (TH), 2005.

[Broggi 04] Alberto Broggi, Pietro Cerri, Pier Claudio Antonello. Multi-Resolution Vehicle Detection using Artificial Vision. Tagungsband: *Proc. of the IEEE Intelligent Vehicles Symposium (IV'04)*, Seiten 310–314, Parma, Italien, 14.-17. Juni 2004.

[Broggi 95] A. Broggi. A Massively Parallel Approach to Real-Time Vision-Based Road Markings Detection. Tagungsband: *Proc. IEEE Intelligent Vehicles '95 Symposium (IV'95)*, Seiten 84–89, Detroit, USA, September 1995. REFERENZ PRUEFEN.

[Canny 86] J. Canny. A computational approach to edge detection. *Transactions on Pattern Analysis and Machine Intelligence (PAMI)*, 8(6):679–698, 1986.

[Chang 05] Hao-Yuan Chang, Chih-Ming Fu, Chung-Lin Huang. Real-Time Vision-Based Preceding Vehicle Tracking and Recognition. Tagungsband: *Proc. of the IEEE Intelligent Vehicles Symposium (IV'05)*, Seiten 514–519, 2005.

[Chausse 05] Frederic Chausse, Jean Laneurit, Roland Chapuis. Vehicle localization on a digital map using particle filtering. Tagungsband: *Proc. of the IEEE Intelligent Vehicles Symposium (IV'05)*, Seiten 243–248, Las Vegas, Nevada, USA, 6.-8. Juni 2005.

[Cheng 08] Hsu-Yung Cheng, Chih-Chang Yu, Chien-Cheng Tseng, Kuo-Chin Fan, Jenq-Neng Hwang, Bor-Shenn Jeng. Hierachical lane detection for different types of roads. Tagungsband: *Proc. of the International Conference on Acoustics, Speech, and Signal Processing*, Las Vegas, Nevada, USA, 30. März - 4. April 2008.

[Chiu 05] Kuo-Yu Chiu, Sheng-Fuu Lin. Lane Detection using Color-Based Segmentation. Tagungsband: *Proc. of the IEEE Intelligent Vehicles Symposium (IV'05)*, Seiten 706–711, Las Vegas, Nevada, USA, 6.-8. Juni 2005.

[Chrisman 91] J. Chrisman, C. Thorpe. UNSCARF, A Color Vision System for the Detection of Unstructured Roads. Tagungsband: *Proc. IEEE Inter. Conf. on Robotics and Automation (ICRA)*, Band 3, Seiten 2496–2501, 1991.

[Clady 03] Xavier Clady, François Collange, Frédéric Jurie, Philippe Martinet. Cars detection and tracking with a vision sensor. Tagungsband: *Proc. of the IEEE Intelligent Vehicles Symposium (IV'03)*, Seiten 593–598, Columbus, Ohio, USA, June 9-11 2003.

[Clark 92] Russell J. Clark, Ronald C. Arkin, Ashwin Ram, Kenneth Moorman. Case-Based Reactive Navigation: A Case-Based Method for On-Line Selection and Adaptation of Reactive Control Parameters in Autonomous Robotic Systems. Technischer Bericht, Georgia Institute of Technology, 1992.

[Collado 04] J.M. Collado, C. Hilario, A. de la Escalera, J.M. Armingol. Model Based Vehicle Detection for Intelligent Vehicles. Tagungsband: *Proc. of the IEEE Intelligent Vehicles Symposium (IV'04)*, Seiten 572–577, Parma, Italien, June 14-17 2004.

[Comaniciu 97] D. Comaniciu, P. Meer. Robust analysis of feature spaces: color image segmentation. *Computer Vision and Pattern Recognition*, 00:750, 1997.

[Cramer 04] Heiko Cramer, Ullrich Scheunert, Gerd Wanielik. A New Approach for Tracking Lanes by Fusing Image Measurements with Map Data. Tagungsband: *Proc. of the IEEE Intelligent Vehicles Symposium (IV'04)*, Seiten 607–612, Parma, Italien, 14.-17. Juni 2004.

[Crisman 93] J.D. Crisman, C.E. Thorpe. SCARF: A Color Vision System that Tracks Roads and Intersection: a color vision system that tracks roads and intersections. *Robotics and Automation, IEEE Transactions on*, 9(1):49–58, Februar 1993.

[Dagli 02] Ismail Dagli, Dirk Reichardt. Motivation-Based Approach To Behavior Prediction. Tagungsband: *Proc. of the IEEE Intelligent Vehicles Symposium (IV'02)*, Seiten 227–233, Versailles, Frankreich, 17.-21. Juni 2002.

[Dahlkamp 06] Hendrik Dahlkamp, Adrian Kaehler, David Stavens, Sebastian Thrun, Gary Bradski. Self-supervised Monocular Road Detection in Desert Terrain. Tagungsband: *Robotics: Science and Systems Conference (RSS)*, 2006. Erreichbar unter: `http://roboticsproceedings.org/rss02/p05.pdf`.

[Dang 06] Thao Dang, Sören Kammel, Christian Duchow, Britta Hummel, Christoph Stiller. Path Planning for Autonomous Driving Based on Stereoscopic and Monoscopic Vision Cues. Tagungsband: *IEEE International Conference on Multisensor Fusion and Integration for Intelligent Systems*, Seiten 191–196, Heidelberg, 3.-6. September 2006.

[DARVIN 07a] DARVIN Experimental Vehicle [online]. Erreichbar unter: `http://i21www.ira.uka.de/darvin/`. 2007, *Zuletzt besucht am:* 3. Februar 2007.

[DARVIN 07b] DARVIN Experimental Vehicle - Projektbeschreibung [online]. Erreichbar unter: `http://i21www.ira.uka.de/darvin/projektbeschreibung.html`. 2007, *Zuletzt besucht am:* 3. Februar 2007.

[Davis 86] L. S. Davis, T. R. Kushner, J. L. LeMoigne, A. M. Waxmann. Road boundary detection for autonomous vehicle navigation. *Optical Engineering*, 25(3):409–414, März 1986.

[de Freitas 01] Nando de Freitas. A Tutorial and Exercises on Particle Filters for Finite Mixture Models with an Unknown Number of Components, 2001. Erreichbar unter: `http://www.cs.berkeley.edu/~jordan/courses/281B-spring01/readings/mixdemo.ps`.

[Dickmanns 02] Ernst Dieter Dickmanns. The development of machine vision for road vehicles in the last decade. Tagungsband: *Proc. of the IEEE Intelligent Vehicles Symposium (IV'02)*, Seiten 268–281, Versailles, Frankreich, 17.-21. Juni 2002.

[Dickmanns 03] Ernst Dieter Dickmanns. An Advanced Vision System for Ground Vehicles. Tagungsband: *The 1st International Workshop on In-Vehicle Cognitive Computer Vision Systems (IVC2VS)*, Seiten 1–12, Graz, Österreich, 2003.

[Dickmanns 88a] E. D. Dickmanns. 4D-Dynamic Scene Analysis with integral Spatio-Temporal Models. Tagungsband: *Robotics Research*, Seiten 311–318. MIT Press, 1988.

[Dickmanns 88b] E. D. Dickmanns, V. Graefe. Dynamic monocular machine vision and applications of dynamic monocular vision. *International Journal of Machine Vision and Applications*, 1:223–240 und 241–261, 1988.

[Dickmanns 92] E. D. Dickmanns, B. D. Mysliwetz. Recursive 3-D road and relative egostate recognition. *IEEE Transactions on Pattern Analysis and Machine Intelligence*, 14(2):199–213, Februar 1992. Erreichbar unter: `http://ieeexplore.ieee.org/xpls/abs_all.jsp?tp=&arnumber=121789&isnumber=3469`.

[Dickmanns 98] E. D. Dickmanns. Vehicle capable of dynamic vision: A new bread of technical beings? *Artificial Intelligence*, 102(1-2):49–76, 1998.

[Dillmann 04] Rüdiger Dillmann, Christoph Stiller. Visuelle Sensorplattform für kognitive Automobile (ViskA). Technischer Bericht, Deutsche Forschungsgesellschaft (DFG), Abschlussbericht, 2004.

[Drücker 01] Christian Drücker, Sebastian Hübner, Ubbo Visser, Hans-Georg Weland. As time goes by - Using time series based decision trees induction to analze the behaviour of apponen players. Tagungsband: *Robot world cup soccer games and conferences*, Band 5, Seattle, Washington, USA, 2001.

[Duchow 05] Christian Duchow. A marking-based, flexible approach to intersection detection. Tagungsband: *Proc. of the 2005 IEEE Computer Society Conference on Computer Vision and Pattern Recognition (CVPR'05)*, 2005.

[Duchow 06] Christian Duchow. A novel, signal model based approach to lane detection for use in intersection assistance. Tagungsband: *Proc. of the IEEE Intelligent Transportation Systems Conference*, Seiten 1162–1167, Toronto, Kanada, 17.-20. September 2006.

[Duchow 07] Christian Duchow. Aggregating Lane Markings into Lanes for Intersection Assistance. Tagungsband: *Proc. of the IEEE Intelligent Vehicles Symposium (IV'07)*, Seiten 722–727, Istanbul, Türkei, 13.-15. Juni 2007.

[Duden 06] *Duden 01. Die deutsche Rechtschreibung*. Bibliographisches Institut, Mannheim, 2006.

[Enkelmann 01] Wilfried Enkelmann. Video-Based Driver Assistance - From Basic Functions to Applications. *International Journal of Computer Vision*, 45(3):201–221, 2001.

[Enkelmann 95] W. Enkelmann, G. Struck, J. Geisler. ROMA - A System for Model-Based Analysis of Road Markings. Tagungsband: *Proc. of the IEEE Intelligent Vehicles Symposium (IV'95)*, Seiten 356–360, 1995.

[Fastenmeier 95] Wolfgang Fastenmeier, Hrsg. *Autofahrer und Verkehrssituation – Neue Wege zur Bewertung von Sicherheit und Zuverlässigkeit moderner Straßenverkehrssysteme*. TÜV Rheinland, Köln, 1995.

[Fleischer 02] Klaus-Günther Fleischer. *Interpretation innerstädtischer Straßenverkehrsszenen durch modellgestützte Bildfolgenauswertung*. Dissertation, Universität Karlsruhe (TH), 2002.

[For 91] Forschungsgesellschaft für Straßen- und Verkehrswesen. *Richtlinien für den Bau von Straßen*, 1991.

[For 93] Forschungsgesellschaft für Strassen- und Verkehrswesen. *Richtlinien für die Markierung von Straßen (RMS) Teil 1: Abmessungen und geometrische Anordnung von Markierungszeichen (RMS-1)*, 1993.

[Franke 07] Uwe Franke, Clemens Rabe, Stefan Gehrig. Kollisionsvermeidung durch raumzeitliche Bildanalyse. *it - Information Techology*, 49(1), 2007.

[Frese et al. 07] Christian Frese et al. Wissensrepräsentation im SFB Kognitive Automobile. Technischer Bericht, Querschnittsarbeitsgruppe 2 „Lernen und adaptives Verhalten“, SFB/TR 28 - „Kognitive Automobile“, 2007.

[Fürstenberg 06] Kay Ch. Fürstenberg. Advanced Iintersection Safety - The EC project INTERSAFE. Tagungsband: *Proc. of the IEEE Intelligent Vehicles Symposium (IV'06)*, Seiten 89–93, Tokyo, Japan, 13.-15. Juni 2006.

[Fürstenberg 07] Kay Fürstenberg, Matthias Hopstock, Andrzej Obojski, Bern Rössler, Jian Chen, Stefan Deutschle, Chris Benson, Jürgen Weingart, Alejandro Chinea Manrique de Lara. INTERSAFE - D40.74 Final Report. Technischer Bericht, European Union - Sixth Framework Programme, 2007. Erreichbar unter: http://www.prevent-ip.org/en/public_documents/deliverables/d4075_intersafe_final_report.htm.

[Gepperth 05] Alexander Gepperth, Johann Edelbrunner, Thomas Bücher. Real-time detection and classification of cars in video sequences. Tagungsband: *Proc. of the IEEE Intelligent Vehicles Symposium (IV'05)*, Seiten 625–631, Las Vegas, Nevada, USA, 6.-8. Juni 2005.

[Gerber 02] Ralf Gerber, Hans-Hellmut Nagel, Heiko Schreiber. Deriving Textual Descriptions of Road Traffic Queues from Video Sequences. Tagungsband: *European Conference on Artificial Intelligence (ECAI)*, 2002.

[Gern 00] Axel Gern, Uwe Franke, Paul Levi. Advanced Lane Recognition - Fusing Vision and Radar. Tagungsband: *Proc. of the IEEE Intelligent Vehicles Symposium (IV'00)*, Seiten 45–51, Dearborn, MI, USA, October 3-5 2000.

[Gern 02] Axel Gern, Rainer Moebus, Uwe Franke. Vision-based Lane Recognition under Adverse Weather Conditions Using Optical Flow. Tagungsband: *Proc. of the IEEE Intelligent Vehicles Symposium (IV'02)*, Seiten 652–657, Versailles, Frankreich, 17.-21. Juni 2002.

[Giachetti 98] A. Giachetti, M. Campani, V. Torre. The Use of Optical Flow for Road Navigation. *IEEE Transaction on Robotis and Automation*, 14(1):34–48, 1998.

[Gindele 07] Tobias Gindele. Wissensrepräsentation von Verkehrssituationen und Analyse mittels fallbasiertem Schließen für kognitive Automobile. Diplomarbeit, Institut für Technische Informatik, Universität Karlsruhe (TH), 2007.

[Goebl 07] Matthias Goebl, Georg Färber. A Real-Time-Capable Hard and Software Architecture for Joint Image and Knowledge Processing in Cognitive Automobiles. Tagungsband: *Proc. of the IEEE Intelligent Vehicles Symposium (IV'07)*, Seiten 734–740, Istanbul, Türkei, 13.-15. Juni 2007.

[Grand Challenge 05] DARPA Grand Challenge [online]. Erreichbar unter: http://www.grandchallenge.org/. 2005, *Zuletzt besucht am:* 6. Februar 2007.

[Gregor 02] Rudolf Gregor. *Fähigkeiten zur Missionsdurchführung und Landmarkennavigation*. Dissertation, Universität der Bundeswehr München, Fakultät für Luft- und Raumfahrttechnik, 2002.

[Gruber 93] T. R. Gruber. A translation approach to portable ontologies. *Knowledge Acquisition*, 5(2):199–220, 1993.

[Haag 98] M. Haag. *Bildfolgenauswertung zur Erkennung der Absichten von Straßenverkehrsteilnehmern*. Dissertation, Universität Karlsruhe (TH), 1998.

[Haag 99] M. Haag, H.-H. Nagel. Combination of Edge Element and Optical Flow Estimates for 3D-Model-Based Vehicle Tracking in Traffic Image Sequences. *International Journal of Computer Vision*, 35(3):295–319, 1999.

[Heimes 00] Frank Heimes. *Sichtsystemgestützte Fahrerassistenz im innerstädtischen Straßenverkehr*. Dissertation, Universität Karlsruhe (TH), 2000.

[Heimes 02] F. Heimes. Towards Active Machine-Vision Based Driver Assistance for Urban Areas. *International Journal of Computer Vision*, 5(1):5–34, 2002.

[Heisele 95] B. Heisele, W. Ritter. Obstacle detection based on color blob flow. Tagungsband: *Proc. of the IEEE Intelligent Vehicles Symposium (IV'95)*, Seiten 282–286, 1995.

[Hilario 05] C. Hilario, J.M. Colladio, J.M. Armingol, A. de la Escalera. Pyramidal Image Analysis for Vehicle Detection. Tagungsband: *Proc. of the IEEE Intelligent Vehicles Symposium (IV'05)*, Seiten 88–93, Las Vegas, Nevada, USA, 6.-8. Juni 2005.

[Hoffmann 04] Christian Hoffmann, Thao Dang, Christoph Stiller. Vehicle detection fusing 2D visual features. Tagungsband: *Proc. of the IEEE Intelligent Vehicles Symposium (IV'04)*, Seiten 280–285, Parma, Italien, 14.-17. Juni 2004.

[Hoffmann 06] C. Hoffmann, Thao Dang. Cheap Joint Probabilistic Data Association Filters in an Interacting Multiple Model Design. Tagungsband: *2006 IEEE International Conference on Multisensor Fusion and Integration for Intelligent Systems (MFI 2006)*, Seiten 197–202, Heidelberg, 3.-6. September 2006.

[Hoover 96] Adam Hoover, Gillian Jean-Baptiste, Xiaoyi Jiang, Patrick J. Flynn, Horst Bunke, Dmitry B. Goldgof, Kevin Bowyer, Davd W. Eggert, Andrew Fitzgibbon, Robert B. Fisher. An Experimental Comparison of Range Image Segmentation Algorithms. *IEEE Transaction on Pattern Analysis and Machine Intelligence*, 18(7):673–689, Juli 1996.

[Hummel 07a] Britta Hummel, Werner Thiemann, Irina Lulcheva. Description Logic for Vision-Based Intersection Understanding. Tagungsband: *Cognitive Systems with Interactive Sensors (COGIS)*, Stanford University, Palo Alto, CA, USA, 26.-28. November 2007.

[Hummel 07b] Britta Hummel, Zongru Yang, Christian Duchow. Kreuzungsverstehen - ein wissensbasierter Ansatz. *it - Information Techology*, 49(1):5–16, 2007.

[Ieng 03] Sio-Song Ieng, Jean-Philippe Tarel Raphael Labayrade. On the Design of a Single Lane-Markings Detector Regardless the On-Board Camera's Position. Tagungsband: *Proc. of the IEEE Intelligent Vehicles Symposium (IV'03)*, Seiten 564–569, Columbus, Ohio, USA, June 9-11 2003.

[Ieng 05] Sio-Song Ieng, Jérémy Vrignon, Dominque Gruyer, Didier Aubert. A New Multi-Lanes Detection Using Multi-Camera for Robust Vehicle Location. Tagungsband: *Proc. of the IEEE Intelligent Vehicles Symposium (IV'05)*, Seiten 700–705, Las Vegas, Nevada, USA, 6.-8. Juni 2005.

[INTERSAFE-2 08] Intersafe-2 [online]. Erreichbar unter: http://www.intersafe-2.eu. 2008, *Zuletzt besucht am:* 17. Dezember 2008.

[INVENT 08] Intelligenter Verkehr und nutzergerechte Technik [online]. Erreichbar unter: http://www.invent-online.de. 2008, *Zuletzt besucht am:* 18. Dezember 2008.

[Isard 98] Michael Isard, Andrew Blake. Condensation - conditional density propagation for visual tracking. *International Journal of Computer Vision*, 29(1):5–28, 1998.

[Jung 04] Cláudio Rosito Jung, Christian Roberto Kelber. A Lane Departure Warning System based on a Linear-Parabolic Lane Model. Tagungsband: *Proc. of the IEEE Intelligent Vehicles Symposium (IV'04)*, Seiten 891–895, Parma, Italien, 14.-17. Juni 2004.

[Kant 87] Immanuel Kant. *Critik der reinen Vernunft 2. Auflage.* 1787. Erreichbar unter: http://www.gutenberg.org/etext/6343.

[Kastrinaki 03] V. Kastrinaki, M. Zervakis, K. Kalaitzakis. A survey of video processing techniques for traffic applications. *Image and Vision Computing*, 21:359–381, 2003.

[Kaszubiak 05] J. Kaszubiak, M. Tornow, R.W. Kuhn, B. Michaelis, C. Knoeppel. Real-Time Vehicle and Lane Detection with Embedded Hardware. Tagungsband: *Proc. of the IEEE Intelligent Vehicles Symposium (IV'05)*, Seiten 619–624, Las Vegas, Nevada, USA, 6.-8. Juni 2005.

[Kawasaki 04] Naoki Kawasaki, Uwe Kiencke. Standard Platform for Sensor Fusion on Advanced Driver Assistance Systems using Baysian Network. Tagungsband: *Proc. of the IEEE Intelligent Vehicles Symposium (IV'05)*, Seiten 250–255, Parma, Italien, 14.-17. Juni 2004.

[Kemeny 90] A. Kemeny. PROMETHEUS - Design Technics. *Transportation Electronics, 1990. Vehicle Electronics in the 90's: Proceedings of the International Congress on*, Seiten 201–207, 1990.

[Kim 03] Zu Whan Kim, Jitendra Malik. Fast Vehicle Detection with Probabilistic Feature Grouping and its Application to Vehicle Tracking. Tagungsband: *Proc. of the Ninth IEEE International Conference on Computer Vision (ICCV'03)*, 2003.

[Kim 08] Zu Whan Kim. Robust lane detection and tracking in challenging scenarios. *Transaction on Intelligent Transportation Systems*, 9(1):16–26, 2008.

[Kluge 93] Karl Kluge. *YARF: A System for Adaptive Navigation of Structured City Roads.* Dissertation, Carnegie Mellon University, Pittsburgh, USA, 1993.

[Knoeppel 00] C. Knoeppel, A. Schanz, B. Michaelis. Robust Vehicle Detection at Large Distance Using Resolution Cameras. Tagungsband: *Proc. of the IEEE Intelligent Vehicles Symposium (IV'00)*, Seiten 267–272, Dearborn, MI, USA, October 3-5 2000.

[kognimobil 08] SFB/TR 28 Kognitive Automobile [online]. Erreichbar unter: www.kognimobil.org. 2008, *Zuletzt besucht am:* 18. Dezember.

[Kolodner 93] Janet Kolodner. *Case-Based Reasoning.* Morgan Kaufmann Publishers Inc., 1993.

[Lamparter 06] Dietmat H. Lamparter. Weniger Schrott. *Die ZEIT*, Nr. 35, 24. August 2006.

[Lattner 05a] Andreas D. Lattner, Jan D. Gehrke, Ingo J. Timm, Otthein Herzog. A Knowledge-based Approach to Behavior Decision in Intelligent Vehicles. Tagungsband: *Proc. of the IEEE Intelligent Vehicles Symposium (IV'05)*, Seiten 466–471, Las Vegas, Nevada, USA, 6.-8. Juni 2005. Erreichbar unter: http://www.tzi.de/~adl/publications/lattneretal05iv.pdf.

[Lattner 05b] Andreas D. Lattner, Ingo J. Timm, Martin Lorenz, Otthein Herzog. Knowledge-based Risk Assessment for Intelligent Vehicles. Tagungsband: *Proc. of the IEEE International Conference on Integration of Knowledge Intensive Multi-Agent Systems (KIMAS'05)*, Seiten 191–196, Waltham, Massachusetts, USE, April, 18-21 2005. Erreichbar unter: http://www.tzi.de/~adl/publications/lattneretal05_kimas.pdf.

[Li 07] Yunchong Li, Kezhong He, Peifa Jia. Road Markers Recognition Based on Shape Information. Tagungsband: *Proc. of the IEEE Intelligent Vehicles Symposium (IV'07)*, Seiten 117–122, Istanbul, Türkei, 13.-15. Juni 2007.

[Lin 01] Zheng Lin, Jesse Jin, Hugues Talbot. Unseeded region growing for 3D image segmentation. In Peter Eades, Jesse Jin, Hrsg., *Selected papers from Pan Sydney Workshop on Visual Information Processing.* ACS, Sydney, Australien, 2001.

[Lindl 07] Rudi Lindl, Leonhard Walchshäusl, Vissilios Paraschoudis. Autonomous Braking for Collision Mitigation Purposes by Means of Multi Sensor Perception. Tagungsband: *6th European Congress and Exhibition on Intelligent Transport Systems and Services*, Aalborg, Dänemark, 18.-20. Juni 2007.

[Little 05] James J. Little, Jesse Hoey, Pantelis Elinas. Visual Capabilities in an Interactive Autonomous Robot. In *Cognitive Vision Systems: Sampling the Spectrum of Approaches*, Lecture Notes in Computer Science. Springer-Verlag, Berlin Heidelberg, 2005.

[Liu 05] Tie Liu, Nanning Zheng. Learning based Symmetric Features Selection for Vehicle Detection. Tagungsband: *Proc. of the IEEE Intelligent Vehicles Symposium (IV'05)*, Seiten 124–129, Las Vegas, Nevada, USA, 6.-8. Juni 2005.

[Lösch 06] Martin Lösch. Ontologiebasierte Modellierung von Situationen für kognitive Automobile. Diplomarbeit, Institut für Technische Informatik, Universität Karlsruhe (TH), 2006.

[Maček 04] Kristjan Maček, Brian Williams, Sascha Kolski, Roland Siegwart. A lane detection vision module for driver assistance. Tagungsband: *MechRob*, 2004.

[McCall 05a] Joel C. McCall, Mohan M. Trivedi. Video Based Lane Estimation and Tracking for Driver Assistance: Survey, System, and Evaluation. *IEEE Transactions on Intelligent Transportation Systems*, 2005.

[McCall 05b] Joel C. McCall, David Wipf, Mohan M. Trivedi, Bhaskar Rao. Lane Change Intent Analysis Using Robust Operators and Sparse Bayesian Learning. Tagungsband: *IEEE International Workshop on Machine Vision for Intelligent Vehicles at CVPR*, 2005.

[Miene 04] Andrea Miene, Andreas D. Lattner, Ubbo Visser, Otthein Herzog. Dynamic-preserving Qualitative Motion Description for Intelligent Vehicles. Tagungsband: *Proc. of the IEEE Intelligent Vehicles Symposium (IV'04)*, Seiten 642–646, Parma, Italien, 14.-17. Juni 2004.

[Minsky 75] Marvin Minsky. A Framework for Representing Knowledge. In P. Winston, Hrsg., *The Psychology of Computer Vision*. McGraw-Hill, 1975.

[MOBLAB 07] The MOB-LAB project [online]. Erreichbar unter: http://www.ce.unipr.it/computer_vision/mob-lab.html. Februar 2007, *Zuletzt besucht am:* 1. Februar 2007.

[Mück 00] Klaus Mück. *Rechnergestützte Erkennung und Beschreibung innerstädtischer Straßenkreuzungen*. Dissertation, Universität Karlsruhe (TH), 2000.

[Navlab 07] The NavLab Project [online]. Erreichbar unter: http://www.cs.cmu.edu/afs/cs/project/alv/www/index.html. 2007, *Zuletzt besucht am:* 26. Januar.

[Nedevschi 04] Sergiu Nedevschi, Rada Danescu, Dan Frentiu, Tiberiu Marita, Floria Oniga, Ciprian Pocol, Rolf Schmidt, Thorsten Graf. High Accuracy Stereo Vision System for Far Distance Obstacle Detection. Tagungsband: *Proc. of the IEEE Intelligent Vehicles Symposium (IV'04)*, Seiten 292–297, Parma, Italien, 14.-17. Juni 2004.

[Neumann 03] Bernd Neumann, Thomas Weiss. Navigating through logic-based scene models for high-level scene interpretation. Tagungsband: *3rd International Conference on Computer Vision Systems (ICVS 2003)*, Seiten 212–222, 2003.

[Neumann 04] Bernd Neumann, Ralf Möller. On Scene Interpretation with Description Logics. Bericht fbi-b-257/04, Fachbereich Informatik, Universität Hamburg, 2004.

[Nieto 08] Marcos Nieto, Luis Salgado, Fernando Jaureguizar. Robust Road Modeling based on a Hierarchical Bipartite Graph. Tagungsband: *Proc. of the IEEE Intelligent Vehicles Symposium (IV'08)*, Seiten 61–66, Eindhoven, Niederlande, 4.-6. Juni 2008.

[Oliver 00] Nuria Oliver, Alex P. Pentland. Graphical Models for Driver Behavior Recognition in a Smart Car. Tagungsband: *Proc. of the IEEE Intelligent Vehicles Symposium (IV'00)*, 2000.

[orocos 07] orocos. Open Robot Control Software [online]. Erreichbar unter: http://www.orocos.org/. 2007, *Zuletzt besucht am:* 29. Mai. Besorgen!

[OWL 07] Mike Dean, Guus Schreiber, Hrsg. OWL Web Ontology Language Reference [online]. Erreichbar unter: http://www.w3.org/TR/owl-ref/. 2007, *Zuletzt besucht am:* 29. Mai.

[Pellkofer 03] Martin Pellkofer. *Verhaltensentscheidung für autonome Fahrzeuge mit Blickrichtungssteuerung.* Dissertation, Universität der Bundeswehr München, Fakultät für Luft- und Raumfahrttechnik, 2003.

[Petri 62] Carl Adam Petri. Kommunikation mit Automaten. In *Bonn: Schriften des Rheinisch-Westfälischen Institutes für instrumentelle Mathematik.* Universität Bonn, 1962.

[Pomerleau 92] Dean Pomerleau. *Neural Network Perception for Mobile Robot Guidance.* Dissertation, Robotics Institute, Carnegie Mellon University, Pittsburgh, USA, 1992.

[Pomerleau 95] Dean Pomerleau. RALPH: Rapidly Adapting Lateral Position Handler. Tagungsband: *Proc. of the IEEE Intelligent Vehicles Symposium (IV'95)*, Seiten 506–511, 1995.

[Pomerleau 96] Dean Pomerleau, Todd Jochem. Rapidly adapting machine vision for automated vehicle steering. *IEEE Expert Intelligent Systems and Their Applications*, 11(2):19–27, April 1996. Erreichbar unter: http://ieeexplore.ieee.org/iel3/64/10546/00491277.pdf?arnumber=491277.

[Ponweiser 02] W. Ponweiser, M. Vincze, M. Zillich, M. Ayromlou. Requirements on and an Example of Multifunctional Vision Systems. Tagungsband: *26th Workshop of the Austrian Association of Pattern Recognition*, Graz, Österreich, 9.-11. September 2002.

[PReVENT 07] PReVENTive and Active Safety Applications [online]. Erreichbar unter: http://www.prevent-ip.org. 2007, *Zuletzt besucht am:* 16. Dezember 2008.

[Ramström 05] Ola Ramström, Henrik I. Christensen. A Method for Following Unmarked Roads. Tagungsband: *Proc. of the IEEE Intelligent Vehicles Symposium (IV'05)*, Seiten 650–655, Las Vegas, Nevada, USA, 6.-8. Juni 2005.

[Rasmussen 02] Christopher Rasmussen. Combining Laser Range, Color, and Texture Cues for Autonomous Road Following. Tagungsband: *Proc. IEEE Inter. Conf. on Robotics and Automation (ICRA)*, Washington, DC, USA, Mai 2002.

[Rasmussen 83] J. Rasmussen. Skills, Rules, and Knowledge: Signals, Signs, and Symbols, and Other Distinctions in Human Performance Models. Tagungsband: *IEEE Transactions on Systems, Man, and Cybernetics*, Band SMC-13, Seiten 257–266, 1983.

[Risack 00] R. Risack, N. Möhler, W. Enkelmann. A Video-based Lane Keeping Assistant. Tagungsband: *Proc. of the IEEE Intelligent Vehicles Symposium (IV'00)*, Seiten 356–361, Dearborn, MI, USA, October 3-5 2000.

[Risack 98] R. Risack, P. Klausmann, W. Krüger, W. Enkelmann. Robust lane recognition embedded in a real-time driver assistance system. Tagungsband: *Proc. of the IEEE Intelligent Vehicles Symposium (IV'98)*, Seiten 35–40, 1998.

[Ros 06] Raquel Ros, Manuela Veloso, Ramon López de Màntaras, Carles Sierra, Josep Lluis Arcos. Retrieving and Reusing Game Plays for Robot Soccer. Tagungsband: *Lecture Notes in Computer Science, Proceedings of ECCBR-2006*, Seiten 47–61, Ölündeniz/Fethiye, Türkei, 4.-7. September 2006.

[Rotaru 04] Calin Rotaru, Thorsten Graf, Jianwei Zhang. Extracting Road Features from Color Images using a Cognitive Approach. Tagungsband: *Proc. of the IEEE Intelligent Vehicles Symposium (IV'04)*, Seiten 298–303, Parma, Italien, 6.-8. Juni 2004.

[Rüder 02] Milan Rüder, Wilfried Enkelmann, R. Garnitz. Highway Lane Change Assistant. Tagungsband: *Proc. of the IEEE Intelligent Vehicles Symposium (IV'02)*, Seiten 240–244, Versailles, Frankreich, 17.-21. Juni 2002.

[Schiehlen 95] J. Schiehlen. *Kameraplattform für aktive sehende Fahrzeuge.* Dissertation, Universität der Bundeswehr München, 1995.

[Schneider 03] Bernd Schneider. *Der Photomischdetektor zur schnellen 3D-Vermessung für Sicherheitssysteme und zur Informationsübertragung im Automobil.* Dissertation, Fachbereich Elektrotechnik und Informatik der Universität-Gesamthochschule Siegen, 2003.

[Schröder 06] Joachim Schröder, Udo Müller, Rüdiger Dillmann. Smart Roadster Project: Setting up Drive-by-Wire or How to Remote-Control your Car. Tagungsband: *The 9th International Conference on Intelligent Autonomous Systems*, Seiten 383–390, Tokyo, Japan, March 2006 2006.

[Schröder 07] Joachim Schröder, Markus Hoffmann, Marius Zöllner, Rüdiger Dillmann. Behavior Decision and Path Planning for Cognitive Vehicles Using Behavior Networks. Tagungsband: *Proc. of the IEEE Intelligent Vehicles Symposium (IV'07)*, Seiten 710–715, Istanbul, Türkei, 13.-15. Juni 2007.

[Schweiger 05] Roland Schweiger, Heiko Neumann, Werner Ritter. Multiple-cue data fusion with particle filters for vehicle detection in night view automotive applications. Tagungsband: *Proc. of the IEEE Intelligent Vehicles Symposium (IV'05)*, Seiten 753–758, Las Vegas, Nevada, USA, 6.-8. Juni 2005.

[Serfling 08] Matthias Serfling, Roland Schweiger, Werner Ritter. Road course estimation in a night vision application using a digital map, a camera sensor and a prototypical imaging radar system. Tagungsband: *Proc. of the IEEE Intelligent Vehicles Symposium (IV'08)*, Seiten 810–815, Eindhoven, Niederlande, 4.-6. Juni 2008.

[Siedersberger 03] Karl-Heinz Siedersberger. *Komponenten zur automatischen Fahr-zeugführung in sehenden (semi-)autonomen Fahrzeugen.* Dissertation, Universität der Bundeswehr München, 2003.

[Smuda 06] Peer Smuda, Roland Schweiger, Heiko Neumann, Werner Ritter. Multiple Cue Data Fusion with Particle Filters for Road Course Detection in Vision Systems. Tagungs-band: *Proc. of the IEEE Intelligent Vehicles Symposium (IV'06)*, Seiten 400–405, Tokyo, Japan, 13.-15. Juni 2006.

[Sole 04] Amir Sole, Ofer Mano, Gideon P. Stein, Hiroaki Kumon, Yukimasa Tamatsu, Amnon Shashua. Solid or not solid: Vision for radar target validation. Tagungsband: *Proc. of the IEEE Intelligent Vehicles Symposium (IV'04)*, Seiten 819–824, Parma, Itali-en, 14.-17. Juni 2004.

[Southall 01] B. Southall, C. J. Taylor. Stochastic road shape estimation. *Proc. of the In-ternational Conference on Computer Vision*, Seiten 205–212, 2001.

[Sowa 87] John F. Sowa. Semantic Networks. In Stuart C. Shapiro, Hrsg., *Encyclopedia of Artificial Intelligence*. Wiley, 1987.

[Sparbert 01] Jan Sparbert, Klaus Dietmayer, Daniel Streller. Lane Detection and Street Type Classification using Laser Range Images. Tagungsband: *Proc. of the IEEE Intelligent Transportation Systems Conference*, Seiten 454–459, Oakland, CA, USA, August 25-29 2001.

[Steux 02] Bruno Steux, Claude Laurgeau, Laurent Salesse, Didier Wautier. Fade: A vehicle detection and tracking system featuring monocular color vision and radar data fusion. Tagungsband: *Proc. of the IEEE Intelligent Vehicles Symposium (IV'02)*, Seiten 632–639, Versailles, Frankreich, 17.-21. Juni 2002.

[Straßmann 06] Burkhard Straßmann. Das Autoauto. *Die ZEIT*, Nr. 45, 2. November 2006.

[Strobel 04] Tobias Strobel, Alain Servel, Christophe Coue, Thomas Tatschke. ProFusion - D13.400 Compendium on Sensors - State-of-the-art of Sensors and Sensor Data Fusion for Automotive Preventive Safety Applications. Technischer Bericht, European Union Sixth Framework Programme, 2004. Erreichbar unter: http://www.prevent-ip.org/en/public_documents/deliverables/d13400_state_of_the_art_of_sensors_and_sensor_data_fusion_for_automotive_preventive_safety_applicat.htm.

[Suzuki 92] Akihiro Suzuki, Nobuhiko Yasui, Nobuyuki Nakano, Mamoru Kaneko. Lane Recognition System for Guiding Autonomous Vehicle. Tagungsband: *Proc. of the IEEE Intelligent Vehicles Symposium (IV'92)*, Seiten 196–201, 1992.

[Takahashi 96] Arata Takahashi, Yoshiki Ninomiya. Model-Based Lane Recognition. Ta-gungsband: *Proc. of the IEEE Intelligent Vehicles Symposium (IV'96)*, 1996.

[Telecran 07] Bericht der Zeitung Telecran [online]. Erreichbar unter: http://www.argo.ce.unipr.it/ARGO/english/adam/www.telecran.lu.htm. 2007, *Zuletzt besucht am:* 3. Februar 2007.

[ten Kate 04] T.K. ten Kate, M.B. van Leewen, S.E. Moro-Ellenberger, B.J.F. Driessen, A.H.G. Versluis, F.C.A. Groen. Mid-range and Distant Vehicle Detection with a Mobile Camera. Tagungsband: *Proc. of the IEEE Intelligent Vehicles Symposium (IV'04)*, Seiten 72–77, Parma, Italien, 14.-17. Juni 2004.

[Thrun 06a] S. Thrun, M. Montemerlo, A. Aron. Probabilistic Terrain Analysis For High-Speed Desert Driving. Tagungsband: *Proc. Robotics Science and Systems*, Philadelphia, USA, August 16-19 2006.

[Thrun 06b] Sebastian Thrun. Stanley: The Robot that won the DARPA Grand Challenge. *Journal of Field Robotics*, 23(9):661–692, 2006.

[Tsogas 07] Manolis Tsogas, Aris Polychronopoulos, Angelos Amditis. Using digital maps to enhance lane keeping support systems. Tagungsband: *Proc. of the IEEE Intelligent Vehicles Symposium (IV'07)*, Seiten 148–153, Istanbul, Türkei, 13.-15. Juni 2007.

[Tzomakas 98] C. Tzomakas, W. von Seelen. Vehicle Detection in Traffic Scenes Using Shadows. Technischer Bericht, Institut für Neuroinformatik, Ruhr-Universität Bochum, 1998.

[UN Convention 68] UN Convention. Vienna Convention on Road Traffic, 1968. Erreichbar unter: http://www.unece.org/trans/conventn/crt1968e.pdf.

[Urban Challenge 07] DARPA Urban Challenge [online]. Erreichbar unter: http://www.darpa.mil/grandchallenge/index.asp. 2007, *Zuletzt besucht am:* 6. Februar 2007.

[Vacek 04] Stefan Vacek, Steffen Knoop, Raoul Zöllner, Rüdiger Dillmann. A Framework for goal directed, capability-based perception. Tagungsband: *13th International Workshop on Robot and Human Interactive Communication (RO-MAN)*, Kurashiki, Okayama, Japan, 20.-22. September 2004.

[Vacek 05] Stefan Vacek, Steffen Knoop, Rüdiger Dillmann. Classifying Human Activities in Household Environments. Tagungsband: *Modeling Others from Observations (MOO'05)*, Edinburgh, Schottland, 30. Juli 2005.

[Vacek 06a] Stefan Vacek, Stephan Bergmann, Ulrich Mohr, Rüdiger Dillmann. Fusing image features and navigation system data for augmenting guiding information displays. Tagungsband: *IEEE International Conference on Multisensor Fusion and Integration for Intelligent Systems*, Seiten 323–328, Heidelberg, 3.-6. September 2006.

[Vacek 06b] Stefan Vacek, Stephan Bergmann, Ulrich Mohr, Rüdiger Dillmann. Rule-based tracking of multiple lanes using particle filters. Tagungsband: *IEEE International Conference on Multisensor Fusion and Integration for Intelligent Systems*, Seiten 203–208, Heidelberg, 3.-6. September 2006.

[Vacek 06c] Stefan Vacek, Gerhard Bocksch, Rüdiger Dillmann. A data-driven, component-based framework for visual perception. Tagungsband: *37th International Symposium on Robotics (ISR)*, München, 15.-17. Mai 2006.

[Vacek 07a] Stefan Vacek, Cornelius Bürkle, Joachim Schröder, Rüdiger Dillmann. Detektion von Fahrspuren und Kreuzungen auf nichtmarkierten Straßen zum autonomen Führen von Fahrzeugen. Tagungsband: *20. Fachgespräch Autonome Mobile Systeme (AMS)*, Kaiserslautern, 18.-19. Oktober 2007.

[Vacek 07b] Stefan Vacek, Tobias Gindele, Rüdiger Dillmann. Situation Classification for Cognitive Automobiles using Case-Based Reasoning. Tagungsband: *Proc. of the IEEE Intelligent Vehicles Symposium (IV'07)*, Seiten 704—709, Istanbul, Türkei, 13.-15. Juni 2007.

[Vacek 07c] Stefan Vacek, Tobias Gindele, Marius Zöllner, Rüdiger Dillmann. Using case-based reasoning for autonomous vehicle guidance. Tagungsband: *Intelligent Robots and Systems, 2007. IROS 2007. IEEE/RSJ International Conference on*, Seiten 4271–4276, San Diego, USA, 29. Okt - 2. Nov. 2007.

[Vacek 07d] Stefan Vacek, Robert Nagel, Thomas Batz, Frank Moosmann, Rüdiger Dillmann. An integrated simulation framework for cognitive automobiles. Tagungsband: *Proc. of the IEEE Intelligent Vehicles Symposium (IV'07)*, Seiten 221–226, Istanbul, Türkei, 13.-15. Juni 2007.

[Vacek 07e] Stefan Vacek, Thomas Schamm, Joachim Schröder, Rüdiger Dillmann. Collision avoidance for cognitive automobiles using a 3D PMD camera. Tagungsband: *Intelligent Autonomous Vehicles (IAV'07)*, Toulouse, Frankreich, 3.-5. September 2007.

[Vacek 07f] Stefan Vacek, Constantin Schimmel, Rüdiger Dillmann. Road-marking analysis for autonomous vehicle guidance. Tagungsband: *3rd European Conference on Mobile Robots (ECMR'07)*, Seiten 72–77, Freiburg, 19.-21. September 2007.

[Viola 01] Paul Viola, Michael Jones. Robust Real-Time Face Detection. Tagungsband: *Proc. of the Eigth Int'l Conference on Computer Vision (ICCV'01)*, 2001.

[Visser 02] Ubbo Visser, Hans-Georg Weland. Using Online Learning to Analyze the Opponents Behavior. Tagungsband: *Robot world cup soccer und rescue competitions and conferences*, Band 6, Fukuoka, Japan, 2002.

[Walessa 07] Marc Walessa. COMPOSE - D51.11 Final Report. Technischer Bericht, European Union - Sixth Framework Programme, 2007. Erreichbar unter: `http://www.prevent-ip.org/en/public_documents/deliverables/d5111_compose_final_report.htm`.

[Walther 06] Marcus Walther, Peter Steinhaus, Rüdiger Dillmann. A foveal 3D laser scanner integrating texture into range data. Tagungsband: *The 9th International Conference on Intelligent Autonomous Systems*, Seiten 748–755, Tokyo, Japan, März 2006.

[Wang 04] Yue Wang, Eam Khwang Teoh, Dinggang Shen. Lane detection and tracking using B-Snake. *Image and Vision Computing*, 22:269–280, 2004.

[Weigel 06] Hendrik Weigel, Heiko Cramer, Gerd Wanielik, Aristomenis Polychronopoulos, Andrea Saroldi. Accurate Road Geometry Estimation for a Safe Speed Application. Tagungsband: *Proc. of the IEEE Intelligent Vehicles Symposium (IV'06)*, Seiten 516–521, Tokyo, Japan, 13.-15. Juni 2006.

[Wender 06] Stefan Wender, Thorsten Weiss, Kay Ch. Fürstenberg, Klaus C. J. Dietmayer. Object Classification exploiting High Level Maps of Intersections. Tagungsband: *10th Intl Conf on Advanced Microsystems for Automotive Applications*, Berlin, 25.-27. April 2006.

[Wendler 03] Jan Wendler. *Automatisches Modellieren von Agenten-Verhalten - Erkennen, Verstehen und Vorhersagen von Verhalten in komplexen Multi-Agenten-Systemen.* Dissertation, Mathematisch-Naturwissenschaftliche Fakultät II, Humboldt-Universität Berlin, 2003.

[Weng 92] J. Weng, N. Ahuja, T. Huang. Matching two perspective views. *IEEE Transactions on Pattern Analysis and Machine Intelligence*, 14:806–825, 1992.

[Wiltschko 04] Thomas Wiltschko. *Sichere Informationen durch infrastrukturgestützte Fahrerassistenzsysteme zur Steigerung der Verkehrssicherheit an Straßenknotenpunkten.* Dissertation, Fakultät für Bau- und Umweltingenieurwissenschaften, Universität Stuttgart, 2004.

[Winner 05] H. Winner. Die Aufklärung des Rätsels der ACC-Tagesform und daraus abgeleitete Schlussfolgerungen für die Entwicklerpraxis. In M. Maurer, C. Stiller, Hrsg., Tagungsband: *Workshop Fahrerassistenzsysteme*, Seiten 1–8. Freundeskreis Mess- und Regelungstechnik Karlsruhe e.V., April 2005.

[Yim 03] Young Uk Yim, Se-Young Oh. Three-Feature Based Automatic Lane Detection Algorithm (TFALDA) for Autonomous Driving. *IEEE Transactions on Intelligent Transportation Systems*, 4(4):219–225, Dezember 2003.

[Zhang 03] Zhigang Zhang. *Untersuchung und Charakterisierung von PMD (Photomischdetektor)-Strukturen und ihren Grundschaltungen.* Dissertation, Universität-GH-Siegen, 2003.

[Zhang 94] Jinyou Zhang, Hans-Hellmut Nagel. Texture-based segmentation of road images. Tagungsband: *Proc. of the IEEE Intelligent Vehicles Symposium (IV'94)*, Seiten 260–265, 1994.

[Zhu 05] Ying Zhu, Dorin Comaniciu, Visvanathan Ramesh, Martin Pellkofer, Thorsten Kochler. An Integrated Framework of Vision-based Vehicle Detection with Knowledge Fusion. Tagungsband: *Proc. of the IEEE Intelligent Vehicles Symposium (IV'05)*, Seiten 199–204, Las Vegas, Nevada, USA, 6.-8. Juni 2005.

[Zöllner 06] Raoul Daniel Zöllner. *Erlernen zweihändiger feinmotorischer Handhabungen.* Dissertation, Universität Karlsruhe (TH), 2006.

[Zun 06] Zehang Zun, George Bebis, Ronald Miller. On-Road Vehicle Detection: A Review. *IEEE Transactions on Pattern Analysis and Machine Intelligence*, 28(5):694–711, Mai 2006.